经典传家

经典回到生活　阅读从心开始

经典传家

『经典传家』丛书遴选了清代《四库全书》的精华，而且每一种书在注释、译文、解读等方面做了大量的、扎实的工作。

——傅璇琮

国学就是中国人的学问。『经典传家』是一套非常适合大众阅读的国学经典丛书。国学的传承和发展迫切需要好的大众读本。

——毛佩琦

《四库全书》浩如烟海，真正的必读经典就这百余部。

——任德山

国学是相互通融的，切忌断章或是割裂。今人只有从《周易》等原始经典入手，才能真正找到进入国学的门径。

——刘君祖

经典传家系列丛书

图解大藏经精华

鸠摩罗什 等 译著

崇贤书院 释译

黄山书社

《大藏经精华》阅读指南

引领读者轻松步入佛学殿堂

题解、原文、注释、译文帮助读者解读深奥的佛学哲理和教义经典。

切实为读者扫清阅读障碍

生僻字反复注音，拼音随文添加，便于读者连贯阅读。

版面插画

- 搜集两百余幅珍贵古代版画。
- 画面线条清晰，图案精美。

版画解说

- 版画单独形成一条阅读线索，极大地丰富了本书的内容。

《大藏经精华》阅读指南

常识、典故积累

对原文中涉及的佛教常识详加解释，便于读者了解佛理、教义等诸多方面的知识。

珍贵版画丰富阅读

书中选取二百余幅珍贵版画，加入佛教故事，丰富阅读内容。

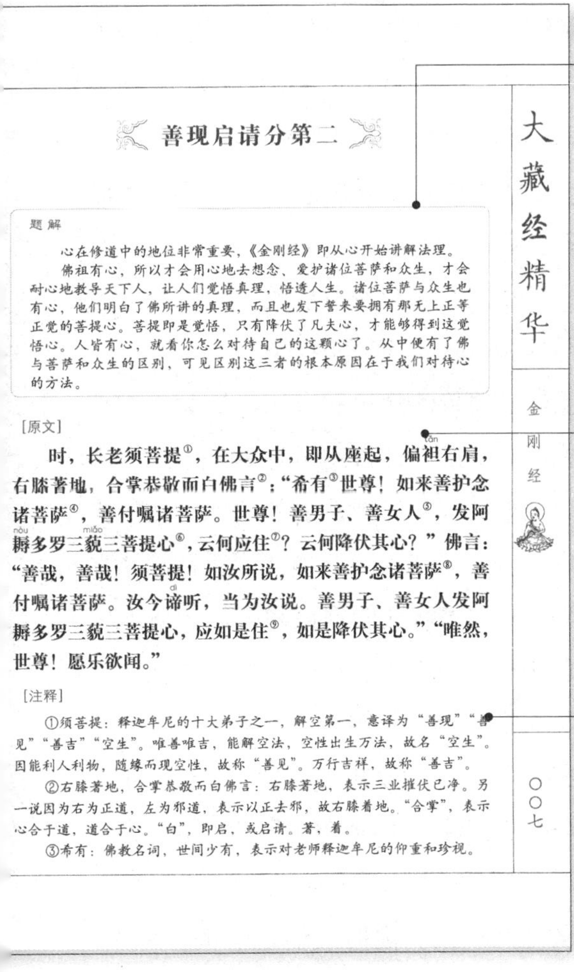
大藏经精华

金刚经

善现启请分第二

题解

心在修道中的地位非常重要，《金刚经》即从心开始讲解法理。

佛祖有心，所以才会用心地去想念、爱护诸位菩萨和众生，才会耐心地教导天下人，让人们觉悟真理，悟透人生。诸位菩萨与众生也有心，他们明白了佛所讲的真理，而且也发下誓来要拥有那无上正等正觉的菩提心。菩提即是觉悟，只有降伏了凡夫心，才能够得到这觉悟心。人皆有心，就看你怎么对待自己的这颗心了。从中便有了佛与菩萨和众生的区别，可见区别这三者的根本原因在于我们对待心的方法。

[原文]

时，长老须菩提①，在大众中，即从座起，偏袒(tǎn)右肩，右膝著地，合掌恭敬而白佛言②："希有③世尊！如来善护念诸菩萨④，善付嘱诸菩萨。世尊！善男子、善女人⑤，发阿耨(nòu)多罗三藐(miǎo)三菩提心⑥，云何应住⑦？云何降伏其心？"佛言："善哉，善哉！须菩提！如汝所说，如来善护念诸菩萨⑧，善付嘱诸菩萨。汝今谛(dì)听，当为汝说。善男子、善女人发阿耨多罗三藐三菩提心，应如是住⑨，如是降伏其心。""唯然，世尊！愿乐欲闻。"

[注释]

①须菩提：释迦牟尼的十大弟子之一，解空第一，意译为"善现""善见""善吉""空生"。唯善唯吉，能解空法，空性出生万法，故名"空生"。因能利人利物，随缘而现空性，故称"善见"。万行吉祥，故称"善吉"。

②右膝著地，合掌恭敬而白佛言：右膝著地，表示三业摧伏已净。另一说因为右为正道，左为邪道，表示以正去邪，故右膝着地。"合掌"，表示心合于道，道合于心。"白"，即启，或启请。著，着。

③希有：佛教名词，世间少有，表示对老师释迦牟尼的仰重和珍视。

〇〇七

题解

- 简陈经文内容。
- 讲解、探究经文含义。
- 概括经文的深奥主旨。

注音

- 生僻字随文注音。
- 疑难字词反复注音，加深读者记忆。

注释

- 准确、严谨，为读者排除阅读障碍。
- 详细讲解佛教常识，帮助读者扩大知识范围。

总 序

国学是什么？简单说，就是中国人之所以成为中国人的学问。因此，国学不仅包括数千年积累流传下来的经典，比如“四书五经”、《老子》《庄子》《孙子》《史记》《汉书》、唐诗、宋词，也包含研究中国人思维方式、生活方式、行为方式乃至娱乐方式的各种学问。广言之，国学研究的对象不仅包括文献，也包括实物；不仅包括物质文化遗产，也包括非物质文化遗产，如我国各民族的建筑、服饰、饮食、音乐、绘画、医药、戏曲等等。

国学是不断丰富、不断发展的学问。上面说的从“四书五经”到唐诗、宋词就是一个不断丰富发展的过程。近代以来，国学的研究范围还在不断地扩大，比如敦煌学、甲骨学，是随着有关文物的出土而兴起的；比如红学，是随着文学理论和学术风气的发展变化而兴起和发展的。随着时间的推移和学术的进步，必将有更多的学问被纳入国学研究的范围。

数千年来，中国人做学问形成了自己独特的理论和方法，比如思想理论、史学理论、文学理论，以及训诂学、考据学、音韵学等等。但这些理论和方法并不是一成不变的。比如，在史学研究领域，由于地下文物的出土，王国维等人提出了以地下文物与传世文献相补充互证的“二重证据法”。近代以来，西风劲吹。国人主动借鉴西方学术研究的理论和方法，研究中国学问。王国维借鉴尼采的哲学理论研究中国的文学戏剧，胡适以杜威的实验主义研究中国的“国故”。国学从来没有拒绝外国学问的融合，佛教传入中国后，经过改造，形成了中国独特的佛学、因明学；自明朝末年西学传入中国后，中国的天文学、数学等就已经融入了西学的因素。马克思主义传入中国后，不少人用马克思主义理论研究中国历史文化，它们自然也成为了国学的一部分。因此，国学又是开放的、随时代而进步的。那么，当今我们研究、振兴国学，不允许也不应该倒退，不允许也不应该僵化。

然而，国学又是与西学明显区分的。国学是西学的对应物，是与西学完全不同的学术体系。在近代，西学挟坚船利炮强势进入中国之后，中国人还视自我，对于中国固有之学问的称呼出现了中学、国故学、国粹、国学这样的名称。面对“帝国主义”的强大，中国人自愧不如，一方面拼命地学习、引进西学，另一方面拼命地贬低、抛弃国学。虽然也有一些人，如张之洞为保护中华文化之根本，提出“中学为体，西学为用”，如胡适，提出“整理国故”，以“再造文明”“建立民族自信心”，但其声音终被时代所淹没。国学一再被严重曲解和轻视，造成了中国历史文化的大断裂。也许，这一历史过程是必然的。但回顾过去，中国在走向独立富强的过程中，国学所付出的代价实在太大、太惨重了。

新中国成立后，饱受屈辱的中国人从此站立了起来，民族自信心大大加强，但没有能够及时认识到国学在新时代的重要性，甚至仅存的一点点国学遗产也进一步成为被抛弃的对象。改革开放三十年之后，走向富强的国人终于幡然醒悟，保护和振兴国学逐渐成为全民的共识。一个强大的自立于世界民族之林的国家，必然要有与之相匹配的伟大的民族文化。中国人，从领导者、学术界到普通百姓，都在重新发现国学的现代价值。同时，在走向全球化的进程中，东西方各国也把目光投向了中国。中国学问，中国的一切都在被重新评价。中国不仅为了自身的建设和发展需要从传统文化中汲取智慧，而且也面临着以优秀的中华文化向全人类贡献智慧的责任和挑战。

那么，这套经典传家丛书的编纂就是可喜的，编纂者的初衷和努力就是可敬的。希望这套丛书能发挥点滴作用，如同涓涓细水与千百万有志者的努力一道汇成大潮，去迎接中华民族的伟大复兴！

是为序。

毛佩琦

二〇一五年五月

前 言

佛教自传入中国，对中华民族的政治、经济、思想、雕塑、绘画、建筑等方面都有深远的影响，已成为我们这个民族必不可少的元素之一。如果要了解我们的民族，了解我们的文化，了解一定的佛学知识是非常必要的。学习佛学，可以使我们获得一种独特的世界观和方法论，可以提高心灵的修养，对于我们的人生大有裨益。

《大藏经》是佛教典籍的汇编，又称“藏经”“三藏经”或“一切经”，它包括经藏、律藏、论藏三藏的内容。此外，还包括有关经、律、论的注释和疏解等“藏外典籍”。《大藏经》的编纂，始于释迦牟尼涅槃不久，弟子们为保存他的说教，统一人们对佛法的见解和认识，通过会议方式的结集，形成一致公认的经、律、论内容。其后又增加了有关经、律、论的注释和疏解等“藏外典籍”，成为卷帙浩繁的四大部类。自佛教传入中国以来，只有上座部的三藏比较完整地保存下来，其他部派的典籍除了在汉文译本中保存一部分外，基本上都已散佚。早期的梵文经典至今尚存的只有少数零散贝叶本或纸写本，全部三藏已难窥全貌。现存的《大藏经》，按文字的不同可分为汉文、藏文、蒙文、满文、西夏文、日文等版本，此外还有过契丹文《大藏经》的刻造，但尚未发现传世的刻本。

《大藏经》历来颇受佛教高僧大德及僧徒们关注。它不仅是僧徒学习和研究佛法的教材，还作为佛法的代表被无数信徒顶礼膜拜，也是文化研究者的必读、必藏之书，时至今日仍然焕发着智慧之光，给现代人以启迪和引导。

然而，一部《大藏经》包含几千部经，可谓卷帙浩繁而内容赡博，由于佛经文句艰涩，义理幽奥，术语独特且繁多，这又给阅读和使用带来了不少的困难。在这些经书中，我们为读者选取了其中最为精善者。例如被修行者视为修心指南的《金刚经》，采用了后秦高僧鸠摩罗什的译本。其文字之优美，向来为历代文人爱重持诵。字数最少、内涵丰厚、流传广远的《心经》则采用了玄奘大师的译本与明代“四大高僧”之一的憨山大师的解说，务求为读者提供最为优秀的读物。禅宗的奠基之作《六祖坛经》，由六祖慧能说法，弟子法海集录。《六祖坛经》记录了六祖的法语，阐释了释迦“拈花正宗”，是历代禅子的必读之书。

汉传佛教典籍多以古汉语译就，这于今人的阅读无疑是一种障碍，因此我们特别推出了《大藏经精华》。此版并不是对经典原文进行简单的注译，而是经过近十年的调研、磨砺和升级，针对今人阅读以简约为美的古汉语时所遇到的困惑特别设计的注释方式，其中包括题解、注释、读音标注等多种形式。希望这些可以帮助读者更好地了解佛法，汲取佛法的智慧，使二千多年前佛陀的智慧之光照进现代人的生活。

此外，书中还配有清代以来流传甚广的《释迦如来应化事迹》。这套版画镌刻精美，人物表情和举止的描摹与塑造均一丝不苟，在清代人物版画中堪称上乘之作，也是佛教艺术中难得的精品。其中描绘了释迦如来诞生、出家、修行、成道、说法、涅槃的生平故事、未出生前的因缘及涅槃后佛法的传承，与图说组成了另外一组阅读线索，极大地丰富了本书的内容。

细品《大藏经精华》，流淌着一种人生大智慧，浅显流畅的文字、简洁独特的观点，将佛家的经典娓娓道来。学习佛法，感悟三千大千世界，修戒、定慧、明心见性，以智慧洞彻寰宇，从而使我们的人生通达无碍，流光溢彩。

目录

金刚经

金刚经

鸠摩罗什 译

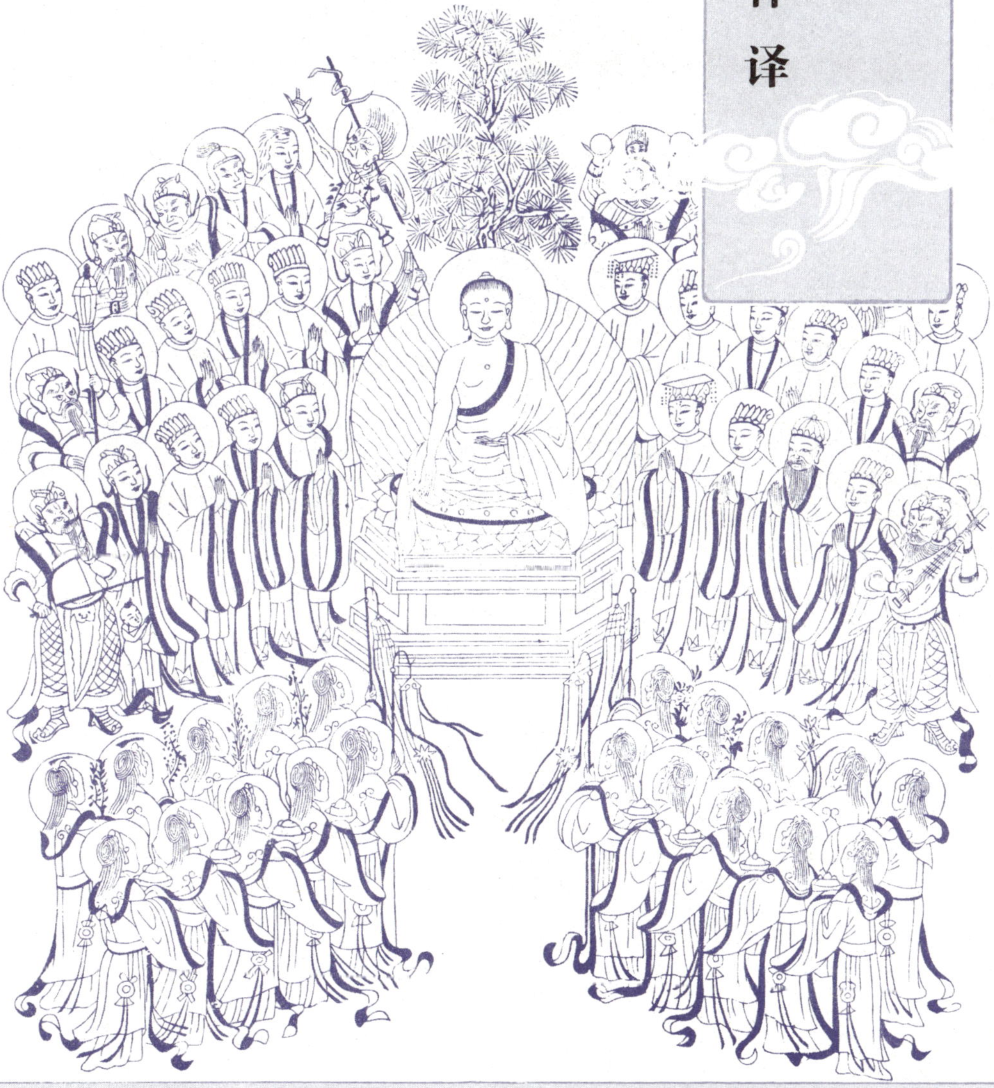

法会因由分第一

题解

这一段描述佛祖的日常活动，以及讲经说法前的准备工作，可以看出当年佛祖的生活起居和常人无异。释迦牟尼佛的目的是要传道授徒，把自己所觉悟到的真理传播给更多的人，让他们一起过上自由幸福的生活。所以，他没有把自己放在高高在上的位置，也不觉得应该得到更多的享受。

[原文]

如是我闻[①]：一时[②]，佛[③]在舍卫国祇树给孤独园[④]，与大比丘众[⑤]千二百五十人俱[⑥]。尔时，世尊食时[⑦]，著衣持钵[⑧]，入舍卫大城乞食[⑨]。于其城中次第乞已[⑩]，还至本处。饭食讫，收衣钵，洗足已，敷座而坐[⑪]。

[注释]

①如是我闻：佛经的开卷语，释迦牟尼在世传经时是口头传授，经典文字都是由他的弟子记录整理而成。“如是我闻”这四个字，有四种意思：息众疑、遵佛嘱、息争论。

②一时：一时，这个时候，或那个时候，是佛讲说经法的时间，泛指，古代印度时间概念是很模糊的，所以佛经上讲到时间都是“一时”。

③佛：梵文音译，全称是“佛陀”，亦作“佛驮”“浮陀”。“佛”的意译为觉者、知者。佛的觉有三义：自觉（自己觉悟）、觉他（使他人也觉悟）、觉行圆满。这里的佛，指佛教创始人释迦牟尼。舍卫国，亦作“室罗伐”“罗伐悉底”，古印度王国名，是佛祖主要传教地区之一。

④祇树给孤独园：佛教传说，在舍卫国波斯匿城住着一位德高望重的大财主名须多达，他好行善德、乐于布施，经常接济孤独贫苦的人，所以人称“给孤独”。他先事外道，后崇拜佛祖释氏，经常邀请佛祖去讲经。佛祖游说传教，居无定处，他决定给佛祖盖一讲经堂。他寻到一理想地点，是舍卫国祇陀太子的花园，当时祇陀太子提出许多苛刻条件，并要求黄金铺地，他一一执行，终于感动了太子，两人合盖这个讲经堂，并用两个人

买花献佛

《因果经》言：在久远劫前，有灯照王太子名普光，辞别父母出家修行，成道后号燃灯佛。

有仙人善慧，以妙义折服五百名外道。外道对善慧仙人大为恭敬，拜为弟子。

善慧仙人辞别外道后，便去莲花城拜谒燃灯佛，途中思量当以何物供养。恰巧遇一青衣女，手持七茎莲花，向王宫缓行，善慧仙人急追上前询问："此花可卖？"少女答："此花是要送入王宫作供佛之备的。如你执意要买，须有条件。"善慧仙人只好应允，以五百银钱买下五茎莲花以供佛。青衣少女为其诚心所感，便将所余两朵莲花托仙人带去供佛。

拜见燃灯佛时，国王及诸大臣所献之名花皆飘落于地，唯善慧仙人所献五朵莲花停驻在空中，化作宝盖，另两朵，驻佛左右。

此时燃灯佛便为善慧仙人授记："你勤修佛法，将来必当成佛，号释迦牟尼。"

的名字命名此园为“祇树给孤独园”，并建筑精舍，作为释迦牟尼在舍卫国居住与说法的场所。此园与王舍城竹林精舍并称，为佛教最早的两大精舍。释迦牟尼在此讲经说法二十五年。

⑤大比丘众：大比丘就是大和尚，比丘是对出家受戒男僧人的通称，女弟子称比丘尼。众，很多。比丘，是梵文，有五个意思：一是乞士，上乞于法，下乞于民。二怖魔，即比丘受戒已为大丈夫，魔及眷属心生恐惧。三破恶，即破除烦恼。四出家人。五净持戒。

⑥千二百五十人俱：佛最初度迦叶三兄弟及舍利弗、目犍连五人，他们各有徒众，都先学外道，后皈依佛。他们各自的弟子，相合为一千二百五十人，成为佛的基本徒众，佛教专用名词称为“常随侍”，即常随侍佛祖左右，也称为“常随众”，不论哪部经典，只要提到这个数字，指的都是这些人。

⑦尔时，世尊食时：尔时，这时。世尊，指佛祖释迦牟尼，音译“薄伽梵”或“婆伽梵”。原为印度婆罗门教对长者的尊称，后为佛祖的专用称呼，对其他佛也可以这样称，意思是说佛为世间最受尊敬的人。食时，佛教名词，即正食之时，称“食时”，即日中食。

⑧著衣持钵：著衣，穿衣，指穿戴好袈裟。著衣，指着三衣。三衣，即法衣（也称袈裟），分为三种：一为僧伽梨衣，也称僧伽胝、僧伽致，意译为大衣。此衣是进王宫和出入城镇村落时穿用。二为郁多罗伽衣，也称优多罗僧、呾多啰僧伽，意译为上衣，为礼诵、听经律等时穿用。三为安陀会衣，也称安嚩婆娑、安怛婆沙，意译内衣、中宿衣，为日常作业就寝时穿用。此说著衣，因要去城里乞食，为庄严之行，当着僧伽梨衣，即大衣。意思说，佛祖威德庄严很注意律仪行为（佛教称为“四威仪”，即行、住、坐、卧四种仪则），起表率作用。持钵，拿起化斋用的钵子。钵，装饭的小盆。

⑨入舍卫大城乞食：大城，指舍卫国的都城。乞食，即化缘。

⑩次第乞已：次第，按次序进行。乞已，化缘结束。次第乞已，是说佛祖在化缘时，不起贫富差别心念，化到谁家是谁家。这里包含着佛教的基本精神，就是一律平等的众生观。

⑪敷座而坐：铺好座位，按规矩坐好。

［译文］

我是听佛这样说的：当时，佛在舍卫国的祇树给孤独园，与一千二百五十位有修为的弟子，在一起讲经说法。那天，到了用斋的时候，佛穿好袈裟，手拿饭钵，像普通出家人一样，亲自到舍卫国的都城去化缘。进城后，不分贫富贵贱，挨家化缘，返回原住地。用完斋，收好袈裟、饭钵，穿上普通服装，洗完脚，然后铺好座位，坐好，准备为弟子们讲授教义。

布发掩泥

《因果经》上言：一日，善慧得知燃灯佛即将从一段道路经过。他发现此路满是泥泞，心想，如来千福轮足是如何尊贵，怎么可以踏此浊湿之地？于是便脱下身上的鹿皮衣盖在地上，但皮衣仍不足以掩泥，于是他便全身躺于地面之上，将头发解开覆于泥地上，让佛从其身体上走过。

因之，佛为善慧授记说："将来你必于五浊恶世中作佛，度化人世。"

善慧听此不胜欣喜，便求佛准许他出家为沙门。佛知其道念坚定，便说："善来比丘！"于是善慧须发自落，袈裟着身，即成沙门。善慧比丘无比欢喜，于是合掌偈赞：

今见世间导，令我开慧眼，为说清净法，去离一切著。

今遇天人尊，令我得无生，愿将来获果，亦如两足尊。

善现启请分第二

题解

心在修道中的地位非常重要，《金刚经》即从心开始讲解法理。

佛祖有心，所以才会用心地去想念、爱护诸位菩萨和众生，才会耐心地教导天下人，让人们觉悟真理，悟透人生。诸位菩萨与众生也有心，他们明白了佛所讲的真理，而且也发下誓来要拥有那无上正等正觉的菩提心。菩提即是觉悟，只有降伏了凡夫心，才能够得到这觉悟心。人皆有心，就看你怎么对待自己的这颗心了。从中便有了佛与菩萨和众生的区别，可见区别这三者的根本原因在于我们对待心的方法。

[原文]

时，长老须菩提[①]，在大众中，即从座起，偏袒(tǎn)右肩，右膝著地，合掌恭敬而白佛言[②]："希有[③]世尊！如来善护念诸菩萨[④]，善付嘱诸菩萨。世尊！善男子、善女人[⑤]，发阿耨(nòu)多罗三藐(miǎo)三菩提心[⑥]，云何应住[⑦]？云何降伏其心？"佛言："善哉，善哉！须菩提！如汝所说，如来善护念诸菩萨[⑧]，善付嘱诸菩萨。汝今谛(dì)听，当为汝说。善男子、善女人发阿耨多罗三藐三菩提心，应如是住[⑨]，如是降伏其心。""唯然，世尊！愿乐欲闻。"

[注释]

①须菩提：释迦牟尼的十大弟子之一，解空第一，意译为"善现""善见""善吉""空生"。唯善唯吉，能解空法，空性出生万法，故名"空生"。因能利人利物，随缘而现空性，故称"善见"。万行吉祥，故称"善吉"。

②右膝著地，合掌恭敬而白佛言：右膝著地，表示三业摧伏已净。另一说因为右为正道，左为邪道，表示以正去邪，故右膝着地。"合掌"，表示心合于道，道合于心。"白"，即启，或启请。著，着。

③希有：佛教名词，世间少有，表示对老师释迦牟尼的仰重和珍视。

上托兜率

《佛本行集经》言：护明菩萨（即释迦牟尼佛的前生，以下同）随迦叶佛修行，护持禁戒，梵行清净，命终后，便念往生兜率天。

这兜率天，凡是位证一生补处的菩萨，必往此。因为在兜率天以下以上的诸天，都有不足，而菩萨却不然，他们全是为教化诸天人。

护明菩萨往生到兜率天之后，由于其功德威神，使得诸天宫殿愈发辉煌庄严。而菩萨即便见到最美妙的五欲境界，也不会因之心动而失正念。护明菩萨住于兜率天满四千岁，常为诸天人宣说无常、苦、空等诸法相，让他们心生厌离。

菩萨又以天眼观下界人世，见众生造种种恶业，随业受报，一无解脱，便生大悲悯，心中念说，为救世间众生的苦恼，为让众生获得清净安乐，为说法教化众生，我即当下生人世，示现出家学道，成就无上正等正觉，然后大转法轮，普渡众生，灭尽一切苦难，共成无上道。

④如来善护念诸菩萨："如来"有狭义、广义之分。狭义指释迦牟尼别称之一，指释迦佛本身。广义是泛指一切悟道成佛者。善护念，"善"是好，"护"是保护、关怀，"念"是教诲，"善护念"是爱护、关怀的意思。菩萨，全称"菩提萨埵"。菩提，意译为"觉有情""道众生""道心众生"。萨埵是大心、众生之义，又是勇猛的意思。菩提萨埵，意谓以菩提之觉，利益众生，未来成就佛果的修行者，这就是菩萨。

⑤善男子、善女人：泛称，既包括出家的男女，又包括在家修持的信教的男女群众。善男子，称其有正定之义。善女人，称其有正慧之心。

⑥发阿耨多罗三藐三菩提心：梵文意译。发，发心之义。阿，是"无"，表示无垢染。耨多罗，是"上"，合起来，"阿耨多罗"四个字是"无上"，表示三界无法比拟。"三"是"正"，是正见之义，"藐"是"等"，"菩提"为"觉"，合起来为"无上正等正觉"。就是达到无所不知的大智慧境界，只有佛才能达到这个地步，所以也称"大菩提"。

⑦云何应住：云何，怎么样，或如何。应住，指事物的相对稳定，即停住。应住，即应该稳定，住于何种境界，使心清净不散乱。

⑧如来善护念诸菩萨：这里如来重复了须菩提这句话，一是说明，佛同意须菩提的看法，佛是爱护、关心菩萨的。前面那句须菩提是感谢如来庇护关怀弟子，这里是对须菩提代表大家提出的"云何应住，云何降伏其心"的巧妙解答。意思说要善于守护住自己的心志、意念，不要他生起妄想妄念，就应这样住，也是这样的降伏其心。

⑨应如是住："住"，佛教名词，使法住于实法，常住不灭称住。如是，像这样。

[译文]

当时，比丘众中的长者须菩提，当即从座位上站起来，袒露右肩，右膝跪地，双手合掌，恭敬施礼后，对佛祖说："世间希有难得的世尊，你善于护持一切菩萨并告诫诸菩萨。世尊，善男善女发誓证得无上正等正觉，一心学佛，成佛果，应该把心思停住在什么境界？又有什么办法能降伏凡夫的妄想心，使其心不散乱，不起妄想，铲除烦恼杂念，使心达到清净一心呢？"佛说："很好，很好！须菩提，依你所说的，如来善于护持关心一切菩萨，善于托付告诫诸位菩萨。你仔细听好，我这就给你说。善男善女发誓愿成就无上正等正觉，那就应该住于这个境界，这样降伏自己的心念。"须菩提说："好的，世尊，我很高兴能听你的教诲。"

瞿昙贵姓

自劫初平等王到大茅草王，后有太子懿摩王，因悟世间无常，便让位于弟，跟从婆罗门学道，婆罗门师姓瞿昙对懿摩王说"你既有心随我出家，当脱下王服，穿上出家服，且要改姓瞿昙"。从此小瞿昙入深山修行，因身相大变，服装迥异，已无人知他就是过去的国王。小瞿昙于一个山中的甘蔗园中，搭建了一个茅棚，用作自己修行的房舍。

一天，有盗贼逃入甘蔗园内，追捕的官兵一路追来，抓住了小瞿昙王，将他误为盗贼，将其捆绑于木桩上，将尖木贯入头上，并把他作为标靶，用弓箭来射，致使他血流满地。他的师父大瞿昙仙，用天眼看到自己的弟子正遭受酷刑，便运用神足通，从远处飞来瞬间，但为时已晚，徒弟已经惨死。大瞿昙于是大声质问："我徒儿犯了什么罪，竟用此等残暴的酷刑将他处死？"

大乘正宗分第三

题解

佛祖说：只要你发下无上正等正觉的誓愿心，而且努力去实现，也就是诸菩萨摩诃萨了。

菩萨是梵文音译，意思是“觉有情”，即让一切有情的众生觉悟。这一切的有情众生并不仅仅指人，而是指一切生命形式。从菩萨这个名称看，菩萨的使命就是普度宇宙的所有生命形式。灭度就是涅槃，或者叫作泥洹，即让众生灭掉了胎、卵、湿、化四生的习气而不起贪婪之想，从而超度到了那极乐的涅槃境界。菩萨这样做了，并且让无量无边无数的众生都得到了灭度和涅槃般清净，但是却不能够这样想。在他们的眼里，没有一个众生得到我的解脱和灭度，因为他们自己的本性与我们都一样，本来都是佛。菩萨之所以能够度人，就因为他有觉悟之心，比别人早明白了人生的道理和宇宙的规律，去掉了无明和糊涂。而这无明和糊涂最大的表现，就是心有牵挂而怀有四相。四相就是四种形相，也就是四种生命存在的方式：我、人、众生、寿者。

菩萨的境界，首先要去掉一切分别之念，无心挂碍，才能够遍及整个宇宙，才能够普度众生。当菩萨在普度众生的时候，他的心里根本就不会有别的想法，也不会有任何能够让他烦恼的事情。

[原文]

佛告须菩提：“诸菩萨摩诃(hē)萨[①]应如是降伏其心：所有一切众生[②]之类，若卵生、若胎生、若湿生、若化生[③]；若有色、若无色[④]；若有想、若无想[⑤]、若非有想非无想[⑥]，我皆令入无余涅槃而灭度之[⑦]。如是灭度无量无数无边众生[⑧]，实无众生得灭度者。何以故[⑨]？须菩提！若菩萨有我相、人相、众生相、寿者相[⑩]，即非菩萨。”

[注释]

①菩萨摩诃萨：摩诃萨，意译为大菩萨，或地上之菩萨。“摩诃”是“大”，将众生放在第一位，心量广大，不可测量，乃大悟之人。

咒成男女

《释迦家谱》中记载：大瞿昙仙人，见徒儿惨死，急取土中血，和泥成团，双手捧回住所，左血装入左边瓶器中，右血装入右边瓶器中，向天神颂咒乞愿，愿天神悯念，令血团化而为人。

十月之后，左边瓶器中的血团化作男孩，名瞿昙，右边瓶器中的血团化为女孩，名甘蔗。他们长大成人后，结婚生了四个太子：第一个名净饭，第二个名白饭，第三个名斛饭，第四个名甘露饭。印度的种族有四种：刹帝利，属王公大臣，王种；婆罗门，属宗教家，净行种；吠奢，属经商行业，商贾种；首陀罗，属农工奴仆，屠刽种。前两种为印度的“贵姓”，后两种被称为“贱姓”。释迦族即属刹帝利王种。

释迦如来托生王种以振威，服化众生。净饭远祖，懿摩王舍王位出家修行，改姓瞿昙为贵种，其释迦族后代皆承德泽为贵族。

②众生：梵文意译，上至诸天，下至各类，凡有情生者，皆名众生。

③卵生、胎生、湿生、化生：按佛教理论，卵生，是因迷性而有；胎生，是因习性而有；湿生，随邪性而有；化生，是因趣味性而有。卵生，指由卵中卵化而生的，例如鸟、鸡、鸭等。胎生，指由母体孕育而生的，例如人、牛、马、狗等。湿生，指因湿气受形而生的，如水族、蚊蝇等。化生，指无所依托、仅借其业力而生的，例如蜻蜓、蝴蝶等。

④若有色、若无色："色"为梵文意译，相当于有外在形相的物质现象，在佛教中指一切可以变坏，妨碍事物变善的东西都称为"色"。有色，即是有物欲、性欲、食欲等享乐追求的众生身。无色，是指看不见的没有形体的生灵，例如鬼神以及无形的精神现象，包括心理活动等。

⑤若有想、若无想：有想，指眼见耳闻，心生妄想，口说佛行，但身心不行。又指有想天，即此天人还存有想念，还没有完全脱去思想。无想，即无想天诸天人，在有想天之上，此天人已是一念不动，寂然无声，意思是已达到了抛除思想的层次，是清净的生灵。"无想"高于"有想"的层次。

⑥非有想非无想：即指达到比较自由自在的神（不是佛，也不是菩萨）的层次。比如有些修持的人，一入定就是几十年甚至上百年，还有生气，还活着，这也是"非有想非无想"的境界。佛教上称"非有想非无想"，为"非想非非想天"，无色界有四天，此是其中的第四天，在三界的最顶，因而也称"有顶天"。此天是以其禅定而得名的，所谓"非想非非想天"，是说此天人一念不动，故称"非想"。但又不是木石不能思想，故称"非非想"。据称其天人寿命可达八万劫。

⑦我皆令入无余涅槃而灭度之：我，佛教中的"我"是转义，包括生命、自己、身体，指可以支配人和事物的主宰。主宰又含两种意义：一是有"自在力"，即可以独立自主；二是有"割断力"，即可以支配一切。前面可以称"人我"，后者可以称"法我"。涅槃，是佛教修持的最高理想，一般指生死轮回后获得的最高精神境界，是对人生烦恼苦困的解脱与精神升华。灭度，灭，不是死灭，是寂灭。度，是度化、救度。灭度指用佛心去教化度救众生，使之成佛。

⑧无量无数无边众生：形容数量很多，也很广，没有穷尽。

⑨何以故：什么原因呢？

⑩我相、人相、众生相、寿者相：即"四相"。我相，这个"我"是指自己，"相"就是现象、观念，"我相"就是我，以我为核心。菩萨的"我相"，心有能为之心，轻慢众生。凡夫"我相"，倚恃名位权势，贪于财宝，攀高结贵为欲私利，轻贱贫愚。人相，即其生能所分别心，所谓能所心，就是认为我能，一切为我所有，未得自说得，未证自说证，自恃持戒，亦可以轻

家选饭王

《因果经》言：善慧菩萨，修习六度万行，位登十地，称为“圣善慧”，为诸天主宣说菩萨之修行次第，并在十方国土随类化身说教。

善慧菩萨在兜率天住了四千岁，即将下生人间示现作佛，当时出现了五种瑞相：一、自身大放光明，普照大千世界；二、大地十八种相动；三、魔宫蔽隐不现；四、日月无光；五、天龙八部俱受震动。

菩萨又观察五事：一、得度机缘已熟；二、此时度化为最宜；三、何国最优；四、何种族最尊贵；五、谁最真正应做父母。考察后得出了结论：娑婆世界摩竭提国的皇后虽贤良，国王却心术不正；和沙国懦弱受挟制；维耶离国人民好斗……其他国家皆属边地，不宜受生，唯迦毗罗卫国，地处正中；诸姓中，刹帝利最尊贵，国主净饭王，仁慈聪慧；摩耶夫人贤德无双，堪作真正的父母，便决定托生于净饭王之家。

易破戒。众生相，痴顽不逊，有苟求希望之心，言正行邪，口善心恶。寿者相，即见境出性，执于诸相，希求福利，追求长寿的观念。

[译文]

佛告诉须菩提说："诸位菩萨及大菩萨，应当这样修行降伏迷妄的心：应发大慈悲心去救度所有众生，无论它们是卵生、胎生、湿生、化生、有色、无色、有思维或没有思维、还是说不上有无思维，只要是有生命的，我们都应去教化灭度，使他们进入无余涅槃境界。这样清净度化了无量无数无边的众生，但因为众生即是佛，实在没有众生需要我们去度。为什么呢？须菩提，假如菩萨心中还存有我相、人相、众生相、寿者相，那不是真正的菩萨。"

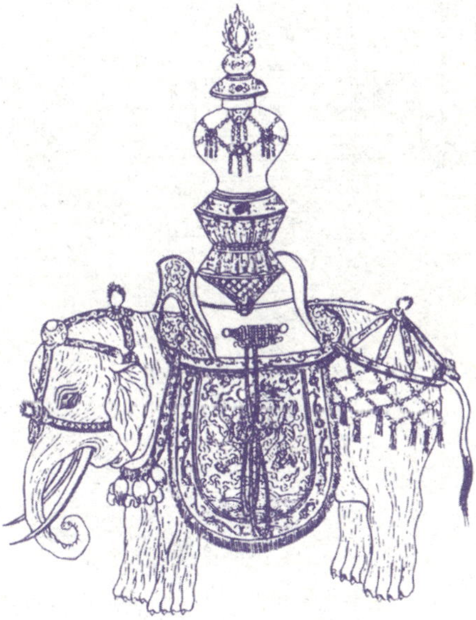

乘象入胎

《因果经》言：善慧菩萨从兜率天宫降生母胎时，摩耶夫人正于睡梦中，忽见一菩萨乘六牙白象腾空而来，从右胁而入，顿感自身光明莹洁，身心舒畅轻盈，快乐无比。醒来便将梦中所见告诉了净饭王。

净饭王立刻召来占相家，探问夫人所梦当主何吉凶。

占相师占后说："夫人身中所怀太子，具绝妙好相，难以尽说。今约略言之，此太子将来必光显释迦族。因太子降胎之时，大放光明，有诸天释梵围绕护侍，此相乃为正觉之瑞。日后若不出家，必当成为转轮圣王，统领天下，令国富民安、千子具足。"

自从菩萨处胎以来，摩耶夫人每天精修六度波罗蜜，常有天人送来丰盛饮食，不再吃人间荤腥之物。这期间，三千大千世界六种震动，清凉香风四起，一切病患皆不治而愈，百谷苗稼自然丰熟，全国人民生活和平安乐。

妙行无住分第四

题解

这一章的题目叫作“妙行无住”，意思就是说，实现那最奥妙的行为，却又不加执着。佛祖在本章提出了“无住”的理论。

菩萨心中应该无牵无挂，才能去灭度无边无量无数众生。没有了四相，才有可能去帮助那些四生六道的众生脱离苦难。菩萨为了普度众生要做的是六波罗蜜或者六度。持戒、忍辱、精进、禅定、智慧等五种波罗蜜，主要指的是自我的修行和完善。只有布施波罗蜜，才是菩萨普度众生时所做的事情。也就是说，只有布施一法，才能够普度众生。

菩萨既然不能够执着于我、人、众生、寿者四相，那么在布施的时候，也就更不能用布施相了。一旦执着了相，则菩萨不是菩萨，众生也不是众生，所施物也就不是所施物了。必须去掉了这三个施相，也才能够真正做到布施。

从我们能够理解的角度讲，布施包括三个方面的内容：财施，无畏施，法施。要想度化众生，法施是至关重要的。而这法施还有最重要的一点，那就是菩萨自己不能够有施者的想法，而不能以施者自居；接受你布施的众生也决不能够有受施的想法，更不能以受施者自居；自然，也就不能把那个法当作是法了。也就是说，一旦在这施受的两边有了妄想和执着，就会生出烦恼和贪婪。对于涅槃境界的执着与贪婪，也照样是更大的烦恼与痛苦。只要有一点点的痛苦与烦恼，也就无法到达那涅槃的境界。

菩萨的任务虽然是普度三界众生，但却没有任何普度众生的想法和念头。菩萨不执着于布施的境相，才能够真正地实行布施的计划。他有利于一切众生，但却没有让众生感到有什么利益，只是让众生去发现自己的本来面目，从而觉悟成佛。菩萨如果真要执着的话，那就应该像佛祖说的，执着于无相去进行布施。

[原文]

复次[1]：“须菩提！菩萨于法[2]，应无所住[3]行于布施[4]。所谓不住色布施[5]，不住声、香、味、触、法布施[6]。须菩提！菩萨应如是布施，不住于相[7]。何以故？若菩萨不住

树下诞生

《本行经》上这样记载：摩耶圣母身怀菩萨满十月，将要生产时，他的父亲善觉长者派人前去向净饭王请求，让摩耶夫人回到家乡蓝毗尼园去小住几日。净饭王当即同意，并敕令大批彩女一路跟随护送。

到达蓝毗尼园大吉祥地后，夫人神态安详，缓缓漫步，四处观看赏玩花园里的美妙景致，花园中处处鲜花怒放，枝叶鲜美，生机盎然，花香满园。当时园中有一棵大树名叫无忧树，此树的花朵香气沁脾，色泽鲜艳，枝叶柔软低垂，十分招人喜爱。夫人看了甚为欢喜，举右手攀彼树枝，此刻太子遂从右胁而生，当即全身大放光明，遍照诸天世间。当时天斋释即以微妙天衣裹手，承接太子。

相布施，其福德不可思量[8]。须菩提！于意云何[9]？东方虚空[10]可思量不[11]？”“不也，世尊。”“须菩提！南、西、北方，四维、上、下虚空可思量不？”“不也，世尊。”“须菩提！菩萨无住相布施，福德亦复如是[12]不可思量。须菩提！菩萨但应如所教住[13]。”

[注释]

①复次：其次、再次。

②菩萨于法：菩萨如何施行佛法，菩萨与法的关系。

③应无所住：住，此指事物形成后相对稳定。“应无所住”，就是什么都不住。

④行于布施：行，施行。布，普遍之义；施，散发之义。布施，梵文音译为“檀”“檀那”。意译为“布施”，简单说就是施舍，给予。布施的范围相当广泛，天上地下，人伦畜谷无所不施。“布施”是六波罗密（即菩萨成佛六法）之第一法。

⑤不住色布施：“不住色”就是“心”不存留所有色。要想不存留，首先是不起“色心”。菩萨行于布施，要除去一切色相，断烦恼、妄想、取舍、爱憎心。概而言之，不住色布施，谓然慧性照，见一切皆空。

⑥不住声、香、味、触、法布施：声、香、味、触、法，加上色，佛教称为“六境”。这里将“色”单独说，则为五境。因为这五境，具有污染人的情识作用，所以又称“五尘”，“尘”就是污染、玷染的意思。声，有恶声、善声、邪声、杂声等表现。这里全包括，指各种音声，不住于声，则心情净无挂碍。香，香味，不住于香则见色清净。味，各种味道。不住于味，则不生习爱，不起分别心。触，男女接触，或对一切事物、身心境的接触或感触。不住于触，就没有所面对的境界，也就心无取舍了。法，指思想意识里的推断揣度等作用，也就是“心法”。佛有六通，入色不被色迷，入声不被声惑，入香不被香惑，入味不被味惑，入身界不被触惑，入意界不被法惑，即智慧性照见一切皆空。这就是佛所说“不住”的基本意义。

⑦相：谓事物之形状。表于外而想于心者，都是相。

⑧其福德不可思量：福德，佛教名词，有两种，一种是人世间的福德称为鸿福，一种是修行得来的称为清福。这里的福德，是指做善事而得的福报功德。不可思量，佛教术语，就是没有办法测量，深不可知，广而无边。

⑨于意云何：你的意思如何？

⑩东方虚空：东方，按佛教的四方观，东方属生气方，代表生气与生

九龙灌浴

《本行经》上言：四大天王抱着太子向摩耶夫人祝贺。此时太子不需旁人搀扶，便向四方各行了七步，每行一步，地上当即自然涌现大莲花。太子眼观四方，举手作狮子吼："天上天下，唯我独尊"。世间一切诸天及人，皆欢喜赞叹，深为恭敬。

此时花园中忽涌出二池，一冷一暖，贮满清澄香水。虚空中又有九龙吐水，浴太子身。天人们奏美妙音乐，空中飘五彩缤纷香花。十方大地，六种震动，所有众生都感到了未曾有过的快乐。

太子诞生时，正是我国周昭王二十四年甲寅岁四月初八。这一日，江河水自然汹涌欢腾，山川宫殿震动，空中有五色光芒射入太微官。昭王急召群臣，问："是何瑞相？"太史苏由奏说："此瑞相主西土有大圣人诞生，千年之后，必当有教法传到我国。"王即敕令将此事镌记于石上，埋于南郊，以备将来考证。

命力。东方世界是生法世界，是生生不已、生机不断的世界，所以修行的人都面向东方，发动气脉始自于东，没之于西，以表圆满周遍。虚空，虚无形质，空无障碍，故名虚空。此指无边无际、永不变易、容纳一切、无任何质碍的广大空间宇宙。

⑪可思量不：即达到觉悟境界，心无一相，如此布施，其功德当然不可思量。

⑫亦复如是：也像这样。

⑬应如所教住：一切学法人应该如佛所教的那样，不住于相，而住无住之住，即住于空。

[译文]

再者说："须菩提，从法理上讲，菩萨应该做到无所住心，用这个无所住心去布施。所谓不住色布施，即不住色，不被色所迷，同时也不得住于声、香、味、触、法，不被它们所惑。须菩提，菩萨应当这样去布施，不执着物相布施。为什么呢？因为只有菩萨不执着物相，才可以说是无私地去给予，这种奉献的无为福德是无边无际的。须菩提，你的看法是什么呢？东方的虚空境界能不能去揣度和测量呢？"须菩提说："不能，世尊。""须菩提，南方、西方和北方，四维上下虚空可思量吗？"须菩提回答说："不可思量，世尊。""所以须菩提，菩萨不住相布施，福德也与十方虚空一样是不可思量的。须菩提，你应像佛教你的那样去修行，才是菩萨心中所要'住'的无住境界。"

从园还城

《本行经》言：大臣摩诃那摩，此刻正陪同诸国师婆罗门，来到蓝毗尼园，谈论今日何为何会有种种稀有之瑞相。这时见一宫女从园中奔出，报大臣说“国王夫人已生太子，你速回宫，对国王奏明此事”。大臣调来马匹，飞驰到王宫，未见王便先打起欢喜鼓。

此时净饭王正与大臣们谈论国政，闻鼓声，便问发生何事。大臣奏说：“恭贺大王，夫人生一太子，状若天人，大放光明。”国王闻知，即前去看望。抵达后，对夫人说：“请于太子所生处，置吉祥物，我要看视太子。”

视毕，国王想，我子当乘何种辇舆？此时即有毗首羯磨天化作七宝辇舆，四大天王变成英俊少年，扛着宝舆前来。净饭王令诸童子着黄衣，左手执金瓶，右手持宝杖，在太子前翊从而行。空中有诸天玉女持香炉，焚微妙之香，在太子前引导。

如理实见分第五

题解

在本节中，佛祖把话题转到自己所觉悟的境界。即不仅菩萨不应该住相布施，就是佛如来也不应该执着于色身形相的。

如来是超越了一切三界形象和规律的一种涅槃境界，根本没有人们所谓的形相可言。如来是一种永恒的无限，是摆脱了无明糊涂所证得的一种境界，已经泯去了概念和对待，超越了人们的语言表达的范围，所以无法去认识和把握的。

从如来的角度讲，所有的形象都是有限的，都是暂时的，不能够得到永恒，不属于自己，所以都是虚妄的。见到虚妄的人，本身也就为虚妄境界中的生命；只有超越了虚妄，看见的所有的形象都不是形象的时候，才能够看得见真正的如来。

如来是涅槃境界中的生命，他们所感受到的一切与我们人间所能感觉到的一切，是完全不相同的。必须摆脱人间的一切障碍，才能进入涅槃境界而真正见到如来佛的形象。真正的涅槃境界是无形无声的，只有达到这种境界，才会见到那真正的如来。

[原文]

“须菩提，于意云何？可以身相见如来不[1]？”“不也，世尊！不可以身相得见如来。何以故？如来所说身相，即非身相[2]。”佛告须菩提：“凡所有相，皆是虚妄[3]，若见诸相非相[4]，即见如来[5]。”

[注释]

①可以身相见如来不：身相，指佛的形相。身相，也可以称为“色相”，或“色身”，即身体（肉体）形象特征。佛释迦牟尼身相奇伟、特殊，非同一般，其身貌有三十二相、八十种随形好（三十二个奇异特征，与细身的八十种特别身相，可以随时使用，称为随形好）。全句意为：可不可以以佛的外部身相见佛呢？

②即非身相：色身相是佛的身相但不是佛的真身相。有三层意思。一是说，如来真身，本无生灭，湛然常住，托阴受形的身相，是凡相，而不

仙人占相

《本行经》言：迎太子回宫后，庆贺完毕，净饭王便召来相师。诸相师细细瞻仰太子相貌，回报"太子身具三十二种大丈夫相，有大威德。将来长大后，若在家，能成为转轮圣王，七宝具足，享极世间荣华；若弃王位，出家学道，定能成为大觉世尊，作天人师，名闻遐迩"。

后又有一仙人阿私陀，远道徒步而来，求见太子一面。国王感其诚，即命抱太子来见。仙人双手接过，安于头顶，又置于膝上，对国王说："太子备具三十二相、八十种随形好，以后必当出家学道，成就无上正等正觉，转无上法轮，为众生弘扬正法，凡有缘听佛法者，皆获解脱。"

言毕，心中自念，众生颠迷，不闻如来正法，久受轮回。今正当有佛出世，惜已衰老，恐无缘于如来宣说正法；错过此等因缘，当抱憾终天！想此，懊恼无比，掩面乘空飞去。

是佛的真相。二者佛有三种身，即法身（显法成身，名为法身）、报身（以法身为因，证得佛果之身）、化身（变化身，亦有称其为应化身，即应众生呼唤而现之身）。佛可以根据慈悲众生的需要有各种身相，而且佛的法身犹如虚空，没有相形，所以说“即非身相”。三是说，如以身相去学佛，就落在“著于色相”上了，落于色相就是落于妄念，违逆修道之法，得不到佛的境界了。

③凡所有相，皆是虚妄：所有相，不唯色相，一切种种分别心，都是相，而所有相，皆从因缘而生，遇缘即起，缘散即亡，故佛言所有相，皆是虚妄。

④见诸相非相：见相而不执着于相，又能破解出相。所以说“见相非相”，见相又不是相，又能非（否定）其相。

⑤即见如来：所谓如来者，自性本无去来，一切色身也是四大和合妄念而生，如执于虚妄身相，而想得如来自性，譬如认贼作子，终无是处。所以佛告诉须菩提，“见相非相，即见如来”。若见相有相，则永不见如来。能见相非相，则能回光返照，见无形可得，而真如本体便寓乎其中，那就可见自性中有如来。因为如来不是外求外见，是由自性中见。

[译文]

“须菩提，可不可以以佛的外部身相见佛呢？你的看法是什么呢？”须菩提回答道：“不可以，世尊，不可以以佛的外部身相见佛。为什么呢？因为如来说的身相是无相的，眼所见到的色身相不过是暂有的假合躯壳，是凡夫的身相并不是如来的真身相，而如来的真相是灭相无相的，所以佛所说的身相，即眼睛所见到的身相，不是佛的真身相。”佛告诉须菩提说：“所有相，都不是真实的，而是虚假的，若能看到一切色相不是色相，就见到如来了。”

大赦修福

《佛本行集经》言：国王听了相师和阿私陀仙人的预言后，知太子有大威德，以后必能光显释迦族，十分欢喜。

他召集文武百官说："众卿家，今为太子之故，敕令国内所有监狱犯人一概赦放，令其重见天日，悔过自新；一切禽兽也一并放生，让它们返归自由，安其天年。"而后又对国师婆罗门言："所有精进修道者聚集之所，不论人数多少，若有所需，皆尽布施；所有寺院庙堂，皆令修葺庄严，依法祭祀，以为太子祈福。"

国师婆罗门得令后，马上于四方召来三万二千婆罗门，分批进入王宫，受领布施，一连七日七夜。一切功德，皆为太子回向，愿使其福德增进。于是有偈赞说：

净饭王心大欢喜，以生福德太子故。一切群臣皆聚集，天下囚系普放恩。

诞育既称适本心，殷重欲为作生法。为令太子增益故，布施于彼婆罗门。

正信希有分第六

题解

佛祖讲了几个大命题和观点。一是菩萨要普度三界众生，度尽了无边无量无数众生，但却没有一个众生得到度化。因为一旦菩萨有了普度众生的念头，也就执着于我、人、众生、寿者四相，也就不是菩萨了；二是说，菩萨应该不住相布施，其所得的福德仿如虚空一样不可思量；三是说如来无相，凡是有形相的事物，都是虚妄的。

[原文]

须菩提白佛言："世尊！颇有众生①得闻如是言说章句②，生实信不③？"佛告须菩提："莫作是说④！如来灭后⑤，后五百岁，有持戒修福者，于此章句能生信心⑥，以此为实⑦。当知是人⑧，不于一佛、二佛，三、四、五佛而种善根⑨，已于无量千万佛所种诸善根⑩。闻是章句，乃至一念生净信者⑪。须菩提！如来悉知悉见⑫，是诸众生，得如是无量福德⑬。何以故？是诸众生无复我相、人相、众生相、寿者相，无法相，亦无非法相⑭。何以故？是诸众生，若心取相⑮，即为著我、人、众生、寿者⑯。若取法相，即著我、人、众生、寿者。何以故？若取非法相⑰，即著我、人、众生、寿者。是故不应取法⑱，不应取非法⑲。以是义故，如来常说：'汝等比丘，知我说法，如筏喻者⑳。法尚应舍，何况非法㉑！'"

[注释]

①颇有众生：有一部分持不正确见解的人们。

②得闻如是言说章句：得闻，听到。如是言说，指上"五品"中佛说"诸相非相，即见如来"的说法。章句，古代注家以分章析句来解古书，形成一种章句文体，故章句即分析、解释之义。

姨母养育

《本行经》言：自太子诞生后，摩耶夫人身体渐瘦弱，七天后即命终，其神识生忉利天上。因思念太子，夫人便同诸天彩女持香花等供养品，从虚空而下，至太子处遍散。供养毕，她对净饭王说，“我当初怀太子之时，整十月感受无比快乐。今我得生天上，所有快乐一如从前。大王不必为我生忧。”

净饭王便将太子付与太子的姨母摩诃波阇波提，他说：“你是太子亲姨母，当好好养育、爱护他，按时乳育，使其安康成长。”又另选三十二名使女协助：八女轮番抱持，八女依时洗浴，八女依时哺乳，八女为太子戏要。姨母谨依嘱托，尽心尽力，太子便如十五之月，清净圆满；又如尼拘陀树得生好地，终成大树。

自太子出生后，因太子威德力故，净饭王家财富逐增，从前怨仇也皆化敌为友。风调雨顺，五谷丰登，人民安康，呈现出太平盛世气象。

③生实信不：会相信它的真实吗？信，信为道之源，功德之母，信则养一切善法，不信则生恶，信则能入。实信，是为得实谛真理的阶梯。

④莫作是说：不要这样看，也不要这样说。

⑤如来灭后：灭，涅槃的别称。灭后，指佛灭度圆寂，即肉身离开世间以后。但“灭”不等于死亡，灭，即寂灭。

⑥于此章句能生信心：指能坚信法言，而且会做出新的解释。能信此法，一定是有大觉心之人，故而能生新意。

⑦以此为实：认为这是真而不虚，是实而无妄的，并以此为根据。

⑧是人：这个人。

⑨不于一佛、二佛，三、四、五佛而种善根：意思说，不是一二三四五有数的佛，而是三世诸佛。按佛教说，一劫一佛出世，这许多佛，说明此人多劫以来，即培植了善德根基。所谓种善根，一者供善诸佛菩萨、善知识。二者顺法，随顺佛法不乱法行。三者供养三宝（佛、法、僧）。四者敬师敬长、承顺其义，不违其命。五者悲慈贫弱，遇有难者，尽力施惠。六者令恶者从善。又，于六道众生不加杀害，是为种善根。

⑩无量千万佛所：无数佛及他们所在的地方。

⑪闻是章句，乃至一念生净信者：闻是章句，即听到佛讲的理论，指“无相”的理论。一念，喻其时间极短，顷刻顿悟。生，发生，产生。净信，干净、空灵，心地无一丝妄念，清净到极点。

⑫悉知悉见：既知道，又看得见，谓完全了解这个人。

⑬福德：行一切善行，所得福利，称福德。福德是一点一滴做好事积累起来的功业之德，有福德的人才能得大福报的大智慧，才能得菩萨智慧。

⑭无法相，亦无非法相：法相，是指其有相有见。非法相，即无见，是说法非实有，故不要有执着于法的见解，心不得有法见。亦无非法相，然而法也非无，不要执着于无法的空见。执于“无法”和“非无法”的见解，都不是清净无所得心，前者要得个无，后者要得个有，这二者都不对。修持悟道，既不要执着于什么法，也不要不执着于法，所以说“无法相亦非无法相”，佛法不有亦非无，这便是法的道理所在。

⑮若心取相：如心取相，则起妄念，起妄念即著四相。古人说，有念（相）是凡人境界，有念有觉是贤人境界，无念有觉是圣人境界。如以心取相，则是心外求法，著于妄念。如果你心里先入为主，带着某种观念有个“相”来学佛，就是“若心取相”，一著相，心中就起妄念，有妄念心中就有障碍，就不能悟道了。

⑯我、人、众生、寿者：若心取相，必然落入我相、人相、众生相、寿者相。

往谒天祠

《大庄严经》言：太子诞生以来，举国欢庆。时有释迦亲族中诸位长者，同往净饭王住处，对国王说“按照风俗，当带太子往天庙拜谒天神，祈祷太子一生吉祥”。

国王允诺，命官中人员妥善布置。太子穿上华装丽服，愈发庄严可爱。净饭王亲自带太子乘车出行，诸大臣及释氏眷属前后翊从。众多军人执幡盖，众多歌女鼓乐舞，簇拥而行；空中有无量诸天散洒天花。

至天庙，国王抱太子一入庙内，神庙中一切诸天神像，纷纷于座上站起，对太子合掌致敬。百千天人看此感人场面，无不欢喜。迦毗罗卫国六种震动。庙中一切神像，尽显本形，齐声偈赞：

圣子如日月，亦复同溟海；而与须弥等，不宜恭敬我。

福慧及威力，礼者获大利；若人去骄慢，生天证涅槃。

这次太子之入天庙，感动无量诸天人民，皆发了无上正等正觉之功。

⑰若取非法相：取相是著相，不取相同样是著相，著的是无法相。

⑱不应取法：不应该执着于法相，抓住一个固定观念，那样，就先著法相了。

⑲不应取非法：此句意思说，若取法相，则执于法；若取非法，非法即空，又落于空，空也是一种妄执。

⑳知我说法，如筏喻者：你所了解我说的“法”的含义就好像渡你过河的筏子。此是比喻，意思说在渡河时，不可没船筏（佛法）。但是船筏不等于道，故不应执着。

㉑法尚应舍，何况非法：无论是有法相说，还是无法相说，都是两种片面偏见，二者都不当取，均当舍去。好比过河，既过了河，筏子就不再使用，换言之，法都应丢掉，何况本来就没什么法呢。

[译文]

须菩提对佛说：“世尊，将来众生听到你说这些说法理论，他们会相信这是真实的吗？”佛对须菩提讲：“不要这么说。待到如来灭度后的五百年，会出现执持佛教戒行并能善修福德的大智大慧之人。这个人不仅可以理解这些理论，对其有不可动摇的坚定信念，而且坚信这些都是真实不虚妄的。应当知道这个人，有诸种善业功德，而他所以得到了这种觉悟智慧，因为他不只跟一、二、三、四、五位佛学习，而是跟无数的佛学习，所以他种下的功德根基是经过无数佛的正法熏陶，种植了诸种善根。所以当他听到这些说法理论，会即刻达到妄念不生，空灵清净，无半点疑惑之境。须菩提，对于那净信修学佛道的人，佛都了解得很清楚，也看得很真切，那是因为修道众生，已经积累并得到无量福德的结果。为什么呢？因为他们不再为我相、人相、众生相、寿者相这些妄念所迷惑，修持正宗佛法，没有固定不变的法相，但也没有非法相。为什么呢？因为他们倘若心中有相，那一定会落入我相、人相、众生相、寿者相。如果他们执着法相，也会落入我相、人相、众生相、寿者相。为什么呢？如果他们执着于无法相，那也会落入我相、人相、众生相、寿者相。所以既不应取有法，也不应取非法。因为这个原因，如来经常给各位讲修法就如借筏子渡河一样，渡完河就放下筏子。佛法都要放下，何况与佛法相悖的非法。”

园林嬉戏

《本行经》言：净饭王特令巧匠制作璎珞、花鬘、宝冠、腰带等以庄严太子。姨母摩诃波阇波提常抱着太子，坐宝辇中。童男童女装束整齐，手执鲜花，引导在前，一同来到游乐园中。

此园林原名无垢清净庄严，置有各式样的车轮、船舫、锣鼓乐器，还有许多可爱的小动物，遍地花草，处处莺歌燕舞。太子和许多童男童女在里面恣意游玩嬉戏，欢声笑语洒满整座园林。

太子在其中度过了八年，在娱乐中启发了灵感，增长了智慧。他在幼年时已有非凡的气质，每每饮食适可而止就能不饥不渴。但凡养育太子的奶妈、保姆，都很喜欢他。

园中可一天神，名叫离垢，每逢看到太子来到园中，都心生敬意，他住在虚空中，隐藏形体，持各种香花散于太子头顶上。

到了太子需要休息之时，姨母便抱着太子坐到宝辇中，回到宫里。

无得无说分第七

题解

这所谓的正法，当然是由佛祖讲说的。他就像导师一样，通过自己对于前途人生的探求，要把自己所得益的方法传播给更多的人，让大家都得以解脱痛苦、生活幸福。这样的方法或者道路，只是达到目的的手段，不应该执着。在自然规律的诸法空相中，是没有佛、没有法，也没有修法之人的，所以佛也不能够执着。称之为佛，是从众生的角度来看的。如果说佛能够说法，那是因为他自己得到了法，得到了无上正等正觉。

也就是说，要想真正地觉悟，就必须知道：自然的规律就是自然而然的，没有任何人为的定准，所以没有什么是固定不变的觉悟正法的，也没有什么可以让如来佛去得到的，也自然没有什么定法让他去讲说传播的。

现实中佛祖的说法，只是他自己的一种理解而已。如果我们执着于他给我们讲的法门，那么我们就永远解脱不了了。因为宇宙那个空相的真理是无法讲解明白的，越说越让人糊涂。导师的意义就在于通过自己的探索与理解，给人以启发，但真正的路还得自己去亲自走。

[原文]

“须菩提！于意云何？如来得阿耨(nòu)多罗三藐(miǎo)三菩提耶①？如来有所说法耶②？”须菩提言：“如我解佛所说义③，无有定法名阿耨多罗三藐三菩提④，亦无有定法如来可说⑤。何以故？如来所说法，皆不可取、不可说⑥，非法，非非法⑦。所以者何？一切圣贤皆以无为法⑧而有差别⑨。”

[注释]

①如来得阿耨多罗三藐三菩提耶：如来得到无上正等正觉了吗？

②如来有所说法耶：如来是在讲经说法吗？

③如我解佛所说义：依照我对佛教喻的理解。

④无有定法名阿耨多罗三藐三菩提：没有固定的法叫正等正觉。

⑤亦无定法如来可说：众生有别，所以说没有固定的模式要如来去讲。

习学书数

《本行经》言：太子八岁时，净饭王召来毗奢婆密多当太子老师，并令释迦族中所有童子伴读。

开学这一天，毗奢婆密多看到太子，因太子下可的大威德力故，便不禁屈身顶礼，此刻虚空中有无量诸天神王守护太子，用鲜花散太子顶上。

第一天上学，太子就把最权威的六十四种学术名著的书名全部诵出，并问老师要教哪一门功课。老师一下怔住，这六十四种书名他本人还不尽知呢！于是心中惭愧，对太子说偈，后几句是：

如是书名我未知，你今悉皆诵持得。

是为天人大尊导，今复更欲觅于师。

此后，太子和许多童子一同读书写字，因太子威德力及诸天神力护持，学生们都能通达所有书数经论。

⑥皆不可取、不可说：不可取，抓不住什么具体东西。可取者，是物不是法，可取，即入于色相，可取，就是执着，执着就是妄想，有妄想就不能通于佛道义理，故不可取。不可说，有两层意义：一则见法唯实证，非言语所可以尽言，故法可以心传神悟，不能徒说于言语；二则，正因为法有上述特点，所以佛担心有修学人不解佛理，抓住只言片语，或者执着于某一说法，从而起修坏性，不仅未得真理，反而误入歧途，故佛反复强调这个观点，不可取、不可说。

⑦非法，非非法：非法，不是有法。非非法，也不是无法。非者，无也；非非者，不无。非有真实不变之法，但又不是不真实之法，以为其有，虽有而未尝有，以为其无，虽无而未尝无，故既不作有，也不作无。“有心俱是妄，无执乃名真，若悟非非法，逍遥出六尘”，这是“非法非非法”的真含义。

⑧皆以无为法：此话有两层含义：一说诸法皆以无为法；二是说，诸大乘法皆以无为为法。

⑨一切圣贤而有差别：一切，所有圣贤、各宗教派别一切万有悉包括在内，即为一切。差别，意思是说，因修法人根性不同，所解不一，见有浅深，悟有先后，故说有差别。

[译文]

佛说：“须菩提，你的看法是什么呢？你认为如来证得无上正等正觉了吗？如来佛有所说的法理吗？”须菩提回答说：“按照我对你教义的理解，没有一个固定的法理叫无上正等正觉，也没有一个固定的法理可以由如来佛去讲说。为什么呢？如来佛所说的法都不可以固守，固守那就著‘相’，因此一切法不可取，而且不可言说，不是法理，却也并非不是法理。为什么会这样呢？因为各圣贤都以‘无为’为‘法’，只是层次、程度上有差别而已。”

讲演武艺

《本行经》言：太子天资高妙，过目成诵，一点即通。

净饭王对群臣说："卿等谁知国内何人武艺智谋最佳，可以请来相授太子？"

有人报说："提婆精通武艺，可以教授太子。"国王即造教场，让太子随提婆学武艺。

提婆为太子讲解各种兵器及技击方法。太子看到那么多兵器，想及战争的恐怖、残忍，便不肯学："这些兵器的用法我都知道了，不劳烦你教。"

提婆只好教军事上使用的一些理论，以及如何治理世间的机谋智巧等杂事，这些世人需大费精力方有所得，而太子能在最短的时间，不需费心学习，就可完全通达无碍。提婆看到太子如此聪颖，自己所教的远不及太子所悟的多，心中惭愧，便对太子致礼，说偈赞道：

汝于年幼时，安庠而学问；不用多功力，须臾而自解。

于少日月学，胜他多年岁；所得诸技艺，成就悉过人。

依法出生分第八

题解

这《金刚经》所讲说的，是对于小乘佛教，或者说是佛教自身的超越，是要破除掉一切我执与挂碍，从而得到大解脱的法门。人们放下于佛、法、僧的心理，直认自己的心性，便可证空悟佛。在佛教中，佛的形象至高无上，所以受到人们的崇拜。但崇拜得过分，将会失去自己的本性，也违背了佛祖的教训了，所以必须破除掉这个佛执。不仅佛教如此，其他一切东西都是这样的，都是不应该执着的。因为只要稍稍执着一下，我们的心灵就会被牵挂。烦恼与痛苦也就都产生了。修行人只要放下一切执着和牵挂，连佛祖都不执着的时候，佛教的真理也就得到了。《金刚经》的目的，就在于让我们去掉一切牵挂，所以也一定不会让我们执着于其中的文字与教理了。

[原文]

“须菩提！于意云何？若人满三千大千世界七宝[1]以用布施，是人所得福德宁为多不[2]？”须菩提言：“甚多，世尊！何以故？是福德，即非福德性[3]。是故如来说福德多[4]。”“若复有人，于此经中受持[5]，乃至四句偈(jì)等，为他人说[6]，其福胜彼[7]。何以故？须菩提！一切诸佛及诸佛阿耨(nòu)多罗三藐三菩提法[8]，皆从此经出[9]。须菩提！所谓佛法者，即非佛法[10]。”

[注释]

①若人满三千大千世界七宝：若人，如果有人。满，装满。三千大千世界，佛经教义，以须弥山为中心，以铁围山为外郭，同一日月能照到的四天下为一“小世界”，一千“小世界”为一“小千世界”，一千“小千世界”为一“中千世界”，一千“中千世界”为一“大千世界”，因为大千世界分为大、中、小三种“千世界”，称为“三千大世界”，是说无法计算其大。七宝，佛教名词，金、银、琉璃、砗磲、玛瑙、珍珠和玫瑰。

太子灌顶

《过去现在因果经》上言：一天，净饭王召来群臣商议说“太子已经长大，智勇、文武俱佳，现应择选吉日，取四大海之水，为太子灌顶立位”。群臣表示同意。于是择定二月初八日举行灌顶仪式；并邀请邻近诸小国王皆前来参加。

到了二月初八日，各国国王嘉宾及仙人婆罗门等皆云集前来。仪式开始时，鸣钟击鼓，乐师指挥着乐团奏出庄严肃穆的雅乐。诸仙人用七宝器盛四大海水各个顶戴，然后传授婆罗门及诸臣，悉已顶戴后传至国王，国王便以宝器中水灌于太子顶上。而后，国王取七宝印交付太子，击鼓后朗声宣布：“今立萨婆悉达多为太子。”

此刻虚空中无数天人神王等各同奏微妙天乐，齐声赞道：“善哉！善哉！”

同时，其他八国国王有感于此次仪式之隆重，便决定也在这一天，同时举行立太子仪式。

②是人所得福德宁为多不：如果有人能拿装满三千大世界的七种珍宝来施舍做善事，他得到福德是不是很多呢。

③是福德，借即非福德性：一是说，布施的福德，是事福，即在某一事情上所得的，是借物而修得，但物有限，福德也是有限的，而且又因为福德是没有边的，没有自性定义，也是无法定性的。二是说，真正的福德性是般若，即佛的智慧，这里是理福，而不是事福，理福是趋向于佛道的真正福德种性，而其他事福，不具这种特性，故说“非福德性”。

④是故如来说福德多：正因为福德无自性，什么是多，什么又是少，很难界定，所以如来说福德多，是相对的概念。

⑤于此经中受持：此经，指《金刚经》。受持，是佛教名词；受，领受于心为“受”,终而不忘为“持”。接受并坚持学习,永不间断。受持《金刚经》是“福德多”，是理福德。

⑥为他人说：为他人讲说《金刚经》，是广为宣传的意思。

⑦其福胜彼：其福德大于用七宝布施的人。

⑧一切诸佛及诸佛阿耨多罗三藐三菩提法：一切诸佛，指所有佛，包括过去、现在、未来三世一切佛。诸佛阿耨多罗三藐三菩提法，一切佛得到正等正觉的大彻大悟之法。

⑨皆从此经出：都是从《金刚经》这里产生出来的,都是由受持《金刚经》而得“阿耨多罗三藐三菩提”的大彻大悟成就佛果的，言外之意，除此般若，其他经书没有如此之力。

⑩所谓佛法者，即非佛法：佛法，即佛所说法或佛所知一切诸法。此句有两个含义：一是提醒人们注意，除佛所说法之外的法，都不是法，都不要听。二是再次重申这样一个思想，所谓法又没有佛法，如认为有个法那就是妄想执着于法相。

[译文]

佛说：“须菩提，你的看法是什么呢？假如有人拿出能装满三千大千世界的七种珍宝用来布施，做善事，你说他得到的福德多不多？”须菩提回答：“很多，世尊。为什么呢？这样的福德，就不是福德。所以如来说福德多。”佛说：“须菩提，假如有人，坚持修读《金刚经》而从不间断，甚至就学习《金刚经》的四句偈诗，但是他能坚持不懈，又能广泛宣传《金刚经》的教义，为他人解讲正法之道，他的福德要大大超过那位布施的人。为什么这样呢？须菩提，一切佛，他们之所以得到佛的正等正觉境界，都是修《金刚经》而成。但是，须菩提，所谓佛法，又是没有什么佛法的，不要身外去求，不要执着而泥执于法。”

诸王角力

《本行经》言：净饭王和诸大臣为了考核释迦族诸王子中谁的武艺最高强，便决定举行一次武术大赛。

第一个项目是射箭。首先是提婆达多射箭，一箭射穿三鼓，射至四公里处。接着是难陀射击，亦射穿三鼓，射至六公里处。

到了悉达多太子，所有弓箭他都嫌力道过弱。国王便命人取出祖上师子颊用过的大弓。太子一箭直穿七个铁鼓，射至十六公里外依然力道不衰，一直没入到虚空中，遂为帝释天所获。

第二个项目是射铁猪。太子一箭射穿七个铁猪，其箭入地，径至黄泉，即成一井，后人称其为箭井，于今犹存。

太子比赛大胜，诸天人散花示庆祝。帝释将太子所用的箭供奉在天宫中，并建立了箭节，来作纪念。

一相无相分第九

题解

《金刚经》就是要我们去掉执着，包括去掉对于佛祖和教理等的执着。不仅我们修行者不能够执着，就连那些诸佛、菩萨也是不能执着的。真实的本相就是无相，真实的概念就是没有概念。真理是绝对的，必须离开一切的对待和分别。真正的境界是不容许有言语思维的。

[原文]

“须菩提！于意云何？须陀洹(huán)[1]能作是念，我得须陀洹果不[2]？”须菩提言：“不也，世尊！何以故？须陀洹名为入流[3]，而无所入[4]。不入色、声、香、味、触、法，是名须陀洹。”“须菩提！于意云何？斯陀含[5]能作是念，我得斯陀含果不？”须菩提言：“不也，世尊！何以故？斯陀含名‘一往来[6]’，而实无往来[7]，是名斯陀(tuó)含。”“须菩提！于意云何？阿那含能作是念[8]，‘我得阿那含果’不？”须菩提言：“不也，世尊！何以故？阿那含名为‘不来’，而实无不来[9]，是故名阿那含。”“须菩提！于意云何？阿罗汉能作是念，‘我得阿罗汉道[10]’不？”须菩提言：“不也，世尊！何以故？实无有法名阿罗汉[11]。若阿罗汉作是念：‘我得阿罗汉道’，即为著我、人、众生、寿者[12]。世尊！佛说我得无诤(zhèng)三昧(mèi)[13]，人中最为第一[14]，是第一离欲阿罗汉[15]。世尊！我不作是念[16]：‘我是离欲阿罗汉。’世尊！我若作是念：‘我得阿罗汉道’，世尊则不说‘须菩提是乐阿兰那行者[17]’。以须菩提实无所行，而名须菩提[18]是乐阿兰那行。”

掷象成坑

《本行经》言：当时净饭王见太子诸般技能皆超出诸王子，满心欢欣，命人回宫牵来大白象，饰以种种璎珞，以让太子乘坐入城。

这时提婆达多正从城外进来，看到有人牵着大白象即将出城，便问说：“此象出城何用？”来人答：“给悉达多太子乘坐入城。”提婆达多平日自恃力大，自负自傲，一无忌惮，但今日比武却败于悉达多太子，于是心怀妒忌，走上前，挥拳猛击大象额头，竟一拳将大象打死。象身阻塞了城门，众人往来受阻，交通拥挤。难陀随至，见象塞路，阻人行走，便用右手牵住象尾，拖离城门七步。

悉达多太子见此，知提婆达多心怀不轨，以力示威。此象身无比粗重，若日后腐烂，定臭气熏天，于是即用左手举起象身，从空中掷到城外。象身直飞到五里以外方落地，落地处即成大坑。

[注释]

①须陀洹：梵文意译，称“预流”，小乘佛教修行果位之一。它有两个含义：一指“预流果”（果，果位，即修持达到的最终等级结果），是指通过思悟“四谛”之理，灭掉三界“见惑”，达到的罗汉最初修行果位，从此可以进入圣道（即佛道）之流。二是指还没有达到完全的标准，即尚未究竟，但正趋向于这个果位，所以称“预流”，预备流入佛道大义。佛教上也称为“预流向”。

②能作是念，我得须陀洹果不：心里能有这个想法吗？我得了须陀洹果位。即告诉修持的人们，不要吹捧自己，应该谦虚平和，倘若心存得道，这个果位也保不住。

③名为入流：入流，即初步流入其门，舍凡入圣人之流。所谓“入流”是说，仅可进入到圣人的行列而已。

④而无所入：无所入，指其不入六尘，修无漏业，但尚未完全舍离尘境。意思是说已进到清净的法性境界，已经由普通的欲爱烦恼的缠绕中解脱出来，修养到色、声、香、味、触、法六尘不入。

⑤斯陀含：又称“一来”，小乘佛教修行果位之一，是二果罗汉果位，又称“一来果”。修“斯陀含”的“一来果”有两个含义：一指思悟“四谛”之理而断灭与生俱来的烦恼，断掉“思惑”与“见惑”后所达到的果位。按佛教教义称，达到此位，仍需一次生天上，一次生人间，因为有一生一灭，所以叫“一来”，这个一来结束，才能最后解脱。二指“一来果”，正在断除“思惑”，趋向于“一来果”，还没有完全达到标准的修行者，所以又称“一来向”，即向着“一来果”的方向迈进。

⑥一往来：指“一来果”的果位，还要回转人间来一次，才能修成正果。所以称“一来”为“一往来”。就是天上、人间各生一次。天上由佛接引，人间的要去投生。

⑦而实无往来：因为“一往来”时间很短，人心的一生一灭，就是一次往来，或者刚投胎就走（死）了，实际是虚名而已，等于没来，故说“实无往来”。另外一个意思是，一次生天上，一次生人间，只一次往来，不再来，故称一往来。另外一个含义说，既证无为果，真性遍虚空，心既无我，何有往来之说，不存往来之义。

⑧阿那含：梵文意译“不来”，又称“不还”，小乘佛教修行果位之一，是三果罗汉，按佛教教义三果罗汉是较高层次，完全断除了“思惑”等烦恼，他可以不必到人间，在天界就可以完成修道正果，不再到欲界受生，所以又叫“不来”“不还”“不还果”。

⑨而实无不来：因为三果罗汉定位很高，已证不来之果，而且心无所得，

悉达多纳妃

《因果经》言：太子年十七。净饭王召集群臣道："太子今已成人，宜当婚娶。众卿以为如何？"有人奏道："臣知摩诃那摩长者，有一小女名耶输陀罗，容貌端庄，聪慧过人，知书达礼。如此贤德之女，当聘与太子为妃。"国王说："果如卿言，当娶之。"

国王回宫，命老成宫女前往摩诃那摩长者家，观察其女容仪礼节如何。宫女受命，即前往长者家，停留十余日，细察此女，回报说："此女果真容貌端庄，威仪举止无人能比。"于是国王便派人前去，对摩诃那摩长者说："太子已至纳妃年龄，闻令爱貌美德贤，宜当联姻。"摩诃那摩应允。

国王即令大臣择吉日，遣车迎娶，为太子举行隆重大礼。并为其另纳二妃，建造三时殿，增诸多歌女，昼夜陪太子娱乐。

太子虽时时与妃相处，却从来不起世欲之念，夜中但修禅观，不曾与妃有夫妇之道。

死生不迷，心空无我，来去比较自由，可以说来就来、说走就走，所以说“实无不来”，可以随便来。来，指来人间。

⑩阿罗汉道：简称罗汉，小乘佛教修行的最高果位，又称“阿罗汉果”“无极果”“无学果”，达到这个果位，已断绝了根本烦恼的“思惑”与“五见惑”，达到了罗汉修学的顶端。

⑪实无有法名阿罗汉：没有一个具体的修成罗汉的法。如果有法，就是得心未除，得心不除，即要著相，就不能成阿罗汉。因此说，对诸法不受，诸心无生，这才是阿罗汉。

⑫若阿罗汉作是念……即为著我、人、众生、寿者：即便修到四果罗汉，也不能有证得果位的念头存在。如果存有念头，就是没有悟空，也就落入我、人、众生、寿者“四相”了，那你也还是口头罗汉，并不是真罗汉，因为凡心未退，见惑未除。

⑬无诤三昧：无诤，从字面理解，就是不讲话，对谁都不诤，与世不生矛盾。按佛教教义来理解，就是达到空性、空理的境界，清净不染，忍于定境，与他者无诤。三昧，梵文音译，亦作“三摩地”“三摩提”，译作“正受”或“正定”“正见”。“正受”即定中所想境界无妄想。“正定”，为入定法正。所谓“正见”，即远离各种邪见，见诸正法、正境。三昧，也略称为“定”，我们往往习惯与禅连说，称为“禅定”。所谓三昧（定、三摩地、三摩提），就是专注于一境而不散乱的精神与心理状态。三昧（定）有两种：一是生定（三昧），是人先天俱有的一种精神功能；一种是后天修习所产生的，就像人们修持练功而得。三昧，即入于空，人我俱忘，入于定境，即烦恼不生，也能令不起烦恼，等于有了佛的大悲心。

⑭人中最为第一：这是佛给须菩提的评价。人中，指人世。第一，说他在人世间修得了第一世法，常住正定，心无生灭，故称为人中第一。

⑮是第一离欲阿罗汉：离欲阿罗汉，能离一切法，没有离欲之心，爱染不生，悉皆尽灭，谓之离欲。是脱离欲界天的罗汉，再不受“生死”“四相”“五见”“见思惑”等欲界烦恼迷惑。说他第一，是谓须菩提已得最高罗汉道。按佛教教义，天有三重：欲界天、色界天、无色界天。初、二果罗汉都只能在欲界天。所谓欲界天，还没有完全脱掉欲，还有凡心，须菩提既已证真实无相之妙，又得最上的无诤三昧，超出一切物欲，也不被诸物所转，既可以转物，而不被物所役使，离一切色相，故名第一离欲罗汉。

⑯我不作是念：“我是离欲阿罗汉”：我不存有我是离欲罗汉的念头，不会住这个“相”，所以才能称须菩提（空生），如心中有念，即不名为须菩提的空生，二者不能相配了。

⑰乐阿兰那行者：乐，梵文译为“苏吉施罗”“素佉”，身心舒适或爱

五欲娱乐

《本行经》上言：太子成婚后，净饭王又为太子建造了三等宫，安置了三千彩女，昼夜轮番奉侍太子。又在宫中布置各种音乐歌舞，让太子欢娱，感受诸多乐趣，而不允许其远行出宫游历。太子所住宫院外周另外建了三重围城，各安设一铁门，设置机纽，平日里关闭需五百人合力才能推动；推动时，门声响动可传二十里；大门内外，皆有壮士守护，戒备森严。净饭王之所以这样防护，皆因之前阿私陀仙人所说的预言，害怕太子有朝一日会舍离眷属，修行出家。

同时，国王又从自身做起，全面推行道德教化，严禁一切邪恶行径，致力于创办种种慈善事业，造福社会人民，以此善报来资太子增长功德，唯愿太子能身心俱乐，不起出家之念。

太子在父王的庇护下，在皇宫中享受着世间最美妙的五欲娱乐，长达十年未曾出外。

之义。阿兰那，又称“阿兰若”（略为“兰若”）“阿兰若迦”等，原义为树林，意译为“寂静处”“空闲处”“无诤声”“远离处”“空家”等，原指比丘常住的地方，这里指寂静的去处，后泛指佛寺。行者，此指修行的人。也泛指在寺院中服杂役而未正式剃发之出家的人，或外地僧人。

⑱而名须菩提：我所以被称为空生，是我心无诸相，假设心存我是离欲罗汉，我是解空第一，又有所行，心中有这么多生灭烦恼相，岂能称空（须菩提）。

[译文]

佛说：“须菩提，你的看法是什么呢？修持到须陀洹，心里能存有‘我已经是须陀洹的念头’吗？”须菩提回答说：“不能，世尊，不应该存有这个念头，为什么呢？须陀洹名义上入流，他只是不受色、声、香、味、触、法这六尘的干扰，所以才称须陀洹。”佛又问须菩提：“你的看法是什么呢？斯陀含能认为自己已得到斯陀含的果位了吗？”须菩提回答说：“不能，世尊。为什么呢？斯陀含名叫‘一往来’，可是他并没有生死往来，所以说他才叫斯陀含。”佛又接下去问：“你的看法是什么呢？得了阿那含道，能不能存有得到阿那含的念头呢？”须菩提回答说：“不能，世尊。为什么呢？阿那含虽然定界很高，来去自如，称为‘不来’，而实无来，所以叫他‘阿那含’。”佛又问：“须菩提，你的看法是什么呢？假如修得罗汉的最高境界，证得了阿罗汉道，心里能不能存我已是阿罗汉的念头呢？”须菩提回答说：“不能，世尊。即使成就了阿罗汉，心里也不应存有这个念头，什么原因呢？如果心里存有我是阿罗汉的念头，证明他还未脱我、人、众、寿四相的烦恼。”须菩提说：“世尊，你称赞我达到了空理无诤三昧的正定境界，给予我人世第一离欲罗汉的评价。世尊，我没有这个念头：‘我是离欲阿罗汉。’世尊，假如我心存我已证得阿罗汉果位的念头，世尊就不会称赞我须菩提达到无欲的境界了。因为心空无相，行而无行，这才能与须菩提这个名称相称。”

空声警策

《本行经》言：此时虚空中有一天子名作瓶，见悉达多太子十年在宫，受五欲乐，很是担心，恐太子留恋人世，心耽五欲。百年岁月，倏忽而逝，时不待人，空怀救世悲愿又有何用？当力劝护明菩萨，为其警示厌离之相，使其尽早觉察，弃五欲出家，莫再耽湎，于是在空中说偈：

身自被缚欲解他，譬若盲人引群瞽；己身解脱乃免彼，犹如有目能导人。

善哉仁者年盛时，宜速出家令满愿；唯有出世行大智，乃能厌离此五欲。

众生多有烦恼患，仁者为作大医师；说诸妙法如药王，速疾将向涅槃岸。

无明黑暗所障蔽，诸见罗网种种缠；速燃智慧大灯明，早使天人得净眼。

作瓶天子说此偈后，因天子威神感动，发此劝诫，加上太子本身宿根，竟让宫中的淫艳歌曲皆转为宣扬信解、住持正法、一心向涅槃之音，让太子觉悟，厌离人世。

庄严净土分第十

题解

菩萨的使命就是要辅佐佛祖弘法普度，庄严佛土。但是，如果他们自己心中有了这种庄严的意识，也就与凡夫俗子差不多了。正是因为他们心中没有这种概念，所以才能够真正辅佐佛祖普度大千世界的众生。真正的菩萨是应该清净自己的心灵，不能有丝毫杂念，不能对任何事物或者法理执着。因为一旦执着了，也就不是菩萨了。须菩提领会了佛祖的意思，菩萨应该无所执着而生起自己的心，所以佛祖所说的大身体在须菩提看来，也就不是什么身体。菩萨不住心，也就是无所谓，你说它是什么就是什么，丝毫不会在须菩提的心中生起分别。所以，你说它是大身，那就是非身；你说它是非身，也就是大身。要做一个真正的菩萨，那就要随他去，不执着于任何概念和分别。

[原文]

佛告须菩提："于意云何？如来昔在燃灯佛所①，于法有所得不②？""不也，世尊！如来在燃灯佛所，于法实无所得③。""须菩提？于意云何？菩萨庄严佛土不④？""不也，世尊！何以故？庄严佛土者，即非庄严，是名庄严⑤。""是故须菩提！诸菩萨摩(hē)诃萨⑥，应如是生清净心⑦，不应住色生心，不应住声、香、味、触、法生心⑧，应无所住而生其心⑨。须菩提！譬(pì)如有人身如须弥山王⑩，于意云何？是身为大不⑪？"须菩提言："甚大，世尊！何以故？佛说非身，是名大身⑫。"

[注释]

①昔在燃灯佛所：昔，过去。燃灯佛，古佛名，亦译作"提和竭罗"或"锭光佛"，锭是灯的脚。据传，燃灯佛出生时，身边一片光明，可能这就是燃灯佛名的由来。释迦牟尼从佛学法曾用五茎莲花供奉于燃灯佛祖，得无上菩提。燃灯曾预言九十一劫后（即释迦牟尼出世时），释迦牟尼一定成佛。

饭王获梦

《本行经》言：作瓶天子以神通力警示世间可厌相，激励太子出家。当晚，净饭王连做七个梦：一、无量人天举帝释幢从城东门出；二、太子乘大白象自城南门出；三、梦太子驾驷马车自城西门出；四、一大车轮，具足诸宝庄严，自城北门出；五、太子在街中心，手执一槌，捶打大鼓；六、太子坐在高楼之上，散施珍宝；七、城外有六人抱头痛哭。

净饭王醒来，忆梦中事，便召占梦师问卜。众占梦师皆答不知，净饭王心中越发忧惧。

作瓶天子化作婆罗门来到皇宫门外，为国王解梦，他说：其一预示太子将来必定出家；其二预示太子出家必证圣果；其三预示太子出家证一切智；其四预示太子成就无上正等正觉；其五预示太子成佛后，转大法轮；其六预示太子成佛后度化无量众生；其七预示太子成佛后见降伏六师，致六师生大忧恼。

释迦牟尼的名号，也是燃灯佛授记的。

②于法有所得不：得到什么法了吗？

③于法实无所得：实在没有得到什么法。这是须菩提的回答。其实这也是一种比喻。什么也没得，还跟他学的什么呢？没有“得”就是“得”，因为悟道了，悟出了个“无得”的智慧，佛正是用这个于法比喻“无所得”的空慧理论来讲《金刚经》的，也以此理论来教诲弟子，确立了大乘佛教的根本命题。

④庄严佛土不：庄严，是以善法即以功德积累所积累起来的，庄严只可感觉，是无法形见的。庄严在本质上分两类：一为“智慧庄严”，这种“庄严”，具有佛的智慧，是修六度万行，戒定慧得到的；二为“福德庄严”，是行于布施等善法积福累德而成的。有了这两种“庄严”，具足佛性，亦即成为佛了。佛土，就是净土，外不染六尘，内无我人四相，不著断灭邪见，即为佛土。佛的妙性，众生的真性，皆为佛土。

⑤庄严佛土者，即非庄严，是名庄严：庄严佛土，只是假设之名而已。

⑥菩萨摩诃萨：大菩萨。

⑦应如是生清净心：应该这样产生清净心。

⑧不应住色生心，不应住声、香、味、触、法生心：“不应住色生心”就是不要见色动心，心生妄念、杂念，佛为什么每每把色单独提出来，先提色，后说那几项？因为见色动心，是人最为突出，它也是最容易迷惑人的，在六尘中，色是第一位的，人之所以心猿意马、六神无主都是因为这个色。因此这句话是告诉人们，既不住于六境，也不要住于六尘，如住之心是无法清净的。佛圣能转物，而凡夫被物转，换言之，佛圣之人的智慧可改变事物，虽见色、声、香、味、触，但能转变它，而凡夫之心则不然，即见则心生执着，被物牵着走。随物心动，则必在生死烦恼中旋转不出，而心能转物，则必空寂清净。

⑨应无所住而生其心：你应不断生不住心，千万不要停住色、声、香、味、触、法上，一旦生出则要尽力除去，不允许心在它那里住。

⑩身如须弥山王：须弥山，佛教山名，又作“修迷楼”“苏迷楼”“须弥楼”，意译是“妙高”“妙光”“安明”“善高”“善积”等，是印度神话传说中山名，后被佛教采用。相传须弥山高八万四千由旬。山顶为帝释天（亦称“天帝释”，佛教护法神之一），四面山腰为四天王天，周围有七香海、七金山，第七金山外有咸海，咸海周围有四大部洲（四洲：东胜神洲、南赡部洲、西牛贺洲、北俱芦洲）日月绕山而行。许多佛教艺术以须弥山为题材，用以表示天上的景观。

⑪是身为大不：这个人身体高大不高大？

路逢老人

《本行经》言：作瓶天子为了让太子生厌离心，舍弃五欲，便于太子前极赞城外景致之美。太子心动，命驭者备车马出去游乐。

驭者速奏国王，国王即传令，清理街道，凡老弱病残者皆回避。布置毕，太子自东门出。

作瓶天子化成一老人，背曲、皮皱、齿落、发白、瘦孱，行走蹒跚，拄一拐杖，颤巍巍自太子前走过。

太子见老人大为惊异：“此乃何人？”驭者答：“这是老人。”太子又问：“何名老人？”驭者答：“凡名老者，为日月所逼，器官渐衰，行动不便，体瘦气弱，朝不保夕，其命将终。”

太子又问：“我也会这样吗？”驭者答：“人虽有贵贱之分，但凡有生必有老，无人可逃。即便太子之身，同样会有如是老相，只是时间未到。”太子十分伤感：“回去吧，我已无心观看景致。”回到宫中后，他心中暗自思度，如何能免衰老之苦？

⑫佛说非身，是名大身：此句说修成佛法的人，最后修成法身而法身充满法界，无形无相，其身体是无法称量大小的，说大就有无限大，比须弥山还高大，因为佛法无边，是没限度的。

[译文]

佛问："须菩提，你的看法是什么呢？如来在燃灯佛那里修学佛法，究竟得到了什么法了吗？"须菩提回答说："没有，世尊，如来在燃灯佛那里实在没得到什么法。"佛又问："须菩提，你的看法是什么呢？菩萨所居住的庄严国土存在不存在？"须菩提回答："不存在，世尊。为什么呢？庄严清净国土非胜义中存在实有的庄严，不过是庄严的外在名相罢了，所以才叫庄严清净。"佛说："所以，须菩提，所有诸位菩萨、大菩萨，都应该有一颗清净心，心里一定不要留住于任何'色相'，也不应被声、香、味、触、法这类东西所惑乱，心应该永无所'住'，生其净心。须菩提，比如有一个人，身体像须弥山高大，你的看法是什么呢？你说这个人身体高大不高大？"须菩提回答说："很高大，世尊。为什么呢？佛说的并不是实有的身体，只不过假借一个名，所以才叫作大身。"

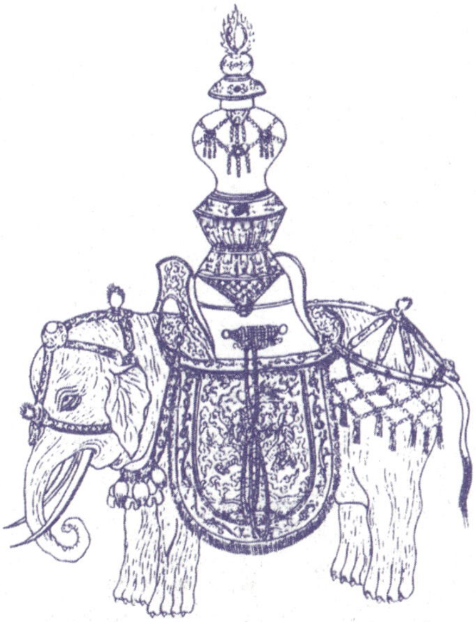

道见病卧

《本行经》言：作瓶天子见护明菩萨在皇宫内，享受五欲多时，当设法使其了悟，令其弃五欲出家。

菩萨忽然起念，又要出城游乐，便召来驭者，命其备车出行。驭者遵命，太子自南门出。

作瓶天子在太子前路，化为一病患人，身体羸弱，面色恹恹，气息微弱，命在须臾，躺于粪秽中呻吟，令人不忍见闻。

太子问驭者说："此乃何人？"驭者答："病人。"太子又问："何名病人？"驭者答："此人平日尽情恣欲，导致四大失调，这时病情危笃，死期即至，康复无望。"

太子又问："独此人有病？还是所有人都会生病？"驭者答："一切众生皆难免。"太子说："此事太悲惨，我日后也会遭此苦，哪有心情去园林游戏！"即命回宫，一人独坐思考。

国王闻知，回想当初阿私陀仙之预言，若果应验，恐怕太子迟早要出家了。

无为福胜分第十一

题解

《金刚经》之所以伟大而珍贵、有着不可思议的能量，是因为它讲说的就是如何放下自己的烦恼，从而达到清静无为与自在幸福的境界。

明白这部《金刚经》中所讲的道理，甚至是懂得了那几篇四句偈子，并且依此而行，或者为别人讲说自己的心得体会，那么他所得到的福报或者功德会很多。这就是说经中讲的是真理，是无相的真相，只要能够悟入，那种福德是无量的。对于那些追求福报的人来说，这是最大的，以至于大到无法计算的幸福了。这种大到不能再大的福德，其实也就不是什么福德了，因为已经没有了任何的意义。所以不应该有任何执着。这样，真正的意义并不在于福德的获得，而在于烦恼与痛苦的解脱。《金刚经》的最大妙处，就在于它把自己本身的价值也否定了。

[原文]

“须菩提！如恒河中所有沙数①，如是沙等恒河②，于意云何？是诸恒河沙③宁为多不？”须菩提言：“甚多，世尊！但诸恒河尚多无数④，何况其沙？”“须菩提！我今实言告汝，若有善男了、善女人，以七宝满尔所恒河沙数三千大千世界，以用布施，得福多不？”须菩提言：“甚多，世尊！”佛告须菩提：“若善男子、善女人，于此经中乃至受持四句偈等，为他人说，而此福德胜前福德⑤。”

[注释]

①恒河中所有沙数：恒河，河名，位于印度与孟加拉国境内，旧译为“强伽”“恒伽”“恒架”等，意为“由天堂而来，自天而降的圣河”，两岸建筑有无数寺庙。印度佛教徒常到此巡礼、沐浴，并将死者骨灰投入河中，认为这样可以洗去罪恶升入天堂。

路睹死尸

《本行经》言：作瓶天子见护明菩萨宫中生活欢娱，然今时机已至，不能再耽误。当设法让太子再次出城，令其厌欲出家。

一日太子又对驭者说："你速备车马，我要出城游戏。"驭者遵命，太子自西门出。

作瓶天子于太子前，化作一死尸卧于床上，由众人抬着，家人眷属，围绕着哭泣，甚是悲怆。

太子问道："这是怎么回事？"驭者答："卧于床上的叫死尸，周围哭泣的是其亲友。"太子又问："死尸是怎么回事？"驭者答："此人已无生命，不能思考活动，形体同木石，独识神随业转世；以后再也看不到亲人友朋，故名死尸。"

太子问："有朝一日我也会死吗？"驭者答："太子虽尊贵也难免一死。不管贵贱贤愚，所有人都不免死。"太子听后十分难过，便命回宫，独坐思考，念及世间一切终属无常，谁人能超越生死呢？

②如是沙等恒河：有像沙子那样多的恒河。

③是诸恒河沙：同恒河一样的所有河流里的沙子。

④但诸恒河尚多无数：像恒河一样的河流无数。

⑤胜前福德：只要把《金刚经》放在心上，或者受持四句偈，又能广为人宣讲，福德之多，超过前面所说用七宝布施的福德。

[译文]

佛说："须菩提，像恒河里所有的沙子的数量，假如有与这样多的数量相等的恒河，你的看法是什么呢？你看所有恒河里的沙子多不多？"须菩提回答说："很多，世尊。仅恒河都不计其数，何况河中的沙子呢？"佛说："须菩提，我今天实言相告，假如有这样的善男善女，用三千大千世界像恒河沙子那么多的七种珍宝，用以行善布施，他们得的福德多不多？"须菩提说："很多，世尊。"佛紧接着说："假若有这样的善男善女，能够深入《金刚经》之中，乃至受持四句偈诗，不仅自己修习，而且广泛宣扬，我说，这个善男善女所得的福德，要大大超过那用七宝布施的福德。"

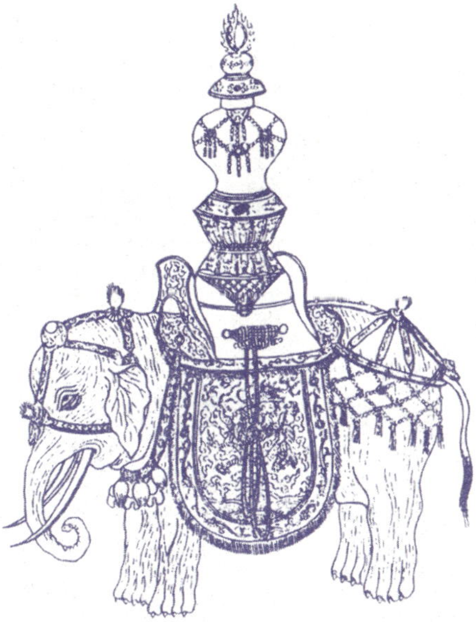

得遇沙门

《大庄严经》言：一天，太子又召驭者“我要出城游玩，快去预备车马”。驭者奏禀国王。国王说“之前太子三出城门，见老病死，深为忧愁。今日从北门出，我当命人装饰道路，不得再有非吉祥事在路侧”。布置毕，太子自北门出。

净居天化作比丘，身披金衣，剃除须发，持锡杖缓行，形貌端庄整肃。太子遥见，问道：“此乃何人？”净居天便以神通力令驭者答：“此是出家人！”

太子便下车，向比丘作礼请教道：“出家究竟有何好处？有何收益？”比丘答：“尘世悲苦，生、老、病、死无常，故辞亲割爱，以免斯苦。我所修习无漏圣道，行于正法；起大慈悲，施无畏、行平等、护众生，不染世间，永得解脱，这便是其好处和利益！”

太子欢喜赞叹：“善哉！善哉！我当修学此道。”于是太子的满腹愁思全无，怀着喜悦之情返回。

尊重正教分第十二

题解

《金刚经》的功能，在于让人们破除一切执着，进入自由自在的境界。佛因为无心，无有牵挂，与整个宇宙融为了一体，也就不再有生灭心，不再有对待，不再有轮回了。正因为如此，六道中的一切生命方式都会把成佛看作是最根本的幸福之路，都会恭敬信奉的。而《金刚经》讲的，正是那成就最高境界的大法，自然也就会得到天、人等六道的景仰与信奉。所以，只要能够讲解这部经典里的四句偈，或者是讲述其中的道理，都会得到各种生命的供养与爱戴。

[原文]

复次："须菩提！随说是经①乃至四句偈等。当知此处②，一切世间天、人、阿修罗③皆应供养④，如佛塔庙⑤，何况有人尽能受持、读诵⑥！须菩提！当知是人，成就最上第一希有之法⑦！若是经典所在之处，即为有佛⑧，若尊重弟子⑨。"

[注释]

①随说是经：无论何时何地，当随顺为众生说解这部《金刚经》及四句偈等。

②当知此处：你要知道这部《金刚经》所在的地方。

③一切世间天、人、阿修罗：世间，即众生世间。天、人、阿修罗，合称"三善道"。"阿修罗"，意译略称"修罗"，另译"阿须罗""阿苏罗"等，古印度神话中的恶神，常与天帝争斗，但在佛的面前必须老实。

④供养：亦作"供施""供给"等。一般指以香花、灯明、饮食、衣物等供佛、菩萨及亡灵，也指斋于僧尼。供养分为两种：以饮食等实物供佛、僧，称为"财供养"，以讲经说法称"法供养"。此说供养，亦为譬喻，能诵此经，即是佛的全身在此，能持诵此经全文，他所成就的法，即为出世间的上上法，不是寻常法，故应当恭敬供养。

⑤如佛塔庙：此是譬喻说法，是说常诵此经与供养佛的舍利塔庙无异。

⑥何况有人尽能受持、读诵：受持、读经、诵经，加解说、书写，称为"五

耶输兆梦

《本行经》言：太子妃耶输陀罗于这一夜间，忽然感觉有娠。当夜她极疲劳，梦中梦到了二十种可怕的事，忽然惊起，告知太子："我梦见大地剧烈震动；天神的旗幡被震倒在地；天上的星宿全都坠落；我们用的最大伞盖被驾车人夺走；我头上的发髻被刀割去；身上的璎珞也随水漂走；我的形体渐渐变得丑陋；手足自然脱落；身体忽然间全部赤裸；我的坐榻无故倒塌；我睡觉的床，四只脚忽然摧折；众宝大山骤然崩裂坠地；宫内的大树被风吹倒；明月忽然消失；照明的红日也骤变黑暗；宫城的炬火奔出城外；护城的神仙忽然啼哭；迦毗罗城化作旷野；园林的花果全部凋落；防御的卫士四处行走。"

然后又问道："太子，我见这样二十种噩梦，甚为恐惧不安。是因我的寿命将尽，还是因即将和太子别离？"太子听后，暗自思忖："我不久当舍世出家。"

法师”。法是规则，师是训教师。即说通过此五种法，可教你入于佛道，故称为五法师。

⑦成就最上第一希有之法：成就，指悟道而取得果位，具两方面意思：一是自己学修取得成就；一是广为人说，或做出其他努力宣扬本经法而得成就。“最上”，就是无尚，没有超过的。第一，当然没有可比得上的。希有之法，少有之法。

⑧若是经典所在之处，即为有佛：此句有两层意思：一是说，自心能诵得此经，解得此经，体会无著无相之理，所在之处，常修佛行，即自心是佛，故而说所在之处，即为有佛；二是说，此《金刚经》在哪里，等于佛在哪里。此经是最上法，法即佛，佛即法，故说佛在此。

⑨弟子：学问居后者称为弟，解从师者称为子，以父兄之礼相待，即为弟子。

[译文]

再者，佛说：“须菩提，随处讲说这部《金刚经》及那四句偈语。你应当知道，这部《金刚经》在这里，一切天、人、神、鬼，都必须膜拜供奉，就如同在这里建立起一座庄严的佛塔寺庙一样，这部经放在这里都如此重要，何况有人能尽其智慧受持读诵，又广为宣传呢？须菩提，所以我说，你应该知道这个人会成就了世间少有的无上大法。像这样经典存在的地方，就有佛和尊重佛的弟子存在。”

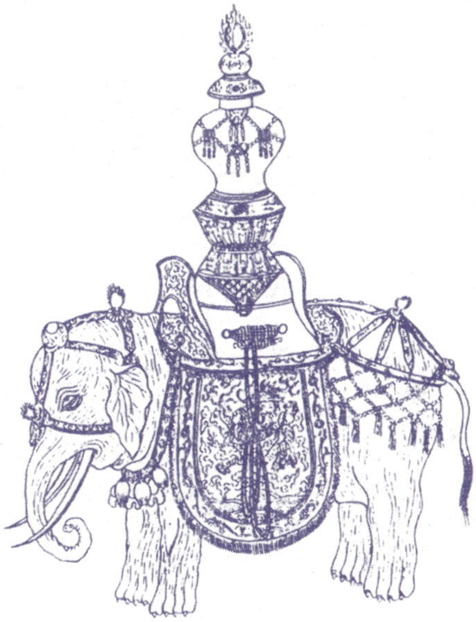

初启出家

《庄严经》言：菩萨在静夜中，独自思忖，如果不告知父王便私自出家，有违于教法，也不顺俗理。于是就前往至父王的宫殿，全身放大光明，长跪合掌，告诉父王说“我有四种愿望，为此当出家。一愿永生不老，二愿恒久少壮，三愿永远无病，四愿长生不死”。

净饭王深忧，为防止太子出家，便召来众人，在城东门布置下五百释种童子，英威勇健，每一童子，都配有五百辆车，装以严卫。另有五百力士皆执戟，分别布于南门、西门、北门。在城墙的四周，分布着五百壮士，他们昼夜束甲持矛巡视，一刻也不休息。国王夫人波阇波提在王宫内，召集诸彩女，下令自今夜起，皆不许睡眠，将户牖重关，日夜守护太子，不可怠慢，万万不能让他出家。

如法受持分第十三

题解

既然《金刚经》具有如此不可思议之功德与能量，那么佛教徒或者三界三道众生都是应该接受奉持的。可是要奉持，就有名相概念，也就不能是绝对了。

释迦牟尼佛祖要让人们明白一点：他所讲说的一切法门，或者说一切世界的情况，都只是一个虚假的名称而已，不是那个真正的境界，所以不能执着。接着，他又拿自己来比喻。人说佛祖身上有三十二种好相，这三十二种好相都不是正常的人所具有的，所以都安在了佛祖的身上。但是，即使是这三十二种好相，也都是有形的、有限的、有时空的、所以也就不是真正的、清净的、无限的、永恒的。谁如果执着了这三十二相来认识如来佛，那么他认识到的一定就不是真正的如来佛了。

《金刚经》讲说的，是要把一切成见，包括佛在内的一切认识活动都彻底否定，这就是舍筏登岸的过程，所以其功德不可思议，实践的人所得到的幸福也是不可思议的。

[原文]

尔时，须菩提白佛言："世尊！当何名此经①，我等云何奉持②？"佛告须菩提："是经名为《金刚般(bō)若(rě)波罗蜜》③，以是名字，汝当奉持！所以者何？须菩提！佛说般若波罗蜜，即非般若波罗蜜，是名般若波罗蜜④。须菩提！于意云何？如来有所说法不？"须菩提白佛言："世尊！如来无所说⑤。""须菩提！于意云何？三千大千世界所有微尘⑥，是为多不？"须菩提言："甚多，世尊！""须菩提！诸微尘，如来说非微尘，是名微尘。如来说世界⑦非世界，是名世界。须菩提！于意云何？可以三十二相见如来不⑧？""不也，世尊！不可以三十二相得见如来。何以故？如来说三十二

夜半逾城

《庄严经》言：菩萨在音乐殿中，独自端坐思忖，过去诸佛全都发四种大愿，我亦应当有四宏愿，于是一一想及。

想毕，太子对车匿说道："你快去把马赶来。"车匿回答道："现在才刚刚半夜，太子您为什么要用马？"太子说道："我现在就要出家，你不要违背我的意愿。"此时有居天的天神，令那些军士和彩女全都昏昏然睡去，一无觉知。

一时间，车匿将马匹准备完毕，太子便乘坐其上而行。最初举步时，大地发出了六种震动，太子当即升空而去。四大天王为太子抬捧马足，梵王帝释在前面翊从引路，一直行走到了跋伽仙人修行的苦行林中，于是太子便下马，端然而坐。

相，即是非相，是名三十二相。”“须菩提！若有善男子、善女人，以恒（héng）河沙等身命布施⑨；若复有人，于此经中乃至受持四句偈（jì）等，为他人说，其福甚多。”

[注释]

①当何名此经：应当怎样命名此经。

②云何奉持：经名确定以后，我们如何奉持这部经典。

③金刚般若波罗蜜：《金刚经》经名的全称，又称《金刚般若经》。用“金刚”名，因为金刚是金中最坚固的，借金刚比喻般若，般若是智慧，金刚般若，意为教菩萨与众生用智慧力，犹如金刚触物即碎。又称“般若波罗蜜”，波罗蜜，意译为到彼岸。合之则为智慧到彼岸。加“金刚”二字，即金刚智慧到彼岸。那么，明了此经者，其智慧则如金刚之坚利，可断一切妄想妄念，直接到达佛之彼岸。

④佛说般若波罗蜜，即非般若波罗蜜，是名般若波罗蜜：众生原本是佛，智慧本有，并非可以外求一个什么般若波罗蜜的智慧，这不过是安立一个假名。彼岸也是无实的，以此来接引众生而已。另外，虽然说是般若大智慧，但不要把它看作是大智慧，智慧发展到极点，就是无智慧，达到“无智慧”的境界就是佛。佛与佛的境界，是最平淡、最平凡，因而也是最伟大的智慧。

⑤如来无所说：如来没说什么法，也没有法可说。

⑥微尘：佛教名词，指细微看不见的分子。佛教往往用“微尘”来代表物质世界。按佛教的观点，微尘是普通灰尘的七分之一，又名“金尘”。据佛典说，人修持到一定程度，微尘也看得一清二楚。因此以微尘喻众生之烦恼妄念，心迷则有尘，心净则无尘。

⑦世界：梵文译作“路迦”。世，是指流动变化。界，指东、西、南、北、上、下的方位。按照佛的智慧解释，“世界”是一粒一粒微尘组合起来的世界。微尘组合起来的世界是“性空”的，所以下面说，“非世界，是名世界”即本没有什么“世界”这个东西，只是叫这个名字而已。佛教上，“世界”又指“世间”。“间”是间隔，与界限之“界”同义，所以“世界”与“世间”也是一回事，指有情众生所居之国土，有“世间”就有“出世间”，因此，“非微尘”“非世界”就包含着在尘要离尘，在世界要离世界，即清净心之义。“非微尘”，即非世界，非世界即离尘离世，有“微尘”，即在尘在世。

⑧可以三十二相见如来不：三十二相，亦称“三十二大人相”“三十二大士相”“三十二大丈夫相”“四八相”等，佛释迦牟尼生相不同凡俗，容貌神异，胜妙殊绝，有三十二种显著特征，又有微细的八十种好（佛典称八十种随相好）。

落发贸衣

《庄严经》言：菩萨下马后，于树下定坐，如此思忖“如果不剃除须发，那就不是出家之法。”于是就取金刀，当即自己剃发，并发誓愿说道“愿斩断一切烦恼，以及习障”。当时天帝释即用天衣相接，在虚空收取菩萨须发，然后返回天宫供养。

而后菩萨打量自己，看到身上还穿着宝衣，当下心中念道：“出家人的衣服，不应当如此。”当时净居天运用神通力，忽然显现出本形，飞上天空，返回至梵天。菩萨看到宝衣亦去，须发尽落，于是就说了这么一句话：“我现在方是真的开始出家了。”于是，菩萨神态安详，缓缓地迈着步子，走到了跋渠仙人的苦行林中，一心前去求道，别无他念。

⑨身命布施：身命，生命。用同恒河沙子那样多的生命去布施。即做善事，培养善业根基，不惜牺牲性命。这句话是说以有为的住相布施，不见佛性，即使舍去身命，也无益于事，达不到目的，只有无为不住色相布施，才可见到佛性。

[译文]

这时，须菩提问佛说："世尊，给这部经书起个什么名字呢？我等又当怎样奉持这部经书呢？"佛对须菩提说："这部经的名字叫《金刚般若波罗蜜》，你们也应当如同对这部经名的理解那样，去奉持！为什么呢？须菩提，佛说的智慧到彼岸，就不是智慧到彼岸，所以才叫作智慧到彼岸。须菩提，你的看法是什么呢？如来在说法吗？"须菩提说："世尊，如来没有说法。"佛问须菩提："你的看法是什么呢？三千大千世界里所有的微尘，多不多？"须菩提回答："很多，世尊。"佛又说："须菩提，所有微尘，即非微尘，所以才叫它作微尘。如来说世界，即非世界，所以才叫作世界。须菩提，你的看法是什么呢？可以用肉身的三十二相认识如来吗？"须菩提回答说："不可以，世尊，不可以用三十二相认识如来。为什么呢？如来说三十二相，就不是三十二相，所以才这样称呼他三十二相。"佛说："须菩提，若有善男善女，用比恒河沙子还多的生命去积德行善，用自己最宝贵的生命去布施。假如再有人按《金刚经》乃至四句偈语去受持修证，给他人教诲，后者的福德要多得多。"

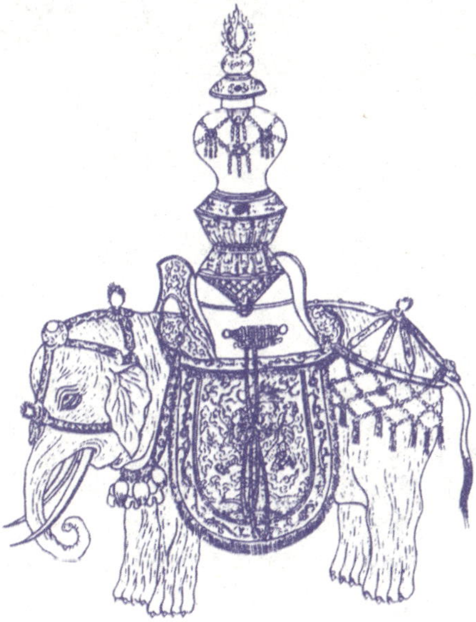

车匿辞还

《庄严经》言：太子到达山林以后，便慰喻车匿说"世间之人，有的是心从而形不随，有的是形随而心不从，而你今日已经心形都承受于我。大凡世间之人，见富贵者，竞来奉承，见贫贱者，弃而远之。我舍国来到此地，只有你独自一人能追随于我"。

而后太子即自解衣，取庄严具，告车匿说："你将回返宫中，奉于父王，如此言说：'太子今日对人世无所希求，见众生迷于正路、溺于生死，为度济众生，所以出家。希望父王勿生忧虑。'若父王说我年少不应当出家，你应当这么说，'生老病死没有定时，虽年少也不能独免。'"随后又脱下诸余严身之服，送与耶输陀罗言："人生必受别离，我为断绝诸苦，故出家学道，不需留恋忧愁。"及语宫中诸彩女等，并告释种童子："我今欲破无明网故，愿成正觉，所为事毕，当还相见。"车匿即泣而回。

离相寂灭分第十四

题解

《金刚经》就是让人们舍舟登彼岸，真正得解脱。谁要执着佛说，谁也就永远到达不了彼岸。放下一切的时候，也就无处不是彼岸了，所以《金刚经》叫作“智慧到彼岸”经。

《金刚经》里所谓的实相，不是那真正的实相，所以如来才会说那假名的实相。须菩提在场被佛祖耳提面命，所以说能够信解受持而不难，难的就是那些没有亲耳听过佛祖亲说的人。而且在五百年后，时空都已有了很大的改变。他们能够信仰这部经典，并且身体力行，那就是不得了的了。

因为《金刚经》讲的是要破除一切法相，甚至是实相，所以，相信这部经典的人一定是没有了一切法相和执着的人。他没有了人、我、众生、寿者等四相，也就能够进入真实的本相了。因为四相都是一种假名,不是真正的法相,所以不能执着。只有离开了一切的执着与法相，才叫作真正的佛。修行的菩萨必须要离开一切法相，不应该执着一切，心中应该无所牵挂。无牵无挂的心，才能无所不在。一旦心中执着牵挂了，也就不是菩萨所就该具有的境界了。

[原文]

尔时[1]，须菩提闻说是经[2]，深解义趣[3]，涕泪悲泣[4]而白佛言：“希有世尊！佛说如是甚深经典[5]，我从昔来所得慧眼[6]，未曾得闻如是之经[7]。世尊！若复有人得闻是经，信心清净[8]，即生实相[9]，当知是人成就第一希有功德[10]。世尊！是实相者，即是非相[11]，是故如来说名实相[12]。世尊！我今得闻如是经典，信解受持[13]，不足为难。若当来世，后五百岁[14]，其有众生得闻是经，信解受持，是人即为第一希有[15]！何以故？此人无我相、无人相、无众生相、无寿者相[16]。所以者何？我相即是非相[17]，人相、众生相、寿者相即是非相。何以故？离一切诸相，即名诸佛[18]。”佛告须菩提：“如是，

车匿还宫

《庄严经》言：车匿牵着白马，并置备了华丽的璎珞等用具，将要进入王宫，马声嘶鸣，闻于宫内，摩诃波阇波提和耶输陀罗并诸彩女，皆聚集而来，说道“莫非是太子将要回宫”？

车匿入宫门后，姨母及妃并诸彩女，只看到车匿，却不见太子，皆啼哭，问道：“太子今在何处，为何只有你一人回来？”车匿回答：“太子弃舍五欲是为了求道，他已经在山林中，穿坏色衣，须发皆剃除。”姨母闻后，放声大哭，甚为忧虑。车匿说：“太子付我白马及诸宝具，令我返还。太子嘱咐我‘回宫后要拜上姨母，殷勤劝谕，勿令生忧念。以后得成正我，还能相见。’”耶输陀罗责问车匿：“你何故损害我？”车匿答：“当时是诸天运神力，使宫守卫之人皆熟睡，无所觉知。太子出宫，乃诸天捧承马足而去，不和车匿相干。”

如是[19]！若复有人得闻是经，不惊、不怖、不畏[20]，当知是人甚为希有[21]。何以故？须菩提！如来说第一波罗蜜，即非第一波罗蜜，是名第一波罗蜜，须菩提！忍辱波罗蜜[22]，如来说非忍辱波罗蜜，是名忍辱波罗蜜[23]。何以故？须菩提！如我昔为歌利王割截身体[24]，我于尔时无我相、无人相、无众生相、无寿者相。何以故？我于往昔节节支解时，若有我相、人相、众生相、寿者相，应生嗔(chēn)恨[25]。须菩提！又念过去，于五百世[26]作忍辱仙人[27]，于尔所世，无我相、无人相、无众生相、无寿者相[28]。是故须菩提！菩萨应离一切相。发阿耨(nòu)多罗三藐(miǎo)三菩提心[29]，不应住色生心[30]，不应住声、香、味、触、法生心[31]，应生无所住心[32]。若心有住，即为非住[33]，是故佛说菩萨心不应住色布施[34]。须菩提！菩萨为利益一切众生故，应如是布施[35]。如来说一切诸相，即是非相[36]。又说一切众生，即非众生[37]。须菩提！如来是真语者[38]、实语者[39]、如语者[40]、不诳(kuáng)语者[41]、不异语者[42]。须菩提！如来所得法，此法无实无虚[43]。须菩提！若菩萨心住于法而行布施，如人入暗，即无所见[44]；若菩萨心不住法而行布施[45]，如人有目[46]，日光明照，见种种色[47]。须菩提！当来之世[48]，若有善男了、善女人，能依此经受持、读诵，即为如来[49]。以佛智慧悉知是人，悉见是人[50]，皆得成就无量无边功德[51]。”

[注释]

①尔时：这时候或即刻，表须菩提听后当即心开意解。

②闻说是经：指听到了佛讲《金刚经》。

③深解义趣：解，理解。义，义理。趣，方向、目标。深解，深深地理解，大彻大悟之义。义趣，心悟真空无相，得中道之理。深解义趣，须菩提深刻地理解了经文甚深义理，理解了本经所指示学佛路线、窑因，菩萨修行的归处、方向、目标，由此达到了身心清净的彻底解脱。

诘问林仙

《因果经》言：太子来到跋伽仙人苦行林中，鸟兽一见太子，全为之瞩目。跋伽仙人遥见太子，以为天神，即领徒众迎接，请太子上坐。太子观其修行之法，有的以草为衣，有的以树皮、树叶蔽体，有的一日一食，有的两日一食或三日一食，有的专事水火，有的祭祀日月，有的翘足而立，如此种种甚苦。

太子问："你们为何修行？"仙人答："希求生天。"太子说："天上虽乐，然福尽则堕，终归是苦。你今修此苦因以求苦报，实为不值。"

至天明，太子心道：我今学道，为断苦本。诸仙人虽修苦行，却非至解之道。于是便辞别仙人而去。有一仙人言："这位仁者，诸相具足，将来必定成就大种智，为天人师。"仙人言罢对太子说："仁者此去，可往北行，有二大仙，名阿罗逻、迦兰，仁者可与其谈论。"

于是太子北行。

④涕泪悲泣：因为了悟人、法二空，获得解悟，所以涕泪横流，泣不成声。

⑤甚深经典：蕴涵深远的经典。

⑥我从昔来所得慧眼：慧眼，佛教中眼有“五眼”“十眼”之说，慧眼属其三。“十眼”包括“五眼”。十眼是：（一）肉眼，普通的眼睛。（二）天眼，可见众生之心。（三）慧眼，见众生之根。（四）法眼，见诸法空相。（五）佛眼，可见十方。（六）智眼，可见诸法。（七）光明眼，见佛之光明。（八）出生死眼，可见涅槃。（九）无碍眼，见一切无障碍。（十）一切智眼，又称“普眼”，见普遍之法界。须菩提天生慧眼，因此他智慧成就很高，在佛弟子中称为“解空第一”。空，正是本经的精要之地，是佛法自性。这句话意思说，我过去就有了慧眼。

⑦未曾得闻如是之经：须菩提的智慧成就很高，学习过的经典很多，在社会上也有较高的声望，他说未曾听到过这么好的经典，一则慨叹，知遇恨晚，二则感慨于自己所知太少，而佛确实是一盏明灯，给他照出了光明前景。

⑧信心：佛教名词，菩萨修行“十信”，第一就是“信心”。意思是“信”入佛法的心，这样由信才能进入。所谓信本来心，没有信，心就不能来。

⑨即生实相：与“实相”同义异名的有“一如”“一实”“一相”“无相”“法身”“法性”“无为”“涅槃”“真性”“真空”“实性”“实证”“实际”。实相，就是无相，实，表明佛法真实不虚枉。所以，“实相”即无相。按照佛教义理，任何一种能见、能形、能相的“有”都是假的、暂时的，因为任何一种有，都在念念生灭之中，在无常变动之中，今时为有，彼时为无，因此只有“无”是永恒不变的真实之相，故此说，“实相”就是“无相”，“无相”不是空无，它是一种境界，是佛教真理的境界。

⑩当知是人成就第一希有功德：这个人既能悟得实相，则是为得法的妙理，性与佛通，可在众者之上，故说已经成就了第一少有的功德。

⑪是实相者，即是非相：因为实相无相，如虚空无形。

⑫是故如来说名实相：实相本无相，是佛给暂立的假说名称。

⑬信解受持：信解，佛教名词，深信而能入，入而能明，明而能解，称“信解”。受持，始则领受在心为受，终则忆而不忘为受持，受以信力，持以念力。

⑭后五百岁：佛灭度以后，弟子最长能活到五百岁，也就该涅槃了。这时，佛法的修习宣扬，力度就差了一些。

⑮其有众生得闻是经，信解受持，是人即为第一希有：佛及佛弟子灭度以后，有人也如佛弟子在世一样，受读《金刚经》，心常空寂，湛然清净，不著诸相，住无所住心，悟得无所得法，除去各种烦恼，那便是了不起的稀世第一人。

劝请回宫

《因果经》言：净饭王得知太子消息，便派遣王师随同大臣，赶到跋伽仙人苦行林中，问道“太子出家学道过此，诸大仙可曾见否”？仙人答说“前日有一童子，曾与我等议论，后又离此北行，诣阿罗逻、迦兰仙人处”。

王师闻后速往，果于中途见太子在树下端坐，便下马作礼问讯：“大王久知太子立志出家，然恩爱情深，分离后忧伤不已。愿请太子返宫。若有心学道，当为太子别置静室，何必独居山林？”

太子答：“但畏生老病死，是以学道。假使世间恩爱无需分离，又无生老病死，我又何必出家！”

王师及大臣们见不能让太子回转，便商议道：“我等既奉王使命，空归如何对大王交待？当于我们中，选出憍陈如等聪慧、孝慈、忠直的五人，留下守护服侍。”

⑯此人无我相、无人相、无众生相、无寿者相：达到了四相不生，一切无住的离相清净，此人已经进入不著“四相”的性空境界。人之所以不能觉悟中道，即在于过甚著相，杂妄之念太重，今生即能得闻是经，空离四相又能信解受持，说明达到了佛的程度，与佛无二了。

⑰我相即是非相：此句说即了悟不著四相则入实相，而实相本来不生诸相，所以我相即是非相，即无我相。

⑱离一切诸相，即名诸佛：外离一切尘相，内离一切空相，即相而离相，得真空无相的妙境，不著有、无的两种偏见，不住眼、耳、鼻、舌、身、意，不入色、声、香、味、触、法，则一尘不污，身心空寂清净，故可以称之为佛了。因为他已经达到了人空（即无我）、法空（离一切法相）以及空空（真空静）的境界。

⑲如是，如是：是这样，是这样。这是对须菩提前一段话的肯定，意思是说你讲得很对很好。

⑳不惊、不怖、不畏：不，佛教名词，含有灭、破的意义。不惊，不害怕，又能破除害怕的心理，所以不惊，因对法有慧解。不怖，不恐怖又能破除恐怖的心理，所以不怖，因得大乘，思慧解，深信不疑。不畏，不畏惧，又能主动消除畏惧心理，所以不畏，因得大乘正教，修慧解，顺教修行，故不有畏。

㉑甚为希有：因为此人不论遇到什么情况，能了却有、无相见的疑惑，知涅槃离相，菩提觉性无因缘，人法具除，故而不惊不怖，不转向、不退屈，了达真相之理，识自心本源，确实是很难得的人才。

㉒忍辱波罗蜜：佛教名词，即能忍受侮辱的智慧。按佛教教义说，“忍辱”是菩萨净土，即为菩萨，则心净如水、一切苦痛侮辱都能忍受。“忍辱”是修习菩萨道的重要一环。

㉓如来说非忍辱波罗蜜，是名忍辱波罗蜜：经文中反复出现，是什么又不是什么前说后否这类话，这里又再次出现。之所以如此反复出现这种是、不是的说法，原是佛的反复叮嘱，是什么也好，不是也好，你也不要去想他，不要“住”，那只是个名称代号而已，倘若停留在那个什么名堂上，你就“著相”了，一著相，心里不净，障碍就来了，会给你带来很多麻烦。

㉔如我昔为歌利王割截身体：歌利王，人名。据传是古印度的一位残暴的君王，梵文意译为“无道极恶君”。有一天释迦佛在城外坐禅，歌利王率宫臣出外游猎，其中有一宫女见释迦佛趺坐，生好奇心，离队去释迦佛处，请佛说法，歌利王心生恶意，问释迦佛：“你这修道的人怎么接近女人？人家说你是修行有道的佛，又修忍辱、持戒，我看看你的道行。”于是他割下了释迦的耳朵、鼻子、双手，释迦面容不变说：“你还要什么？我都可以交

调伏二仙

《因果经》言：太子来到阿罗逻仙人处请教“生死根本，何以断之”的问题。

仙人答：“欲断生死根本，须持戒。离诸不善法，于闲处修习禅定。有觉有观得初禅；除觉观，定生入喜心，得二禅；舍喜心，持正念，得三禅；除苦乐，得净念，得四禅，获无想报。”

太子问：“禅定境界达到非想非非想处，为有我呢，还是无我？若说无我，不应言非想非非想；若说有我，所谓这个‘我’是有知，还是无知？我若无知，则同木石；我若有知，则有攀缘。既有攀缘，便有染著；有染著则非解脱。你等所修者仍脱不了轮回，故不能算是到达彼岸。须断绝我见我执，一切尽舍，才是真解脱。”

众仙人默然无对，对太子言：“你若成道，愿先度我。”

于是太子来到迦兰仙人所。一番论议问答后，太子知迦兰仙人所习之道亦非究竟，便辞别前行。

给你。”正在此时，天突降大雨，飞沙走石，歌利王惊恐万状，问释迦佛：“你是不是恨怨我了？”释迦说：“我无恨怨，你可以看，我无嗔恨，所以我身体会马上复原”，果然刹那间身体复原。

㉕若有我相、人相、众生相、寿者相，应生嗔恨：歌利王残害我时，因我没有四相的障碍烦恼，你需要我身体的哪一处，我都可以毫不犹豫地给予你，因我无恨心，假如没离四相，一定会憎恨他。即悟人空法空，不著四相，心无诤忿，广净如虚空，故无憎恨。嗔，佛教名词，梵文作“讫罗驮”，佛教称其为“三毒”之一。嗔是恨与损害他人的心理，常与“恚”连用，叫“嗔恚”，是暴恼、恶业的根源。

㉖五百世：不是五百年，五百世的时间跨度，要远远超出五百年，这里佛说“五百世”，是概称，指佛于前五百世在世间修忍辱仙人时。

㉗忍辱仙人：仙人，原是印度婆罗门教和印度教用以指代吠陀颂诗作者，后泛称一般圣人，即在神、人、阿修罗等以外的似神如人的人物。佛教称忍辱仙人，是专用名词，指专意修行如何忍辱的人，前说佛为歌利王肢解而无恨，就是修忍辱仙道。只有佛可称为忍辱仙人。

㉘于尔所世，无我相、无人相、无众生相、无寿者相：于尔所世，前世或现世。无论何时修忍辱，必须要无我、人、众、寿这四相，否则忍辱是修不成的。

㉙发阿耨多罗三藐三菩提心：发，发愿，立志行动之义。菩萨应该离一切相，只有发愿立志实现最高境界正等正觉菩提心，才能忍他人所不能忍，行常人所不能行，才能达到真正的忍辱。只有发如此大心才能修出忍辱境界，也只有修证得这种境界，才能得无上正等正觉的阿耨多罗三藐三菩提心。

㉚不应住色生心：心不能停住于任何色相，也不生出色相的心。

㉛不应住声、香、味、触、法生心：佛进一步具体地指出不住的范围，不单不住于色，也不住于声、香、味、触、法，也不生声、香、味、触、法的心。因为“声”可惑人，“香”味诱人，“触”生变心，“法”能束缚。

㉜应生无所住心：六境等一切相境上都不住，不生心。不住，不做俘虏，生无所住心，则随处解脱，内外根尘，悉皆消息，心念清净。如生住心，即著诸相，取舍憎爱，没有休期。无住心，即佛学上所说的“缘起性空”的意思，一切起于空，连空也不住。

㉝若心有住，即为非住：如果心里有“住”，不管你住什么，住在哪里，都是不正确的。

㉞不应住色布施：不应带任何观念、想法、心理、欲念，也不应受任何因素影响，全心全意地去做布施善事，这才算是真布施。

㉟菩萨为利益一切众生故，应如是布施：菩萨不应求望于自身的满足，

六年苦行

《普曜经》言：太子心想，为开化外学，使其认识大道并不是从无益苦行中得。为训诲诸天，使其知晓福慧庄严亦非侥幸轻易得到。我必须用几年的时间来实践大勤苦精进之行，以示世间祸福因果。于是便于六年之中修习禅定，日食一麻一麦，进止皆与道合。不管严冬酷暑、暴风骤雨，太子总是巍然端坐，稳定如山；不管遇到何种危难，太子始终保持不乱，心无恐怖。

村落间男女担薪负草，牧马牛羊，致使尘土飞扬，于太子面前经过，太子目不旁视，心无厌烦；树上鹊鸟筑巢，孵卵哺雏，粪污其身，太子也不嫌弃。独一心修道，可谓“行人所不能行，忍人所无法忍”。

天龙八部见菩萨这般勤苦精进，功勋道德巍然，全都欢喜赞叹，前来供养奉事。而太子六年修习苦行，感化无数天人，也为以后成无上道、广度众生打下坚实基础。

所以菩萨的布施，也应该是以严之于已而宽奢于人去做事。即以利益所有人、一切众生，作为己任，牺牲自己，奉献一切，毫不利己，专门利人，是菩萨应具备崇高的精神道德境界。

㊱如来说一切诸相，即是非相：一则佛讲过，一切诸相，都是虚幻、暂时的，而且时时变化着，无论何等相，毕竟无真实体，可以坏灭。二则菩萨既能秉持律仪，修行善法而布施，利益众生，不住诸相，诸相本空，所以是相，也非相。佛深恐学法人不解，所以反复阐述这个“无相”的论点。

㊲又说一切众生，即非众生：佛说一切众生又不是众生，这里佛不是否定众生，而是一者提请须菩提等人注意，不要认为众生愚顽可悲，凡见性悟道之人，都不能以等而下之的眼光看众生；二说一切相，都非常实体，众生也是假名，是五阴和合的暂有身，如能离妄心，见佛性，则就无众生可得，如不能见佛性，才能分别所谓有众生；三说凡所有相皆是虚妄，若能悟真空无相之理，本性虚明，实无一切可得，又何来诸相，既无诸相，又哪有众生之别。

㊳真语者：真语，佛教名词，“真”含三义：一为真者不假；二为真理；三为真性。有这三个特点即谓之“真语”。真语者，佛讲的是真实不虚妄的真言、真话。

㊴实语者：实而无虚，一切法本空无所有，即为实语。

㊵如语者：“如”必当理，二者如不动之语，一切万法本来不动一如。因此“如语”，是正法之语。

㊶不诳语者：诳语，佛不诳惑于人，也非妄语。诳语者即不是骗人的话。诳，欺诈。

㊷不异语者：不异语，没有两样的话，指佛言由始至终，如一不二，决无怪异谬误。

㊸此法无实无虚：此法，指佛法。无实，看不见摸不着，没有实体，法体空寂无相可得。无虚，此法虽无体形，但内含恒沙功德，取之不尽用之不竭。若说其有而不有，若说其无而不无，看时有，寻时无，非言语可说，但却是真实的，而不是虚无的。

㊹如人入暗，即无所见：进入黑暗的地方，什么也看不见，此指如果住于法就像进了黑屋子一样。

㊺心不住法而行布施：心里不要停住在所有法上，如果有了一种法，照它去做即是法缚。

㊻如人有目：不住法去布施修道，就像人有了一双明亮的眼睛。不仅自己有目，眼明心视通达无碍，也能教化众生，不致于迷茫不清。

㊼见种种色：本来要不住于色，又何以说“见种种色”。这是一种假

远饷资粮

《因果经》言：太子至伽耶山苦行林中，为求至真之道，清心守戒，日食一麻一麦，生活艰苦。憍陈如五人亦皆仿效，同太子共修苦行，并遣一人回宫向王师大臣汇报，转告于国王。

国王闻悉，全身颤抖，发毛皆竖："太子既舍王位及父母恩爱之情，是我命薄福浅，无法留住太子。然太子远在深山苦行，我如何放心？"因嘱官人将此事转告波阇波提及耶输陀罗。于是，国王、姨母及耶输陀罗各办置五百车物品，令车匿专程送与太子。

车匿受命率千乘饷车疾去。至伽耶山苦行林中，见太子形容消瘦，垂泪道："大王日夜思念太子，特遣我送物品以饷太子。"太子说："我既离父母恩爱之情，又舍国王之位，唯为求得至真之道，怎能接受此等供养？"

车匿想，太子既然决意不收，我只好觅人将其运回皇宫，我留在此奉侍太子。

设比喻，见相不住相，见色不住色，此是智慧之人，故能明白陷阱在何处，而不至坠入陷阱，即不为善恶诸相所惑乱。

㊽当来之世：未来的时代。指佛灭度后五百岁的像法、末法时代。此经非利于一身，而是普施于众生，众生得益，也非利于一时，且将普遍于未来诸时，是永恒不灭的。

㊾能依此经受持、读诵，即为如来：能接受这部《金刚经》的要旨大义，又能照此修行，这个人就等于佛。不种善根之人，难以与此经因缘，即能因缘古人，即有持诵不已，当下顿悟，即为自性如来。它的另一含义说，此经虽然在世，但不种善根的人，难得一遇，此经也决非是仅为诵读的口耳之学，而是究心学之妙法，故称其为能。

㊿以佛智慧悉知是人，悉见是人：以，用的意思。用佛所具有的智慧，完全可以了解这个人，也可以看到这个人。

51皆得成就无量无边功德：这个人因受持《金刚经》，他得到的成就与功德是无边无际不可估量的。既得因缘闻此经，亦是种下诸种善根，又能受而直下顿悟，持而时不舍离，能受持读诵不忘，当下成就，可知其人已明心见性，故说功德无边无量。

[译文]

这时，须菩提听到佛讲说《金刚经》，深刻地理解了佛所说经文义理，涕泪横流，他对佛说："世尊，你讲的这部高深而涵义深远的经典，实在太了不起了，我虽然早就有一双慧眼，但也未曾听说这样的经典。世尊，如果将来有这样的人，知道这部经后，立刻信入其心，清净不染，证到实相真如的境地，顿悟成佛。我应当知道这个人成就人世上少有第一大法，他也是世上少有的第一大功德的人。世尊，所谓实相，即是非相，所以如来说他是真实本相。世尊，我今天听你讲解这部《金刚经》，不仅坚信不疑，而且能解了它的真义了，完全可以做到全心领受，并身体力行，取得成就，这对我来说，不会有太大困难。倘若后世，五百年以后，也会有这样的人，得闻此经，诚信不疑，而且能深解经典意义，这个人就是世上少有的第一人！为什么呢？这个人没四相的滞碍，也不会被虚枉不真实的我相、人相、众生相、寿者相所疑惑了。为什么会这样呢？我相、人相、众生相、寿者相即不是我相、人相、众生相、寿者相。为什么呢？脱离了一切相的，就称为佛了。"佛对须菩提说："是这样，是这样。如果再有人听到并研修这部经典，不惊讶，不恐怖，不畏惧，你应当知道他是位少有而了不起的、可以达到彼岸有大成就的人。为什么呢？须菩提，如来说第一波罗蜜，就不是第一波罗蜜，所以才叫第一波罗蜜。须菩提，忍辱波罗蜜，如来说不是忍

牧女献糜

《因果经》言：太子心想，我在伽耶山示修苦行，日食一麻一麦，身形消瘦如枯木。今已六年，然犹不能解脱，故知极端苦行于道无益。不如仍按当年初见沙门之时，在阎浮树下一心思考，离欲寂静，为真正受用。然我今全身骨节虽有坚固大力，但若以此羸瘦之身而取证道果，外道们必当认为自饿是证灭度之因。故我今必照常受食，而后成道度生。于是来到尼连河侧，席地而坐。

此刻净居天人见林外有一牧女名难陀波罗，便对牧女说："今有太子在于林中，你可前去供养。"牧女听后满心欢喜，即取金钵盛乳糜，至太子前，虔诚顶礼后，献上乳糜。

太子接受牧女所献，心中祝道："我为成道度众生，故受此食，当让施者丰衣足食，安康无病，福寿增长，智慧具足。"祝毕便食。于是便身体恢复光泽，气力充沛，堪证菩提。

辱波罗蜜，所以才叫忍辱波罗蜜。为什么呢？须菩提，像我过去世被歌利王残害身体，我在那时没有我相、人相、众生相、寿者相。为什么这样说呢？假如我当时著于‘四相’，我一定会憎恨他。须菩提，我常常回忆过去我在世间五百世前，修行忍辱仙人，心中无相，也只有达到了无我相、无人相、无众生相、无寿者相这四相，才能成为忍辱仙人的境界。所以须菩提，做菩萨应离灭一切相。凡是发愿修证无上正等正觉，就不应住于色心，也不应该住于声、香、味、触、法，应生无所住心。假若心有所住，应该心住无为，所以我说，什么叫菩萨心，就是毫无条件地不住于任何色相的去布施，这才是菩萨的真布施心。须菩提！菩萨为了利益一切众生，应当这样布施。如来说一切相，即为非相；又说一切众生，即为非众生。须菩提，如来是说真话的人、说实话的人、讲真理的人、不说谎话的人、不说怪异话的人。须菩提，如来所得到的法，是无实无虚的。须菩提，假如菩萨心有住法去布施，就如同在黑暗中一样，就什么也看不见；如果菩萨心不住法而行布施，就像人有眼睛，在日光照耀下，能看到一切。须菩提，来世如有善男善女能受持、诵读研习此经，就会修成正果。以佛的智慧完全知悉，这些人都能证得无可估量、没有边际的功德。”

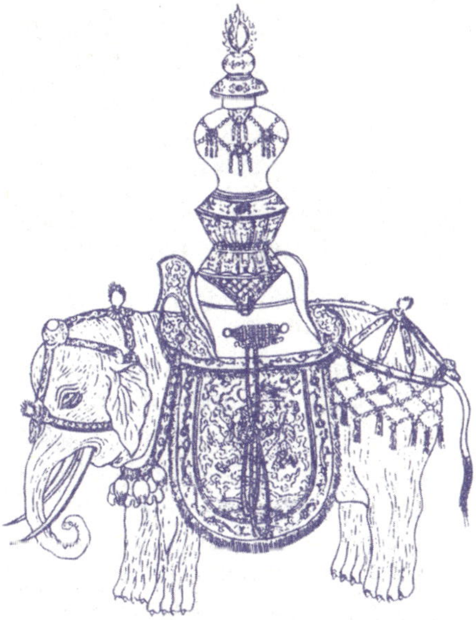

禅河澡浴

《大庄严经》言：菩萨自念，六年苦行，衣服已破烂不堪，无法再用，便走到尸陀林中，见地上有破粪扫衣，便欲拾取。

地神忙告虚空神："释迦太子舍转轮王尊贵之位，却拾取粪扫衣，多么令人感动！"虚空神听了便将此转告三十三天，如是转告，传至阿迦尼吒天。

菩萨手拿着粪扫衣想，何处有水可洗这些脏衣服呢？天上的神便以手指地，遂现一池。

菩萨又想，何处能弄一方石浣衣呢？天帝释便将方石搬来放于池畔。帝释想为菩萨洗衣，菩萨想为众比丘做表率，便谢绝，亲自洗浣。

洗毕，菩萨入池中澡浴，天人遍散香花于池中。魔王波旬动邪术，将池岸变得极高峻，想让菩萨无法上来。池边的树神便令树枝低垂至池中，菩萨得以攀着树枝上岸。

浴毕，诸天竞相将池水取回天宫，池中水族因饮菩萨浴身之水，俱得升天。

持经功德分第十五

题解

修福报总是有形的，而《金刚经》讲的是无形的，是破除了一切有限的执着，进入到无限的宇宙真理之中的一条大道。修福是为了得，此经是为了舍。要得所得到的只能是有限的，要舍所能得到的却是无限的。方法不同，结果自然也就完全不同了。《金刚经》的最大妙处，就在于能让我们换角度来审视佛与众生的同和异。

《金刚经》是为那些曾经发过大乘心愿的人讲的，所以它的目标是确定的。你要想成佛而进入真正的自在，那就得以此经为本，才能成就无上大道。而且真正的菩萨道和大乘法，是要让六道三界的所有众生都得到解脱，所以就得为他们讲说这部伟大的、不可思议的《金刚经》。由这些具有不可思议功德的人，把这部具有不可思议能量的书传播开来，让更多的人知道。佛祖说了，这些人也会同如来佛自己一样，会成就不可估量的功德。因为他们所干的事情与如来佛祖所干的事情一样，所以他们就是如来佛了，或者至少可以说是跟如来佛共同担当起了宇宙人生的无上正等正觉。

[原文]

“须菩提！若有善男子、善女人，初日分以恒河沙等身布施[1]，中日分复以恒河沙等身布施，后日分亦以恒河沙等身布施，如是无量百千万亿劫[2]以身布施；若复有人闻此经典信心不逆[3]，其福胜彼，何况书写、受持、读诵、为人解说[4]！须菩提！以要言之[5]，是经有不可思议[6]、不可称量、无边功德！如来为发大乘者说[7]，为发最上乘者说[8]。若有人能受持、读诵、广为人说，如来悉知是人、悉见是人，皆得成就不可量、不可称、无有边、不可思议功德。如是人等[9]，即为荷担如来阿耨(nòu)多罗三藐(miǎo)三菩提[10]。何以故？须菩提！若乐小法者[11]，著我见、人见、众生见、寿者见，则于此经不

天人献衣

《大庄严经》言：太子将粪扫衣拿到尼连禅河浣洗净晒干，又入水澡浴后，便坐大树下，将洗净的布料缝衲。净居天的无垢光天子将袈裟供养菩萨。菩萨便每日早晨披袈裟入村乞食。

善生女梦见土地神对她说："明天有一大菩萨将入村乞食，你快置办美食，供养菩萨。"善生女即令优多罗女前往请菩萨，用金钵盛满乳糜以献。菩萨受毕，回到河边。

河中有一龙妃，自水中腾出，手持庄严宝座，请菩萨坐。菩萨坐于宝座上，食善生女所献乳糜。食毕，将金钵掷于河中。龙王大喜，收取金钵欲回龙宫供养，却被释提桓因变作金翅鸟夺走，带到天宫起塔供养。

因菩萨自具福德力，自食乳糜后，三十二相、八十种好及身上圆光，愈发显耀。于是便走上菩提道场，求取正觉。

能听受、读诵、为人解说⑫。须菩提！在在处处⑬若有此经，一切世间天、人、阿修罗所应供养；当知此处即为是塔⑭，皆应恭敬作礼围绕⑮，以诸华香而散其处⑯。”

[注释]

①初日分以恒河沙等身布施：一天分三时，初日分，为上午；中日分，为中午；后日分，为下午或晚间。这是古印度时间分法，佛教沿用之。以恒河沙等身布施，身布施，为他人为众生毫不足惜地献出身体的一切，包括性命，极言其不可比拟。全句意为可以做出无数次的牺牲奉献。

②如是百千亿劫：劫，佛教名词，源出印度婆罗门教。梵文称“劫波（或劫簸）”，略称“劫”，极为久远的时段。

③信心不逆：信心，对《金刚经》的信心、信仰。不逆，不违背。能信顺该经之理，则为不逆，若不能信顺该经之理，则为逆。

④何况书写、受持、读诵、为人解说：何况书写，因古时无印刷术，皆手抄，故书写此经亦为其大功德事，更有修道之人，用自己的鲜血写经，那情景十分悲壮，天人感佩，令人钦敬。受持、读诵，这里比前又推进一步。所谓“受”，心行解义，二者相应为“受”。所谓“持”，勇猛精进为“持”。所谓“读”，心不散乱为“读”。所谓“诵”，见性不逆为“诵”。“为人解说”，为已悟之人，能见自性而方便为人解说此经，令悟实相，成无上道。此人所施，无所住相，功德无边际，胜身布施百千倍。

⑤以要言之：简要而说。

⑥是经有不可思议：是经，指《金刚经》。不可思议，思，想，即你想象不出。议，口说言讲。不可以心思，不可以言议，故称不可思议。一指奥理深妙，二指事物精奇，没办法去设想，又没办法用言语表达，因为人的智力有限。

⑦如来为发大乘者说：大乘，梵文作“摩诃衍那”。“摩诃”是“大”义，“衍那”为“乘载”义，乘载，即如车船，或者道路的意思，“乘”是通往（载往）佛道的路或工具。佛的这部《金刚经》，是为立志于发扬大乘心即大菩萨道的人讲的。

⑧最上乘者说：最上乘，指最高级的教法。大乘教法就是最上乘教法。“最上乘”，就是佛乘，而是有佛、菩萨大智慧之乘。在此乘之上，就不再有乘了，所以为最上乘。

⑨如是人等：一个“等”字，说明是不仅一个人，还有很多人，都会这样做。

⑩荷担如来阿耨多罗三藐三菩提：承担正等正觉佛法。

诣菩提场

《大庄严经》言：菩萨心怀正念，至菩提树下，风神、雨神已将菩提树周围打扫整理得干净庄严。菩萨身放无量光明，震动无边刹土。无量诸天共奏天乐，天女们散无数香花，无量希有吉祥瑞相纷现。

昨夜就有大梵天王将此好消息宣于诸梵众："菩萨于今身披精进甲，将成就无边行愿，通达无量波罗蜜法门，得大自在，住于如来秘密之藏。任何魔境不能相比，世间一切善法，皆能自悟，为众生说解脱道。菩萨有此等无量无边功德，十方如来皆以大神通力护念。菩萨即将来到菩提场，必能降伏众魔怨，成就无上正等正觉，圆满十力、十八不共法，转正法轮，施大法雨，利一切众生，作大狮子吼，止息争论。菩萨为实现度生宏愿，于一切法得大自在，不论何境皆不为世间八法所染，如莲花之不着水。"

⑪若乐小法者：小法，佛教名词，“小法”有三方面含义：一指外道法；二指有为法，世间有为法著四相；三指小乘法。

⑫则于此经不能听受读诵，为人解说：迷恋于世间有为小法的人，不能听受这部经，更不能为人解说宣传。

⑬在在处处：无论在什么时间，在什么地方。

⑭当知此处即为是塔：供养《金刚经》的地方，等于立上一座佛塔。

⑮作礼围绕：古代印度僧众敬拜佛塔的一种方式。

⑯华香而散其处：凡此经的存放处，当应以佛礼事之。用花与香来表示对此经的崇敬。

[译文]

“须菩提，假如有善男善女，一天三次，从早到晚，用像恒河沙那么多的身体来做布施，甚至可以无数次牺牲自己，百千万亿劫数去布施；如果再有这样的人，听到《金刚经》后，信心坚固，深明实相，从来不违背经义，其福德胜过以身布施的，更何况抄写传布、受持读诵不歇、再为人讲解开释、能自度度人，广为宣传！须菩提，简要言之，《金刚经》是理蕴深邃、微妙难测、难以想象的伟大经典，如来是为发心修大乘菩萨道的人而说。如果有人能坚持接受此经并加以研修宣扬阐发，如来清楚地知道这个人修成不可计量、不可称、没有边际、不可思议的功德。他的心性已经达到了正等正觉的菩萨的境界。为什么呢？须菩提，如果迷恋于小乘的小法小道，他执着于自我的见解、他人的见解、众生的见解、寿者的见解，那么他不能受持、听诵、为他人解说此经。须菩提，对于这部经典，无论在什么地点、什么时间，只要有此《金刚经》在，一切天道、人道、阿修罗道，都应供养。要知道经所在的地方，等于立起座佛塔，大家都必须作礼叩拜、围绕顶礼，把众香散于四周，虔诚供养。”

天人献草

《本行经》言：菩萨心中自念，我到菩提场，应该坐怎样的座位？净居天告菩萨"大圣仁者，诸佛都是坐在吉祥草座上取得正觉的"。

帝释天王便化为一割草人，在菩萨不远处割草。所割之草青翠碧绿，犹如孔雀项毛，柔软滑泽，像是微细轻柔的迦尸迦衣，色泽清香。菩萨见此好草，心中欢喜，就走到他身边问道："请问仁者，您叫什么名字？"割草人答："我名吉祥。"

菩萨大欢喜，我今欲求吉祥，其名就叫吉祥；吉祥就在我面前，预示我这次定能得证阿耨多罗三藐三菩提。于是又对割草人说："请问仁者，您能送我一些草吗？"那人答："可以！"便当即割草献给菩萨。

菩萨取草时，大地发生了六种震动。菩萨持吉祥草，徐步至菩提树下，铺好草座，起求取正觉之心，安乐一切众生。

能净业障分第十六

题解

《金刚经》中所讲的是真正的宇宙人生真谛。佛祖当年在燃灯佛所供养了那么多的佛，结果还是没有得道成佛，就因为没有人给他讲过《金刚经》的道理。而《金刚经》是他成佛觉悟所走的道路，也是他的独特的心得体会，是他的经验之谈，所以宝贵。他从中得到了好处，也想让所有的众生都得到益处，因此不遗余力地讲这部经典的好处。

[原文]

复次："须菩提！若善男子、善女人，受持、读诵此经，若为人轻贱[1]，是人先世罪业[2]应堕恶道[3]。以今世人轻贱故[4]，先世罪业即为消灭[5]，当得阿耨(nòu)多罗三藐(miǎo)三菩提[6]。须菩提！我念过去无量阿僧祇劫[7]，于燃灯佛前，得值八百四千万亿那由他诸佛[8]，悉皆供养承事，无空过者[9]。若复有人于后末世[10]，能受持、读诵此经所得功德[11]，于我所供养诸佛功德，百分不及一，千万亿分乃至算数譬(pì)所不能及[12]。须菩提！若善男子、善女人，于后末世，有受持、读诵此经所得功德，我若具说者[13]，或有人闻，心即狂乱，狐疑不信[14]。须菩提！当知是经义不可思议[15]，果报亦不可思议[16]。"

[注释]

①为人轻贱：所有学佛的人都有可能被庸俗势利小人所轻视。其因有四：一者是人前世罪业深重；二者当世之人为善者少，为恶者多，见人善则生妒心，见人恶则生幸灾乐祸心；三者认为持经无益，所谓福报不真，故而轻贱；四者其人德薄识浅，故生轻贱心。

②是人先世罪业：轻贱佛学的人，前世有"罪业"，所以他才蔑视佛教。"罪业"不是短时间形成，所以说先世。

龙王赞叹

《本行经》言：菩萨持吉祥天人所献之草，徐步走向菩提场。空中忽有白鹤、孔雀等鸟各五百数，自十方飞来，于菩萨顶上右绕三匝，随菩萨而行。五百诸天童子、天女，执宝瓶，散香花，围绕而行，无数吉祥侍从自四方云集而来。

菩萨行走时，大地强烈震动。一龙王名迦茶，曾亲近过多位过去诸佛。当时迦茶龙王正在酣睡，忽被震动声惊醒，于龙宫走出，看到离龙宫不远处，有一菩萨正安详缓行，并见及许多瑞相，龙王明白：这位菩萨和过去诸大菩萨发心走向菩提树时一模一样，当必证无上正等正觉，便欢喜为之说偈赞叹。

龙王有一龙妃金光，率众龙女执诸妙香花、宝幢幡盖等宝物作供养。龙女们齐唱微妙之歌，共奏雅乐，赞菩萨圣德。

菩萨对龙王说："大善龙王，如你所说，我今必当成无上正等正觉，普度众生。"

③恶道：地狱、饿鬼、畜生、阿修罗皆是恶道。此道不生善法，不通善路，故称恶道。

④今世人轻贱故：与读诵《金刚经》的同时代之人为“今世人”。轻贱读经人的原因颇多，无非权名利禄之徒或因学经苦贫，或因为善却不得应感果报，所以生起轻贱心。

⑤先世罪业即为消灭：指今世人轻贱佛学，也是先世罪业造成的。即为消灭，将功折罪，以抵消罪业。这里前后两处“先世罪业”，含义不同。前指贱视持经人，是先世有罪业；后指持经人之所以被贱视，是持经人自己的先世罪业招来的果报，但由于他虔诚持经，先世罪业即行消灭了。

⑥当得阿耨多罗三藐三菩提：有决心消灭罪业，说明这个人还有可走入正道的信念、智慧，只要精勤奋斗，还是可以大彻大悟的。

⑦我念过去无量阿僧祇劫：阿僧祇，梵文，亦译作“阿僧企耶”，意思是无数。阿僧祇劫，佛教称一阿僧祇有一千万万万万万万万万兆（万万为亿，万亿为兆），没办法计算的数。我过去读过无数的佛经，没办法计算有多少种。

⑧得值八百四千万亿那由他诸佛：值，到，遇到，接近的意思。那由他，梵文，亿万以上、无数的数称“那由他”，又作“那由多”“那术”。我曾跟随无数的佛学习过。八百四千万亿，不是确指，形容多。

⑨悉皆供养承事，无空过者：承事，承担过弟子义务，做过事。无空过者，不敢随便马虎，对所有佛都恭敬。

⑩于后末世：佛灭后（包括他亲传弟子）已没人不知事佛，也不知佛的究竟处都在此经之中，不能受持，而枉作他事，皆不得大功德果报。

⑪所得功德：在末世时仍坚持读诵研修《金刚经》的人所应得的功德。功德与福不同，造寺布施可得小天小福报，福报并非功德可比，而功德是由持此经而得，所以福不及功德，供佛不及持经。

⑫所不能及：到了末法时代，其心不散，其意犹坚，仍持诵《金刚经》，此人的功德是我们当年初讲经时的功德所不能比的，这个功德比我们大得多。

⑬我若具说者：我要都说出来。

⑭或有人闻，心即狂乱，狐疑不信：有人听到会发狂发疯。其果报极大，而乐于小法的人对此大乘法难以理解也难以接受，一旦明言，心生惊怪，心生恐怖，甚者，就会心生狂乱，使其徒增狐疑，故不能尽说。

⑮当知是经义不可思议：《金刚经》的般若义理是不可用语言去议论，因为无法思议其妙理，但如果人能依此修行，必得果报，因此说受持《金刚经》的人所得的功德，是不可思议的。

⑯果报：又称“异熟”，即对于人过去、现在所做的善事、恶事得到的结果报偿。

坐菩提座

《大庄严经》言：菩萨走向菩提场时，无量菩萨并诸天人，将菩提树装饰得极庄严。菩提树共八万四千数，高达百亿由旬，纯以珍宝饰成，各显其妙。树下各随色类，敷设狮子座。

此时，菩萨任意于一菩提树下，取吉祥草敷设，如狮子王具足势力，示其尊贵自在，能降伏众魔。具足如是功德后，将证菩提。于是面向东方，在净草之上结跏趺坐，端身正念，发大誓言："我今若不证无上大菩提，宁可碎吾身，终不离此座。"

菩萨升上菩提座时，当下即证方广神通游戏首楞严大定。得是定已，分身为无数，各坐于所有菩提树下狮子座上，皆具众妙相庄严。所有菩萨并诸天人，都以为菩萨坐于自己所设的狮子座上，皆欢喜。又因其定力，能让地狱、阎罗王界及诸人天，皆见菩萨坐菩提座。此时菩萨放大光明，普照十方佛刹土。

[译文]

再者说："须菩提，如果善男善女接受并研修本经，反而遭人轻贱、瞧不起，说明这个人前世所造的罪业本应该堕入恶道，因为现世被世人所轻贱，他前世的罪业就因此而消除，他也可以证得无上正等正觉。须菩提，我以前读过的经卷数量之多，无法计算，在燃灯佛那里学佛开悟之前，遇到并跟随学习过的诸佛，多的不可胜数，所有的佛，我一律恭敬敬养，为他们承当一个学子所应承担的义务，做各种事情，没有落下一个。如再有人，在末法时代能坚信读诵研修此《金刚经》，他所得到的功德，与我当年学佛时所得的功德相比较，我仅仅是他的百分之一，或亿万分之一，甚至用所有的算术的数字和比喻都赶不上的无数分之一。须菩提，在末法时代，如果有善男善女持诵此经，他所得的功德果报，我如果全部讲出来，有些人听到以后，一定会发狂，有些人会认为我是说大话，不相信。须菩提，应当知道经文的宗旨含义是不可思议的，所得到的果报也是不可思议的。"

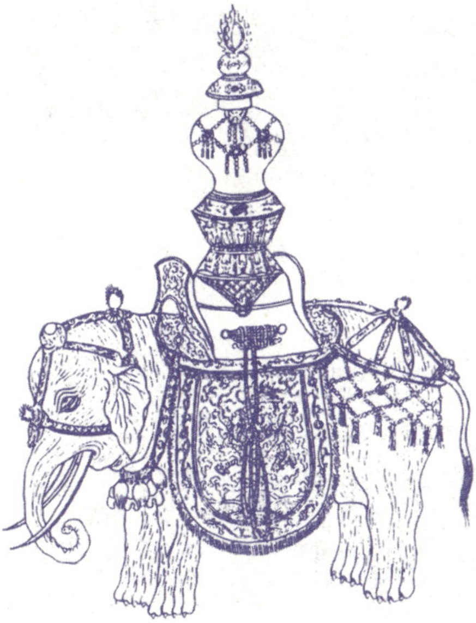

魔王惊梦

《本行经》言：菩萨放大光明，遍照魔王宫殿，遮蔽诸魔之光。

魔王波旬在睡眠中连作三十二种噩梦：梦见魔宫震动，失火倒塌，墙壁尽作瓦砾；梦见自己天冠堕落，衣裳垢腻，身体寒热；梦见园中树木、花果悉皆摧折，所有池泉干涸，所有鸟类羽毛脱落；梦见宫内所有乐器悉遭毁坏；左右所爱之人皆远离；所有欲界诸天兵将、天王帝释、天龙八部悉皆归菩萨，朋友皆成仇怨，那陀罗天仙指魔王说："此人不吉！"魔王诸方驰走，无处自在……

魔王忽然惊醒，恐惧不安，便召集魔亲眷属，转述夜间所梦事，说："据梦中情形推测，大概不久我必失此处，将来定有大福德人来生此处替代我。"于是召来魔兵魔将，对他们说："今有释迦种姓之子，独坐菩提树下将证菩提。我等共至彼处扰乱破坏，阻其心，勿令取证菩提。"

究竟无我分第十七

题解

从本体来说，那个无上正等正觉是没有什么办法可以通过发什么心愿或者得到什么办法成就的。说到底，那个真理就是自然运行的规律，你只能去认识它、适应它，不起分别、不生烦恼也就是得到了。一旦你心中起念要怎样，结果也就不会怎样了。所以，佛祖又用他自己做证明了。他曾经在燃灯佛前得到了正法，但自己却从来没有感到得到了什么无上正等正觉的大法，因为根本就没有什么大法能够得到那无上正等正觉的，无上正等正觉也只是一个名词概念而已。如果真正有什么方法能够让如来佛自己得到无上正等正觉，那么也就还没有得到那究竟的根本。宇宙人生的规律是不可能得到的，只能有一条途径，那就是进去而没有什么分别。一起分别想，也就落入外边了。

这一章所讲的，就是说，宇宙的真理是如如不动的，我们只能去认识它、适应它，不能起任何分别的念头。一旦执着了四相，烦恼与痛苦也就随之而生了。

[原文]

尔时，须菩提白佛言："世尊！善男子、善女人，发阿耨(nòu)多罗三藐(miǎo)三菩提心[1]，云何应住？云何降伏其心？"佛告须菩提："善男子、善女人，发阿耨多罗三藐三菩提心者，当生如是心[2]：我应灭度一切众生[3]。灭度一切众生已[4]，而无有一众生实灭度者[5]。何以故？须菩提！若菩萨有我相、人相、众生相、寿者相，即非菩萨[6]。所以者何？须菩提！实无有法[7]发阿耨多罗三藐三菩提心者。须菩提！于意云何[8]！如来于燃灯佛所，有法得阿耨多罗三藐三菩提不？""不也，世尊！如我解佛所说义，佛于燃灯佛所，无有法得阿耨多罗三藐三菩提。"佛言："如是，如是！须菩提！实无有法如来得阿耨多罗三藐三菩提。须菩提！若有法如来得阿耨多

魔子谏父

《本行经》言：魔王召集魔兵魔将，欲扰乱菩萨。

其长子商主忙上前劝谏："父王万不可妄动。父王若欲和悉达多菩萨结怨仇，恐将来后悔不及。"魔王斥道："你懂得什么？你还不知父王的神通变化和自在威力吗？"

商主说："孩儿当然知道，但比起悉达多菩萨的广大神通、福德威力，父王就不行了，父王若不听孩儿劝阻，到时便能见分晓。"

魔王哪里肯听儿子的劝告，当即召集象兵、马兵、车兵、步兵，持各种兵器，凶狠异常。魔王亲自率领，气势汹汹向菩提场进军。

士卒遥见菩萨稳坐狮子座上，身体如金山放大光明，威德神采无比，便俱各退散。魔王见部下不战而退，虽胆寒犹强撑着不肯撤回，发令道："胆小怕事的站一边，不许临阵脱逃。我要软硬兼施，把悉达多太子弄走，决不让他于此菩提树下成正等正觉。"

罗三藐三菩提者，燃灯佛即不与我授记[9]：‘汝于来世当得作佛，号释迦牟尼[10]。’以实无有法[11]得阿耨多罗三藐三菩提，是故燃灯佛与我授记，作是言[12]：‘汝于来世当得作佛，号释迦牟(móu)尼。’何以故？如来者，即诸法如义[13]。若有人言如来得阿耨多罗三藐三菩提[14]，须菩提！实无有法佛得阿耨多罗三藐三菩提[15]。须菩提！如来所得阿耨多罗三藐三菩提，于是中无实无虚[16]，是故如来说一切法皆是佛法[17]。须菩提！所言一切法者，即非一切法，是故名一切法[18]。须菩提！譬(pì)如人身长大[19]。”须菩提言：“世尊！如来说人身长大，即为非大身，是名大身[20]。”“须菩提！菩萨亦如是[21]。若作是言[22]：我当灭度无量众生，即不名菩萨[23]。何以故？须菩提，实无有法，名为菩萨[24]。是故佛说一切法，无我、无人、无众生、无寿者[25]。须菩提！若菩萨作是言[26]，我当庄严佛土，是不名菩萨[27]。何以故？如来说庄严佛土者，即非庄严，是名庄严。须菩提！若菩萨通达无我法者[28]，如来说名真是菩萨[29]。”

[注释]

①发阿耨多罗三藐三菩提心：立下成佛的志向，一心要成佛，也一定能成佛。

②当生如是心：应该生起这样的心。

③我应灭度一切众生：我应，即指菩萨我应当尽的责任。灭度众生，即灭其妄想，灭其有我相的个人取舍心，灭其贪、嗔、痴的三毒及一切不善心。这就是菩萨灭度众生之义。灭度众生，实为救助一切众生。

④已：结束，完了。

⑤而无有一众生实灭度者：所谓众生，因其心存妄想，有取舍人我心，有贪、嗔、痴、妒等不善心，故名为众生。如以无我心，降伏其心，使其邪恶不生，即无而不有，已经知觉，就再不见可灭度者。本自不生，当然就无灭，故而说“无有一众生实灭度者”。其二说，身为三空菩萨此心空净，不执着于有相，故不生度人之心，否则即著我人四相，非菩萨的清净心。

魔女炫媚

《本行经》言：魔王波旬不听商主劝谏，又无必胜的把握，心想如何才能制胜呢？从来女色魔力最大，如能一举成功，就能省却我很多力气了。于是召来众魔女“头一阵，胜败如何要看你们的了”。

众魔女得令，至菩萨前，撒娇献媚，卖弄风情，施展所有媚功谄术。而菩萨垂眉合眼，入深禅定，不见不闻，身心清净，意志坚定。

魔女们见菩萨丝毫不为所动，皆发羞愧之心。又迫于魔王的淫威不敢退却，只得重运幻惑之法，作种种娇媚情态，发美妙音辞，以求诳惑媚乱菩萨。

菩萨见这些魔女这般下作，着实可怜，就对她们说：“你们前生修得福泽，今世方得受天身，虽年轻貌美，但世间无常，转眼便成老媪。形体虽好，心术不正，也枉为人，不要再枉费心机了！”言罢一指，众魔女当即变成老太婆，丑态尽显。

⑥即非菩萨：若存度人之心，即不叫菩萨。这是佛告诫菩萨，不要有度人之心，否则就不成其为菩萨。前者除能所使心空，后者除众生心，生平等一念心。故说若有度人之心，即著诸相，就不成其为菩萨。

⑦实无有法：在实性之中，无法无心，得法而破法，不泥执于法。无法才为实，有法就不实，故说实中无法。

⑧于意云何：你的意见如何。

⑨燃灯佛即不与我授记：如果我通过什么法而得到无上正等正觉的大智慧，燃灯佛是不会授给我佛的称号标记的。授记，为十二部经之一，梵文音译“和伽罗”。授记是佛对发愿修佛并有希望成佛的人，授给他以后必作佛的标记，没有根业，不能得到授记。授记的另一含义是无记可记，即为授记。

⑩号释迦牟尼：据佛经记载，释迦牟尼的佛号即燃灯佛命名授记的。“释迦”为佛的种姓，“牟尼”含有“能仁”“能寂”“能儒”等义。能仁，指其心性无边，包容一切。能寂，即其心本然静寂，动静皆无所涉。能儒，指其教法无量，能柔顺一切众生（儒，柔顺之义）。又有一说，释迦牟尼是尊称，意谓“释迦族的圣人”。

⑪以实无有法：在真如实法中无有法，亦即在佛性本觉之中，不存在法。

⑫作是言：这样说。

⑬如来者，即诸法如义：这里含两层意思，一说，佛就是“如来”。如果说佛有法，那“诸法如义”，即诸法当如如来之义。如佛义就来，不如义就不来，这就是如来；二说“如来”代表着成佛的法。

⑭若有人言如来得阿耨多罗三藐三菩提：如果有人说如来是得到了什么（法）才证得无上正等正觉的大智慧，这是绝对错误的，因为这是妄语。

⑮实无有法佛得阿耨多罗三藐三菩提：没有什么方法可以，也没有法使人获得无上菩提。因为得法都来自于外部，而佛的真性是不能从外得来的，是来自于己心。

⑯须菩提，如来所得阿耨多罗三藐三菩提，于是中无实无虚：如来得的正觉菩提法是“无实无虚”，所谓无实，因为正觉之中一法无有，故说“无实”，但又必须赖依显性去妄，故又“无虚”。又因菩提为无上道，妙理存于其间，但其理实而不实，虚而不虚，不空不有，这就是实无有法的无实无虚之“法”。

⑰是故如来说一切法皆是佛法：前说没有法，这里又说法，佛是要人得真性自由，而不要人们泥执于法，然而并非是无法，法的特点就是“无实无虚”。

⑱所言一切法者，即非一切法，是故名一切法：这里佛又否定了“法”。

魔军拒战

《本行经》言，魔王见魔女狼狈而回，心想不如用花言巧语骗他。于是便戴上一副笑面具，柔声对菩萨说："仁兄，你应当留在皇宫中做国王，将来统领世间，何等自在！为何剃发作沙门，受尽苦楚！又有那么多人对付你，多么恐怖！你千万别和这些恶人作对，还是赶快离开这里吧。"

只见菩萨神态安详，巍然不动，说："我于此结跏趺坐，凭你怎样，都休想破我道念。"

魔王马上恢复了凶恶的面孔，手执利剑，大声吼道："难道你看不见我的部下个个武艺高强？又有夜叉鬼怪，猛兽驱逐，毒龙吐雾。我今挥剑将你身体截成两段，你信不信？"

菩萨说："魔王波旬，不要嚣张！即便你这些乌合之众个个都像你力大无穷，也别想动我丝毫。快走吧，别在这里虚张声势，我若不证得无上正等正觉，是不会离开此座，去往别处的。"

因为佛法本空，无真实有体之形，故说非法。佛说法是为使修行人，借此而修，并非真性中所有，说法是为了说明不要法，如渡河的筏子，要过河不能不借其力，一旦过河，即可抛弃。故说即“非一切法”，不要执着于法，“是故名一切法”，这就叫法，一切法都是如此。

⑲譬如人身长大：人身体可长大得超过须弥山那可能吗?

⑳大身：一般指法身，法身无边，大如虚空。

㉑菩萨亦如是：菩萨也是这样。这句话是指上文说的，前面说实在没有法使众生成佛，同样的道理，也没有什么法，可以使你成菩萨。

㉒若作是言：如果他要这样说。

㉓我当灭度无量众生，即不名菩萨：假使有某位自称菩萨的人宣扬要度无数众生之类，这样的人他就不是菩萨，也不可能成为菩萨。因为其一，他违背了佛的基本观点，以及佛法的真实内涵。佛说众生非众生，众生皆有佛性，众生无差别，众生可以自度而显成性成佛，而此菩萨不明斯理。其二，佛说众生、菩萨、佛三者平等，所谓平等即觉性同比，而此菩萨不了其义。其三，众生成佛，乃自心真性显现，非靠他力所可，而此菩萨想依外力，则此觉不为众生本觉。四者，若存有度众生心，则心存诸相，存相即不能是菩萨，他还在妄想之中，故佛说他还不能称为菩萨，因他尚不具菩萨的清净无为真心。

㉔实无有法，名为菩萨：此中有三层含义，一是无有法可以去觉众生，可以使菩萨赖以修行成菩萨，只要依佛所说法去修自知其理。二是说一切法不生，空寂无一切相，什么涅槃、善恶、凡圣，不见一切法，即是见法，而有正见，又一切了无可见，即是菩萨。三是说，正基于上述两点，所以说，没有什么法，可以使他成为菩萨。如果是真菩萨，则不应该说有法，如认为有法，执于法有，那也不是菩萨。

㉕是故佛说一切法，无我、无人、无众生、无寿者：所以如果说佛在说法，这个法就是没有“我、人、众生、寿”这四相，什么也没有。

㉖菩萨作是言：如果有菩萨这样说。

㉗我当庄严佛土，是不名菩萨：佛土本来无相，何须庄严，常人以庄严为庄严，而如来是以非庄严为庄严，即谓妙庄严。心常清净，不染世缘，即为庄严，虽然说名为庄严，但不可有庄严相，故曰非庄严，也只是一个名称而已。

㉘通达无我法者：通达，明白诸法相无所滞碍，四通八达，但其为无，这为真通达。通达无我法者，能通达学佛成佛的法是无的。

㉙如来说名真是菩萨：如来说，懂得并证悟到这个“无我”境界的人，才真正是菩萨道，才可称其为真菩萨。

魔众拽瓶

《杂宝藏经》言：释迦如来在菩提树下端坐，恶魔波旬想破坏佛，大叫“快离开，若不离开，便捉住你的脚，将你掷至海外”。

佛说：“魔王！世间无人能将我掷至海外。你不过是在前世时造了一寺，受过一天八关斋戒，布施过辟支佛一钵食。因为这些善因，才上生第六天为大魔王。而我广修功德，供养无量诸佛，供养无数声闻缘觉。”

魔王说：“我的事我当然知道。但你自己的功德，谁能作证呢？”

佛指地说：“大地可以作证。”

于是大地六种震动，地神涌出，合掌道：“世尊！我来作证。自有大地以来，我便为地神，故可证明世尊所说不虚。”

佛说：“相信了吧？若还不信，就不妨一试，看你能否拿动我面前的净瓶。”

魔王合八十亿魔众，用尽神力，不能动净瓶分毫，结果颠倒自堕，悉皆败退。

[译文]

这时，须菩提对佛说：“世尊，如有善男善女发誓证得无上正等正觉的境界，他的心念应住于何处，怎么样降服他们杂乱的心性呢？”佛对须菩提说：“如果有这种志向的善男善女，发誓要证得无上正等正觉的境界，应当是这样住心：我使众生脱离苦痛烦恼，都进入清净世界中来。灭度众生以后，应该想无一众生是我灭度的。这是为什么呢？须菩提，若菩萨有我相、人相、众生相、寿者相，那就不是菩萨。什么道理呢？须菩提，实在没有什么佛法来达到无上的正等正觉。须菩提，你的看法是什么呢？如来在燃灯佛那里学佛修持，有什么法得无上正等正觉的菩提智慧吗？”须菩提回答说：“没有，世尊。依我理解如来所讲佛法，如来在燃灯佛那里，没有得到什么法，使如来得无上正等正觉。”佛说：“是这样，是这样。须菩提，实在是没有什么法使我得到无上正等正觉。须菩提，如果说有什么法使如来得无上正等正觉，如果真是这样，燃灯佛就不会给如来作佛的授记，不会说如来在来世一定作佛的，也不会赐给如来释迦牟尼这个佛号了。正因为没有佛法使如来得到无上正等正觉，所以燃灯佛才会为我授记，说：‘你到来世必当成佛，号释迦牟尼。’为什么呢？如来的意思就是无佛法得到，假如有人说如来得了无上正等正觉，须菩提，佛法中，实在没有可得无上正等正觉这类的法。须菩提，如果说如来证得无上正等正觉和智慧成就，那是在无实无虚中开悟的，所以如来说，一切世间法，都可叫它为佛法。须菩提，一切法的说法，都非一切法，因此才叫作一世法。须菩提，就像人身形高大。”须菩提说：“世尊，你说的那个人身形高大，并不是真有那样的人身形高大，所以才叫作人身形高大。”佛接着说：“须菩提，菩萨的道理也是这样，若说：我应当普度众生，那就不是菩萨了。为什么呢？须菩提，实际上没有法理叫作菩萨的。所以佛讲一切法，无我、无人、无众生、无寿者。须菩提，假若菩萨说，本菩萨有庄严佛土，那么就不是菩萨。为什么呢？如来说庄严佛土即是非庄严，所以才叫作庄严。须菩提，假如菩萨能达到无我的佛法，如来说这是真菩萨。”

地神作证

《本行经》言：菩萨以手指地“此地能生长万物，是因它无我相我执，对一切平等。故让大地来证明我所说的话是真实的”。

地神从地下涌出，合掌说道：“您千万亿劫广修功德，平等惠施一切众生利益，我可作证。”

地神言毕，即有三千大千世界大地六种震动，具十八种威力。魔王军众吓得心胆皆裂，自知不能和菩萨抗衡，悉皆退散逃命。象、马、车、兵四种部队溃不成军，纷纷丢下武器、战袍逃窜，或自覆其面，或伏地假死，或走奔深山，或钻于地穴，个个心慌意乱，本性尽失。也有具善根的当即皈依菩萨，请求救护，愿一生奉侍菩萨。

魔王波旬听到大地声后大为恐怖，闷绝倒地，爬起后不辨东西，踉跄而行。此时空中天兵天将此呼彼应，齐道：“不要放走波旬，捉住魔王，一举消灭。”魔王众军闻风丧胆，四处逃窜。

一体同观分第十八

题解

佛祖具备五眼，所以他能看见整个宇宙的过去、现在和未来的一切世界。如来佛说过去的心理、现在的心理和未来的心理，都是无法得到的。一旦你想得到这三界三世众生的心理，那么你就根本无法做得到，然而只要你不把这三界三世的心理当作心理，那么也就能够得到这种心理了。当你与天地宇宙融为一体的时候，也就不会有任何心理上的分别，也就无所不能知而无所不能见了。知与见的前提，就是不知与不见，当然这都是从我们凡夫俗子的角度上来理解的。一旦进入佛的境界，那的确是不可以用语言和逻辑进行思维的。这时所说的，无非是说菩萨心中没有布施的概念，所以才能进行真正的布施；如来心中没有要观照三界三世众生的心理，所以才能进行真正的观照。

[原文]

“须菩提！于意云何？如来有肉眼[①]不？”“如是，世尊！如来有肉眼。”“须菩提，于意云何？如来有天眼[②]不？”“如是，世尊！如来有天眼。”“须菩提！于意云何？如来有慧眼[③]不？”“如是，世尊！如来有慧眼。”“须菩提！于意云何？如来有法眼[④]不？”“如是，世尊，如来有法眼。”“须菩提！于意云何？如来有佛眼[⑤]不？”“如是，世尊！如来有佛眼。”“须菩提！于意云何？如恒河中所有沙，佛说是沙不？”“如是，世尊！如来说是沙。”“须菩提！于意云何？如一恒河中所有沙，有如是沙等恒河[⑥]，是诸恒河所有沙数佛世界[⑦]。如是，宁为多不？”“甚多，世尊！”佛告须菩提：“尔所国土中[⑧]所有众生若干种心，如来悉知[⑨]。何以故？如来说诸心皆为非心[⑩]，是名为心。所以者何？须菩提！过去心不可得，现在心不可得，未来心不可得[⑪]。”

魔子忏悔

《本行经》言：商主看到老父欲阻菩萨修行正果，造下了弥天罪孽，导致人怒天怨、众叛亲离，忙来到菩萨前，以头面礼菩萨足乞求道：

“圣太子慈悲，唯愿听我忏悔：我辈凡愚，见识短浅。我父无端率领魔众，使各种诡计及狠毒、无耻的手段对付菩萨，实为罪过！之前我曾极力劝谏我父，只是我父糊涂，不听劝谏，非要逆天行事，造下罪孽，为天不容。唯愿圣太子恕我父无知，不与计较，小人感恩不尽！祝愿圣太子早日成就无上正等正觉！”

大梵天王、释提桓因及无量诸天见菩萨降伏诸魔，齐声欢呼：“善哉菩萨！”空中奏起微妙天乐，唱起优美歌声，并以天上最珍贵名香和鲜花散于菩萨上空，皆合掌礼敬，齐道：“今此圣子，必证无上正等正觉！”

商主见无量诸天人等护持菩萨，很为老父惭愧，顶礼赞叹而去。

[注释]

①肉眼：佛教名词，五眼之一人人皆有的两只普通眼睛。

②天眼：佛教名词，五眼之一。天眼为天趣之眼。之所以称天眼，是因为此眼普照大千世界能透视远近、黑夜、白天一切诸物以及众生未来生死，可见诸天宫、云雨明暗及日月五星五曜及众生心。

③慧眼：佛教名词，五眼之一。佛教教义说，慧眼是肉眼在修到“二乘”以后才能得到（二乘，缘觉乘、声闻乘），即智慧的力量达到了，才能有慧眼。所谓慧眼，是说其智光常明，可见自性，有般若之智，是悟道后的成就。慧眼能照观诸法皆空，众生慧性深浅，知见众生诸根境界。

④法眼：法眼，佛教名词，五眼之一。法眼是菩萨眼，或可称法身之眼，知一切法，度一切众生，而照见一切法门实相，无形无相，即了知一切法空，可照见法身充遍三界，见一切法无一切法，见一切相无一发相，名为法眼。

⑤佛眼：佛眼，佛教名词，五眼的最高层次，也称“觉眼”。觉是正等正觉的简称，是佛的代名词。佛眼可以遍了一切诸法实相，自性常觉。

⑥有如是沙等恒河：有如同沙子那么多的恒河。

⑦是诸恒河所有沙数佛世界：恒河里有多少沙子，就有多少佛，佛的世界不可胜数。这里的含义是，有多少众生妄念之心，就有多少佛在设教度化，佛是不会忘记众生的。

⑧尔所国土中：国土，在佛教里，国土与世界的含义略有不同。世界包含所有众生，而国土是指人与贤圣所居住的地方，所谓“有情国土”，指有感情的高等动物所依居处。佛教将国土分为四种国土。一般是指凡夫与圣人同居的国土，此国土也分为两种：一种是凡圣同居的阎浮提，称为秽土；一种是凡圣共居，例如弥勒佛所在的兜率天为净土。这里所说国土指这两种。

⑨所有众生若干种心，如来悉知：若干种心，所有众生之心，并不专指人心。心本是不可见，何以佛可观知。因众生心为妄想心，既妄想则必有形相，故可以得知；若寂然如虚空则就观不到。又因佛得五眼、六通，所以既起心念，则佛可悉知无遗。

⑩如来说诸心皆为非心：如来说诸心，因佛教认为心有种种，故说“诸心”。皆为非心，既是“心”又不是“心”。这是因为这个“心”不是指人、动物的心脏，而是指人的肉团心以外的五种心，这种心，是人的意识，即人的思想、心理、意识、意念等精神范畴。这个东西在不断变化，也没有固定的规律、形状，是一种思维现象，所以把“非心”当作“心”。如来在这里说“皆为非心”，就是这个意思。“心”指人的精神、意识。这个心是千奇百怪、千变万化的，而且妄念不停，其心不可得，故曰“非心”，没有妄念、妄心，这才是自性本心，亦即真心。这个真心，既是菩萨心，涅槃心，

菩萨降魔

《本行经》言：菩萨心想，这魔王波旬，不听劝谏，造下罪孽，真是愚痴！故对波旬说：

“我来此菩提树下，为何只将一把草铺成坐垫，就是虑及你心胸狭窄，可能来和我斗争成仇，而今果然如此。但我还是希望能尽早和你平息怨仇，消你心中恶念。假如你是因为我身着粪扫衣、以草为座而心怀妒忌生出怨恨的话，那么，待我成就无上正等正觉后，我将给你答复，愿你心生欢喜。

“魔王波旬，我想你不会仅为此小事，你有更大的阴谋，心中也有誓愿：我等必当使尽各种手段，逼迫菩萨离开此座。但我也有誓愿：我今坐于此座，哪怕我的身体碎散，若不得无上正等正觉，终不离此座。

“魔王波旬，你要是不肯罢休，不妨拭目，看到底谁勇猛，誓愿力强，谁先成就誓愿，我还可以告知你，我有足够的信心成就此誓愿！”

亦称大道心、佛心。

⑪过去心不可得，现在心不可得，未来心不可得：第一，过去心已灭，现在心为虚妄，瞬息万变，未来心尚未生，三世皆空，了不可得。实际这三心等于本来无有，只有缘事才能有心，无事则无心。故说过去、现在、未来心不可得。三世皆空，了不可得。第二，过去、现在、未来三世，若悟得真一之心，即没有这三世心的差别。如果心可灭、可生，那就说明有生有灭，就不是常住真心。既非真心，妄“心”刹那不停，念念生灭，妄心变化，一念生六十二种邪见、九百种烦恼。

[译文]

佛问：“须菩提，你的看法是什么呢？如来有普通的肉眼吗？”须菩提回答：“有，世尊，如来有肉眼。”佛问：“你的看法是什么呢？如来有天眼吗？”须菩提答：“有，世尊，如来有天眼。”佛问：“须菩提，你的看法是什么呢？如来有慧眼吗？”须菩提回答：“有，世尊，如来有慧眼。”佛问：“须菩提，你的看法是什么呢？如来有法眼吗？”须菩提答：“有，世尊，如来有法眼。”佛问：“须菩提，你的看法是什么呢？如来有佛眼吗？”须菩提回答：“有，世尊，如来有佛眼。”佛问须菩提：“你的看法是什么呢？比如说恒河里的沙子，如来说的是沙子吗？”须菩提回答：“是，佛说的是沙子。”佛又问须菩提：“你的看法是什么呢？像这条恒河中所有的沙子一样，也有像这些沙子一样多的恒河，在广阔无垠的虚空世界里，存在着像恒河沙子一样多得数不清的佛土。你看像这个样子，多不多呀？”须菩提回答：“很多，世尊。”佛告诉须菩提：“你所在国土上的一切众生，都有各自不同的心，但是如来完全了解，为什么呢？如来所说的这些心都不是心，所以才叫作心。为什么呢？须菩提，因为过去的心已不能追回，现在的心已经过去，未来的心也无法知道，也不可得。”

成等正觉

《普曜经》言：菩萨坐于菩提树下，成就了正等正觉。于是建大法幢，昭示即将普度三界众生；示现四禅，作为将来学道者修行路径：意以清净，成一禅行；静然守一，成二禅行；以净见真，成三禅行；不依善、不附恶，中外俱净，表里无垢，寂然无变，成四禅行。建立四无量心，行三十七道品，谓之无为度世之道。

菩萨自知已弃恶本，无怒痴、恼断、生死，一切无所欠缺，于明星出时，得无上正真之道，为最正觉。佛十种神力、四无所畏、十八种不共之法，一时俱得。

当时菩萨自念道：以前锭光佛为我授记："将来成佛，号释迦牟尼。"今果得之。然细想来，亦大不易，行六度无极，谓之布施、持戒、忍辱、精进、一心、智慧；行四无量心，谓之慈悲喜舍；常念四恩，养育众生；承事诸佛，积无量德，累劫勤苦，功不唐捐！

法界通化分第十九

题解

如来佛说，如果说幸福和功德是真实的，那么如来就不会说这是真正的福德，因为真正的本相是无法用语言来表达的。因为真理不可说，可说非真理，所以如来佛所说的东西也不是那最真实的根本。可见，再怎么做布施，都不是真正的福德。真正的福德需要真正的觉悟。

[原文]

“须菩提！于意云何？若有人满三千大千世界七宝以用布施，是人以是因缘①，得福多不？”“如是，世尊！此人以是因缘，得福甚多。”“须菩提！若福德有实②，如来不说得福德多；以福德无故，如来说得福德多。”

[注释]

①因缘：佛教名词，产生结果的内在原因和外部条件。

②若福德有实：如果认为真有福德这东西存在的话就否定了“福德”的有。

[译文]

“须菩提，你的看法是什么呢？假若有人用三千大千世界这样多的七种珠宝来做善事布施，他得到的福德因缘多不多？”须菩提回答说：“世尊，他应该是福德因缘很多。”“须菩提，如果认为真有福德这种东西存在的话，如来就不说福德很多了；正因为福德没有真实存在，如来才说他得到的福德很多。”

诸天赞贺

《普曜经》言：欲界天王见如来坐于树下，成等正觉，竖大幢幡，故赞道，"您以无限的仁慈作大医王，救疗众生疾患；您以狮子的威德，为众生作大依怙，解除其怖畏和痛苦；您以圆满的智慧，为众生示正法，超越生老病死之苦海。

"佛法如无边宝盖，普护三界众生。为梵志说清净法，令弃众恶；为比丘说解脱法，除诸愚冥。

"释迦如来具足十力和无边功德法，为我等示现坐于树下。因缘殊胜，我等实为大幸！"

于是净居诸天、梵迦夷天等人及四天王天，虚空大地神天，各烧香散花，竖诸幢幡，供养世尊，偈赞道：

坚固如金刚，志强不可毁。正使肌肉消，骨髓尽无余。若不成佛道，终不起于座。

余等诸天神，咸来得善利。将护三千界，普度诸众生。乃使最尊人，靡所不照明。

我等闻佛音，皆劝助佛道。

离色离相分第二十

题解

如对于佛祖自己来说，或者说是对于那些大乘菩萨来说，他是没有任何形象的。正因为如此，佛祖是不可以用色身来看得见的。因为再好的色身，也是有限的，不可执着的，所以就不是真实的。因此，众生不应该用色身去看待佛祖。

[原文]

“须菩提！于意云何？佛可以具足色身见不①？”“不也，世尊！如来不应以具足色身见。何以故？如来说具足色身，即非具足色身，是名具足色身。”“须菩提！于意云何？如来可以具足诸相②见不？”“不也，世尊！如来不应以具足诸相见。何以故？如来说诸相具足，即非具足，是名诸相具足。”

[注释]

①佛可以具足色身见不：佛，此指一切佛，并不是指释迦牟尼佛自己。具足，佛教术语，所有具备满足没有亏欠。色身，佛“三种身”之一，“三种身”也称“三身”“三佛”。

②具足诸相：因为佛有三十二相、八十种好。佛身魁伟、殊妙，这是他与生俱来的大丈夫相，又修成法身、报身、应身，这些就构成了佛身“诸相”，但既言“诸相具足”就不仅仅是眼所见的形相、色相，这只能说是外表的相，还应该包括佛的神通变现之相。

[译文]

“须菩提，你的看法是什么呢？佛能以圆满无亏的肉身色相见到吗？”须菩提回答说：“不可以，世尊，不可以圆满无亏的肉身色相见如来。为什么呢？因为如来说所谓圆满无亏的肉身色相，不是圆满无亏的肉身色相，只是假名圆满无亏的肉身色相。”接着佛又问：“须菩提，你的看法是什么呢？如来可以通过各种圆满无亏的色相来见佛吗？”须菩提回答说：“不可以，世尊，不应以各种圆满无亏的色相去见佛。为什么呢？各种色相圆满无亏，本就不是圆满无亏，只是假名圆满无亏。”

华严大法

《华严经》言：佛在摩竭提国阿兰若法菩提场中，始成正觉。当时十方世界有微尘数菩萨，全为已证十住、十行、十回向、十地等觉果位的法身大士，以及宿世大乘根熟的众生、天龙八部，全部云集而来，亲近于世尊，一心一意瞻仰。

于是如来在最初三七日，现卢舍那身，为诸大乘菩萨讲说圆满大法《华严经》。此经名叫顿教，共有七处九会三十九品。

佛成道后对于度化众生，也有先后顺序。现以日光为例，当日出时，光明先照射高山，次照射幽谷，然后普照一切大地。但山又有高下，所以照也有先后。如来出现于世间，成就了无量无边智光，而度化众生也是如此。先度化菩萨，接着度化缘觉，再接着度化声闻，再接着度化善根已经成熟的众生，最后普遍度化所有众生。

非说所说分第二十一

题解

从如来佛的角度来说，他是从来也不会有什么念头说自己要去讲什么佛法或者大道的。所以，众生也不要想着说什么佛祖在说法的念头。一旦有人说佛祖在说法了，那就是在诽谤佛祖了，根本没有理解佛祖所讲经的意思。

因为在佛的境界中，是无法用什么方法都不能进行描述和讲说的，所以从佛的角度上说，佛祖的确什么也没有说。

[原文]

“须菩提！汝勿谓如来作是念①：我当有所说法②。莫作是念！何以故？若人言如来有所说法，即为谤佛③，不能解我所说故④。须菩提！说法者，无法可说，是名说法⑤。”尔时，慧命须菩提白佛言⑥：“世尊！颇有众生于未来世闻说是法，生信心不⑦？”佛言：“须菩提！彼非众生，非不众生⑧。何以故？须菩提！众生众生者，如来说非众生，是名众生⑨。”

[注释]

①汝勿谓如来作是念：你不要有我有说法的想法。

②我当有所说法：以为我在说法。

③谤佛：诽谤佛。

④不能解我所说故：不理解我讲话的道理缘由。知其然而不知其所以然，所以才认为我在说法。

⑤说法者，无法可说，是名说法：说法，是佛教专用术语，即传法之意。无法可说，是说要不著于相，心无所住，这样就无乖于法。所以佛说，“说法者，无法可说，是名说法”，真性无法可说，真性就是真性，见真性就可成佛。

⑥慧命须菩提：慧命，是佛教名词，只有修到“法身”地位的人才可以称“慧命”。慧是以德言，指其慧德超众。命，是以寿命言，指其年事高长。慧命，是言其有天命之性，是长者的异名。慧命的另一含义是，须菩提已

顿制大戒

《梵网经》言：当时，卢舍那佛坐于千叶莲花上，告千花台上释迦佛，说心地中金刚宝戒。所有诸佛、菩萨皆以此戒为本源，众生皆有佛性，而佛性种子亦在此戒，要因持戒，然后佛性方见。

故释迦牟尼佛初成正觉不久，第一要务就是制定菩萨大戒。而菩萨戒的主要精神在于孝顺父母，尊敬师僧，尊重三宝。能做到这些自然不至于为非作歹，并能断恶行善，故说孝名为戒，亦名制止。依此孝道而行，可至无上菩提大道。

为使人们认识到戒律之重要，佛为诸大众说一切诸佛大乘戒。佛告诸菩萨说："汝等一切发心菩萨，既为佛子，即当受持戒律。若有人发心要受佛戒，不管他是何人，只要能听懂法师的话，皆可受戒。

"菩萨戒最重要的有十条，还有重要性稍次的四十八条。凡是受过佛戒的弟子们，都要敬心奉持。"

达佛智海入深法门，悟慧无生及本觉之命不去不来，明其是位。

⑦颇有众生于未来世闻说是法，生信心不：会不会将来可能有些众生，听您这么一说没有法、什么也没有，就没有信心了。

⑧彼非众生，非不众生：所谓众生，根本就没有众生，也不要有众生这个观念。所谓没有众生，在佛看来，众生、佛、菩萨同源而一律平等，故说非众生是因为众生本来具有真一之性，都是佛，都可以成佛。非不众生，前说“非众生”，没有众生，接着肯定有众生。前者恐菩萨等认为众生实有，矮看了众生，此处肯定其有，是说凡不入佛法，不了佛道、佛理，不离众生妄念者就是众生，故说“非不众生”。

⑨如来说非众生，是名众生：此佛自言，佛恐怕听法之人误认为实有众生，故说“非众生”。因非实有，只是虚名而已，故说“是名众生”。

[译文]

“须菩提，你不要对如来有这样的想法：我应当有所说法。不要有这种念头。为什么呢？如果有人说如来是在说法，就是对佛的诽谤，因为他完全没有理解如来佛法的缘由。须菩提，所谓说法，本来无法可说，所以才是说法。”这时，智慧的须菩提对佛说：“世尊，在未来世，可能有些众生，听到你说，根本没法可说的说法，恐怕就没有信心了，该怎么办呢？”佛说：“须菩提，他们既不是众生，又非不是众生。为什么？须菩提，一切被称为‘众生众生’的都不是众生，只是假名众生罢了。”

观菩提树

《大庄严经》言：世尊初成正觉时，无量诸天悉称赞如来功德。世尊坐于菩提树下，入深禅定，以禅悦为食，无饥无渴，不起于座。

经过七日，欲界、色界上的诸天子皆捧宝瓶，盛香水，至佛住处，恭敬顶拜，请如来澡浴。世尊受请。浴毕，诸天子各以天妙衣服，烧天妙香，散天妙花供养。并有无数天龙八部、鬼神人等，取如来澡浴之水，以洒自身，遂生道念。诸天子等将所余之水带回天宫，依然香气不灭，且所感全为佛之香味。

有一天子普花，向佛顶礼后问道："世尊于七日中结跏趺坐，而身心不动，这是住于何种大定？"佛说："此为喜悦三昧。如来常以此为食而住。最初七日，结跏坐观菩提树，不起于座，立志断除生老病死故。第二七日周匝经行三千大千世界，至第三七日观菩提场，终得以断除生死，成就佛道。"

无法可得分第二十二

题解

如佛祖说，对于无上正等正觉，他是没有法理可得的。这是从佛的角度来说的，因为他一旦见到有法理可得，他也就不是什么佛祖了。对于众生来说，毕竟渡河还需要渡船，所以还得建立一个无上正等正觉的名目来，让众生有所依托，这是从众生的角度上看的。众生的角度是片面的、有限的、虚假的；佛祖的角度是全面的、无限的、真实的。

[原文]

须菩提白佛言：“世尊！佛得阿耨（nòu）多罗三藐（miǎo）三菩提，为无所得耶①？”

佛言：“如是，如是！须菩提！我于阿耨多罗三藐三菩提，乃至无有少法可得②，是名阿耨多罗三藐三菩提。”

[注释]

①为无所得耶：这是须菩提问佛的话，得无上正等正觉之中，也无少法可得，性中无法，故所谓无上正等正觉也只是说名而已。妙性之中无有所得，则荡然空空。因为佛性无法无形，既非相求可得，也不是用言语说者可以求得到的，故说，佛得无上菩提，是无所得。这个“耶”字不是疑问之词，这是须菩提有了很深的开悟而感叹的口气。这段经文是须菩提自己悟到的道理，是须菩提借用这口气，说出来他自己所得的境界。

②乃至无有少法可得：此品的经文与第七品中所讲的教义相同。在阿耨多罗三藐三菩提中，哪怕那么一点点法，也没有得，什么都没有得，少得则为著相。妙性本空，无法可说，所以无法可求，如以形相言语求佛法，就是贪恋有相，为法所束缚。所以佛这里讲的是万不要得法，有法可得，就是求形著相，无法可得，心地清净空空，见如不见，闻如不闻，才为解脱，也才可以得无上正等正觉。

龙宫入定

《本行经》言：一日世尊至摩利支处，经行已，跏趺而坐。

有迦罗龙王及目真邻陀龙王来到佛所，对佛说："我此宫殿，昔日曾布施诸佛，诸佛也都曾住过此殿。今世尊来，也请接受我宫殿，为怜惜我，在此小住。"佛受请，即入其中跏趺而坐，七日不起。

此七日中，天气寒冷。诸龙王从宫殿出，以七身围绕拥蔽佛身，又以七头垂世尊顶上，作大盖巍然而住，念道："莫让世尊身体受寒冷、风尘、诸虫侵袭。"

七日过，如来起，时龙王化作年少婆罗门身，至佛前，顶礼道："我以龙身绕佛七匝、七头覆世尊上，并非恐怖娆乱，而是怕寒冷、风尘、诸虫侵袭世尊贵体。"佛说："难得你如此善心，我今为你传授三皈、五戒。"于是，龙王即从佛所，受三皈依、五戒。故世间最初受三皈、五戒而得度的是迦罗龙王和目真邻陀龙王。

[译文]

须菩提对佛说："世尊，佛证得大彻大悟无上正等正觉，是没有得到什么法吗？"

佛说："是这样，是这样。须菩提，我证大彻大悟无上正等正觉之时，什么法都没得到，即使是那么一点点的所谓法也没有。正因为什么法也没有，所以才能叫证得大彻大悟正等正觉。"

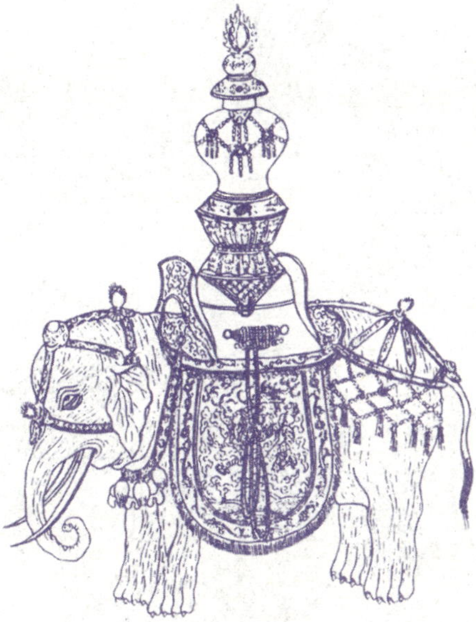

林间宴坐

《本行经》言：世尊在龙宫中禅坐，七日后，从定而起。

有一天子，能于身上放出大色光明，于夜半时，照彼尼拘陀树明如白昼。他来到佛所，顶礼佛足后说："我以前是一牧羊人，世尊为菩萨时，在林中修行，是我以乳汁供养世尊，并折尼拘陀树枝，插在世尊身旁作阴凉。因这些善根福业，我命终后得生三十三天，为大福德威力天子。我能有此果报，乃受惠于世尊。世尊今已证得无上菩提，而之前树枝也已成大树。为纪念此因缘，愿世尊怜悯，再次到往日的尼拘陀树下跏趺而坐，受彼树荫。"

世尊受请，至尼拘陀树下，入定七日不动。七日后，正念正知，从三昧起，对天子说："你既和佛有缘，可来从我受三皈、五戒，以后当得更大安乐果报。"

天子即从佛受三皈、五戒，于是便成为了天上最先受三皈、五戒的优婆塞。

净心行善分第二十三

题解

佛祖说：“所有的法相都是平等的，没有高下的分别，这种境界就是无上正等正说的境界。”对于世间之人来说，只要没有四相的执着，放弃了一切概念，去修行一切微妙的善良法门，就会得到那无上正等正觉。这里所说的善良法门，从如来佛的角度来说，就不是什么善良的法门。说是善良的法门，那是从人的角度上说的。所以，修行的时候，不妨有那正等正觉的概念。到了那关键时刻，却是万万不能有任何正等正觉的概念的。也就是说，要得什么，就不能去想什么。不去想什么了，就什么也都得到了。这就是真正佛法的不可思议处。

[原文]

复次：“须菩提！是法平等[1]，无有高下，是名阿耨(nòu)多罗三藐(miǎo)三菩提。以无我、无人、无众生、无寿者，修一切善法[2]，即得阿耨多罗三藐三菩提。须菩提！所言善法者，如来说即非善法[3]，是名善法。”

[注释]

①是法平等：是法，所有法，有多少流派，就有多少法“平等”，凡可以为法之法，都平等。有多少佛，就有多少法，佛与佛等，法与法等，佛即法，法即佛，故皆等。

②善法：佛教名词，一般指“五戒”“十善”等。

③如来说即非善法：善法，开悟众生，是教发心修者，应坚持不懈，不生疑惑懈怠心，故说常修善法，使修者众生开悟真性，不著法相，无取舍憎爱心，平等无事，故而又说非善法，是名善法，善法只是个虚名而已。

[译文]

再者说：“须菩提，佛法讲究平等，没有什么高下之分，所以说是大彻大悟正等正觉的智慧法。最重要的是，无我相、无人相、无众生相、无寿者相，修一切善法，达到大彻大悟正等正觉的成佛的境界，得到觉悟的佛果。须菩提，如来所说善法，是非善法，只是假名为善法。”

四王献钵

《本行经》言：一日，世尊至乳汁林，有人要以食物供养。世尊想，当以何器受食？

此时，四天王从四方来，持四金钵奉于世尊，世尊不受，因出家人不当用此贵重之钵。四天王便换成四银钵奉上，世尊亦不受。复换成四颇梨钵、四琉璃钵等，世尊皆不受。

北方毗沙门天王对余三位天王说："以前青色诸天曾奉献我等四石钵，言可以此受食，有另有一天子言：'仁等慎勿以此受食，宜供养。将来有佛出世，号释迦牟尼，仁等可将此钵奉予。'"

于是四天王速回宫，各执石钵，盛满天花，来到佛所，共将四钵奉佛。

世尊心想："这四位天王净心奉我四钵，但出家人只应受一钵。若受一人钵，余三人未免不乐。"于是将四天王所献之钵叠在一起，安放于左手之上，然后右手用神通力，便将四钵合成一钵，不但坚牢，且四际分明。

福智无比分第二十四

题解

布施再多，行善积德再多，都是属于有限的概念所能够涵盖的。做得再多，对于彻底的解脱与觉悟来说，也是没有用处的。因为布施与觉悟没有关系，行善与解脱也没有关系。并不是说，你做得好事多了，你就一定能够觉悟；或者说你布施得多了，就能够使你得到解脱。只有真正明白了宇宙的真理，才能得到觉悟而成佛做祖。

[原文]

“须菩提！若三千大千世界中所有诸须弥山王，如是等七宝聚①，有人持用布施。若人以此《般若(bō rě)波罗蜜经》乃至四句偈(jì)等②，受持、读诵，为他人说，于前福德百分不及一，百千万亿分，乃至算数譬(pì)喻所不能及。”

[注释]

①如是等七宝聚：把等于须弥山那么多的七宝，集合起来，用以布施。

②以此《般若波罗蜜经》：般若深法，浩浩荡荡，空慧奥义，不可穷究，廓无涯际，深不可测，然而，一部《金刚经》妙理尽显，空寂无相，湛然常住，其义已明，故佛说“以此《般若波罗蜜经》”。只要持此《金刚经》，即达佛性。修行此波罗蜜，正为得无我空观，了却妄念而见真性，从而得无生法忍，远离虚妄三毒，人法三空，除离六尘污秽，而得真常，此即修《波罗蜜经》的行果。

[译文]

佛说：“须菩提，如果有人把三千大千世界中的七种珍宝，全部聚到一块儿，跟须弥山一样高，用这么多的珍宝去布施。如果有人对这部《般若波罗蜜经》乃至四句偈等，坚持读诵，为他人解说，前者福德不及后者的百分之一，甚至百千万亿分之一，以至于连算术数字和比喻也无法说清楚的无数分之一。”

二商奉食

《本行经》言：世尊于乳汁林中禅坐，经四十九日不食。

北天竺有二商主，从中天竺运载五百牛车货物归。至乳汁林外不远处，所有车牛忽然全都驻足不前，二商主各持鞭抽打，仍不肯行。二商主心惊，合掌祝告。

守林神现身对商主说："你等无须害怕。此处有佛，始成正觉，于此林中禅坐，四十九日不曾进食。你等宜将炒食供养，可得安乐大利。"

二商主当即将面粉加酪蜜做成面包，奉于世尊，顶礼佛足说："愿世尊怜悯我等，受此清净面食。"世尊便以天王所奉石钵，盛商主所献食，为施主咒愿，然后如法而食。

食毕，对二商主说："难得你等有此善根！可从我受三皈依、五戒，当令你等今生他世得安乐果报，获大善利。"

二商主遂于佛前共受三皈、五戒。于是人间最早受三皈、五戒成为优婆塞的便是此二商主。

化无所化分第二十五

题解

从众生的角度来看，如来说法布道的目的就是为了普度四生六道里的众生，因此佛祖会有那普度众生的念头。但从佛祖的角度说，他什么念头也没有，自然也就没有什么众生得到他的普度了。因为一旦有了众生被佛祖所度化，那么这如来便立即著于了我、人、众生与寿者的四相。

如来对人们所说的有我，也只是一种假名而已，并不是说真正地有我。但是那些凡夫俗子却一定执着于有我，什么事情都想去努力拼搏一番。即使是这些凡夫俗子，佛祖也说他们不是凡夫俗子，在他的眼里是没有凡夫与佛祖的区别的。说是凡夫，也是从语言上设立的一个假名而已。

[原文]

“须菩提！于意云何？汝等勿谓如来作是念：我当度众生。须菩提！莫作是念①。何以故？实无有众生如来度者②。若有众生如来度者，如来即有我、人、众生、寿者③。须菩提！如来说有我者，即非有我④，而凡夫之人以为有我⑤。须菩提！凡夫者，如来说即非凡夫，是名凡夫。”

[注释]

①我当度众生。须菩提！莫作是念：我，指佛，或菩萨。我没有度众生的念头，如来虽讲经说法，目的是普度众生，解脱众生的苦厄，但心里不执着这样的念头，所以有言，平等真法界，佛不度众生。

②实无有众生如来度者：实在没有一个众生需要佛去度。一切众生起无量无边烦恼，又生一切善恶凡圣等谬见，有取舍分别之心，迷其情也迷菩提真性，佛出于世，乃教令众生觉悟，降六尘贼，断三途苦，除去人我。

③如来即有我、人、众生、寿者：如来要有度众生的念头，也会著“四相”，即与凡夫一样了。

④如来说有我者，即非有我：如来说有我，并非真有我，是假借以说我，

梵天劝请

《方广大庄严经》言：如来成正觉后的最初一段时间，常于林中独坐，深入禅定。

大梵天王率六十八亿梵众，至佛所，向佛顶礼请求："世尊！如来当时立志，为了度化众生出家而求无上正等正觉，今得成佛。愿世尊不违本誓，为哀悯众生而转法轮。"

此时世尊以慧眼察世间，想道：我今若将所证大法为人演说，他们无法了知，空费口舌。当静待机缘。

大梵天王见世尊不语，又邀请帝释天王及三十三天天众，一并礼请如来转法轮。

佛便对梵王说："我非不想以正法度化众生，只是我所证为微妙之法，决非凡夫思惟所能解。故我暂且默然，待因缘成熟。"

又一日，大梵天王看到摩伽陀国许多修行者执着于邪知邪见，修无益苦行，于是便又来求佛度化。世尊以佛眼察看，见众生中实具上、中、下三等根机，起大悲心，决定转法轮。

所以后面否定有我，若有我，即是凡夫。说破有我，正是达到无我。

⑤而凡夫之人以为有我：凡夫，佛教名词，凡夫是相对于圣贤而言。凡夫有三义：一是相对于断惑证理的圣者，而称凡夫。二者，凡是平常义。三者，指其庶类众多，即众多的平常人。此句说“凡夫之人以为有我”即是执于我见、身见的人四相。有“我者”，都名凡夫。无我者，即名圣贤。

[译文]

“须菩提，你的看法是什么呢？你们对如来不要有这样的想法：我应当度化众生。须菩提，不要有这种想法，为什么呢？因为没有众生需要如来来度化。假如如来要有众生需要去度化，那如来就著了我相、人相、众生相、寿者相。须菩提，如来说有我，并非真有我，然而，凡夫俗子却认为的确有我。须菩提，凡夫俗子，就是如来所说的不是凡夫俗子，仅是假名凡夫罢了。”

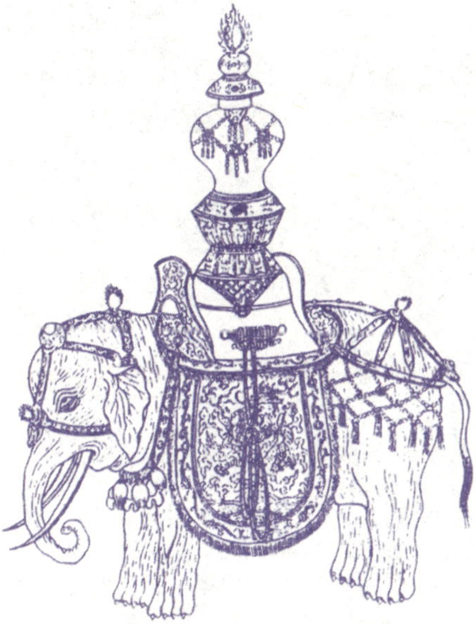

转妙法轮

《因果经》言：世尊决定转法轮，故来到波罗奈国鹿野苑中。昔日王师大臣所遣憍陈如等五人也正止住于此。五人遥见佛来，各礼拜奉迎。

世尊知五人得度机缘已熟，便对他们说："你等当知，人生种种苦，皆以'我'为本。惜众生不知苦之根本，导致轮回于生死中。当知人生'苦'难，皆由己起惑造业招'集'；想'灭'绝这些苦难，须修行正'道'。故苦应知，集当断，灭应证，道当修。"

世尊详细讲解四圣谛，五人皆见道迹，遂求出家。世尊唤道："善来比丘！"五人即成沙门。

佛又为五比丘讲五蕴"无常、苦、空、无我"之道，五比丘闻已，尽解惑意，证阿罗汉果。

此时，地神欢唱："如来今日于此转妙法轮！"

于是世间始有三宝：如来大圣为佛宝，四谛法轮为法宝，五阿罗汉为僧宝。世间三宝具足，为人天第一福田。

法身非相分第二十六

题解

如来只是一种境界，决不会有我们人间所能够看见的形象。我们一旦把佛限制成了我们自己的形象，那么也就无法达到那种真正的境界了。佛无形象，因而任何执着都不能成佛。所有见到有形有象的佛，都是幻觉。因为行正道的人是根本见不到佛的形象的，佛的形象是随顺自然而变化，无形无相的。

这一章最关键的地方在于，须菩提回答的角度，是站在凡夫俗子的角度上。而佛祖所说的是站在了佛的角度上，讲的是法身，不是现实中的肉身。须菩提说的是肉身，佛祖讲的是法身。角度不同，所描述的对象也不同，得到的结果自然也不会相同。但有一点是一样的，要想成佛，那就得站在佛的角度上看问题，法身是没有形象的。

[原文]

“须菩提！于意云何？可以三十二相观如来不①？”须菩提言：“如是，如是！以三十二相观如来②。”佛言：“须菩提！若以三十二相观如来者，转轮圣王即是如来③。”须菩提白佛言：“世尊！如我解佛所说义，不应以三十二相观如来④。”尔时，世尊而说偈言：“若以色见我，以音声求我⑤，是人行邪道⑥，不能见如来。”

[注释]

①可以三十二相观如来不：能用三十二相观佛智慧吗？“三十二相”，即如来佛三十二种相特点。

②以三十二相观如来：这个回答有两层意思：一是疑惑众生是有，可以借他观如来身而成圣；二者说，法身不无，可以妙相而见妙。

③转轮圣王即是如来：转轮圣王，又称“转轮王”“转轮圣帝”“轮王”等，是古印度传说中的“圣王”，因手执轮宝而得名。据称，此王即位后，感应于天，而得轮宝（类似战车，但是在脚下），他转动轮宝，即可降伏四方，而且可以飞行空中，所以又称“飞行皇帝”。

度富楼那

《佛本行集经》言：迦毗罗卫国都城附近，有一大婆罗门，曾为净饭王做过国师，其家财产无数。其子名富楼那，聪明绝顶，对最有权威的名著经典，皆能通达明记，并为人解说。富楼那和悉达多太子同日出生，性情也甚为相似。

悉达多太子出家之日，富楼那也和其朋友三十人，前往雪山求道。

世尊在鹿野苑中为诸比丘及天人说法时，富楼那以天眼见及，便对朋友说："你等可随我到鹿野苑亲近世尊修习。"于是，同其朋友，自雪山下而至世尊所，顶礼佛足，乞求出家。

佛说："当随你意。"

富楼那既得出家，又乞受戒法。为求得无上正真之道，恒于空闲处，用心行持，勇猛精进，未曾放逸。时日不久，便断尽烦恼、得解脱，成阿罗汉，且辩才无碍，悉能成办利益众生大事。

佛告诸比丘："诸说法人中，富楼那最为第一！"

④不应以三十二相观如来：佛这里肯定地告诉须菩提“不应以三十二相观如来”，从正面否定了执有“住相”的修法。须菩提是大阿罗汉，所悟很深，佛提此事，是遣除其细惑，也使后世众生不生谬见。须菩提虽然智慧很高，但终归智不如佛，所以在对佛的问题上，他吃不太准。

⑤若以色见我，以音声求我：是说凡是音、声、色相，都产生在自己之心，因为心有分别，所以才分音声、色、相种种境界。第二是说，佛身乃法身，法身非色、非相，非可以耳闻，如果能有色、有相，又可以耳闻音声，那不是佛的法身，不是佛的真身。

⑥是人行邪道：以色相求佛，以声音等求入佛性，是以相求佛，都不是正法修行之道。因法身无色相，不可见，佛之法身，也不可以耳闻，若可见闻皆非法身，故说可见可闻为邪道。

[译文]

“须菩提，你的看法是什么呢？可以凭佛的三十二相来观如来吗？”须菩提回答说：“是这样，是这样，可以用三十二相观如来。”佛说：“须菩提，若能用三十二相观如来，那转轮圣王，就是如来佛了，因为转轮圣王的色相也具三十二相。”须菩提对佛说：“世尊，如果让我来理解佛所说的话，不应以三十二相来见如来。”当时，世尊说了几句偈语：

“若想凭色相见我，若以声音寻求我，此人修行邪魔道，必不能证见如来。”

仙人求度

《本行经》言：阿般提国有一巨富婆罗门，姓大迦旃延，生有二子。长子游历他国，学成归家，众人皆尊为上座；第二子名那罗陀，聪慧胜其兄，一闻即能通解。其父当面考核，皆通达无误。

长兄闻弟胜于己，心生恶念，欲害之。其父觉，即带那罗陀拜阿私陀仙人为师，不久即获得四禅，具五神通。

仙人命终后，世间名闻利养尽归那罗陀。那罗陀因贪恋，遂失正念。

一日，金齐夜叉王对伊罗钵龙王、商佉龙王说："今旷野城中流传偈文：'在于何自在，染着名为染，彼云何清净？云何得痴名？痴人何故迷？云何名智人？何会别离已，名曰尽因缘。'"

龙王至那罗陀仙所，问此偈义。那罗陀不得其解，只好至佛所请教。佛即为开解。那罗陀听后当下向佛乞求出家。

佛说："入我法中，修于梵行。"那罗陀即出家为沙门。

无断无灭分第二十七

题解

宇宙无相，法身也是无相的，这是因为在我们众生的眼里是无法真正认识宇宙或者法身的。但却并不会因此而说没有了法身或者宇宙，只是我们众生无法真正地认识它们罢了。

如来佛真正觉悟了宇宙的真理，那真理是存在的。但生活在其中的人，却是无法对那个真理进行描述的。只是语言上的遗憾，并不能说真实的不存在。这就是说那些真正地发下了追求无上正等正觉心愿的人，是不应该讲佛法与真理是不存在的，不应该讲什么断灭相的。只有进入真理的人，才会体味到法的滋味，但却还是不能用语言进行描述的。这就叫作只可意会而不可言传。

[原文]

“须菩提！汝若作是念：如来不以具足相故[①]得阿耨(nòu)多罗三藐(miǎo)三菩提。须菩提！莫作是念：如来不以具足相故得阿耨多罗三藐三菩提[②]。须菩提！汝若作是念，发阿耨多罗三藐三菩提心者，说诸法断灭。莫作是念[③]！何以故？发阿耨多罗三藐三菩提心者，于法不说断灭相[④]。”

[注释]

①如来不以具足相故：这里的相，是功德之义，指所有法之功德具足相。学佛入道必须功德圆满诸法具足，佛前面否定有外观相，也否定执着于法相，佛唯恐须菩提等生出误会，以为既无，则一切无。这种看法不对，修道固然不能泥执于法相，但未悟之前，是需要法的，所以欲发求无上正等正觉真性之心者，必须依佛法修行，而且学佛要诸法具足圆满。

②如来不以具足相故得阿耨多罗三藐三菩提：如来不具足诸法，就证得无上正等正觉的阿耨多罗三藐三菩提。

③诸法断灭，莫作是念：诸法断灭，什么法都断灭，一切全断之灭之。“诸法断灭”与标题的“无断无灭”是一个问题的两种说法。“无断无灭”是从正面说，“诸法断灭”是否定的反问说。佛众告诉人不要认为“诸法断灭”。“莫

耶舍得度

《因果经》言：有一长者子，名耶舍，聪明有辩才，厌离五欲。

一天夜半，耶舍见鹿野苑上空大放光明，便径往鹿野苑，见佛三十二相、八十种好，道：“愿世尊救济我。”

佛为其说法：“可知‘色、受、想、行、识，无常、苦、空、无我’？”耶舍闻此，即远尘离垢，得法眼净，答：“愿世尊许我出家。”佛说：“善来比丘！”耶舍即成为沙门。

耶舍父不见耶舍，沿路寻找至佛所。佛以神力隐耶舍身，对其父说：“可知‘色、受、想、行、识，无常、苦、空、无我’？”耶舍父闻此，也远尘离垢，得法眼净。

佛又问道：“何至此？”答：“为寻子。”佛即令其父子相见。父大欢喜，于佛前受三皈依，成优婆塞。

耶舍有朋友五十人，闻耶舍已出家，齐至佛所，愿求出家。如来为其说法，各得法眼净。佛言：“善来比丘！”即成沙门。至此始有五十六阿罗汉。

作是念”，你不要有这个念头。

④断灭相：断灭，断绝、死灭。佛教称其为“断见”或“断灭见”，是二边见（即或者为有，或者为无灭的两种偏执见）之一，五恶见之二，“断见”即固执于人之身心，断灭而不再续生的妄见，也称无见。属于凡夫之见。

[译文]

“须菩提，你若这样想：如来不是凭身相圆满无亏的缘故而成无上正等正觉。须菩提，你一定不要这么想：如来不是凭身相圆满而成无上正等正觉的。须菩提，你若这样想，发了无上正等正觉心愿的人，就会说所有的法理都是断绝灭亡的。不要这样想！为什么呢？发了无上正等正觉心愿的人，对于法理是不说断绝灭亡的色相的。”

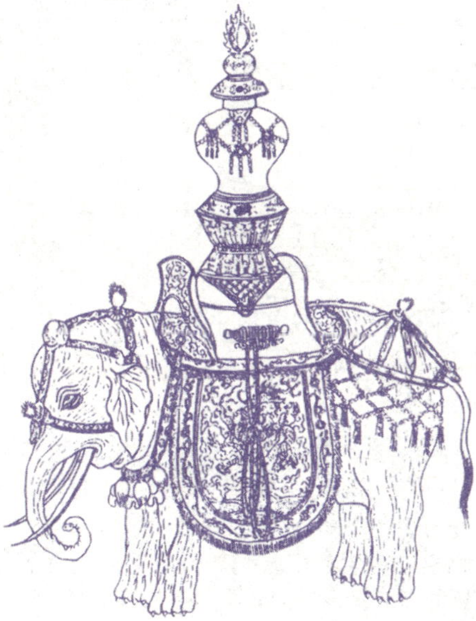

船师悔责

《本行经》言：一日世尊安详徐步，至恒河岸边，值河水暴涨，水深流急。

世尊要渡河，对船师说："烦你渡我过河。"船师说："这自然可以，但你需付我渡河费。"世尊说："出家人，弃一切财宝，视钱财如瓦石。实在没有渡河费。"船师说："既然无钱，就别指望我渡你过河。"

世尊忽见一群雁鸟，向北面飞过，便说偈道："诸雁群党渡恒河，不曾问彼船师价；各运自身出己力，飞空自在随所之。我介应当以神通，腾空翱翔犹彼雁；若至恒河水南岸，安隐定住如须弥。"说完，腾空而过。

船师见佛转眼过彼岸，大悔道："今幸遇大圣福田，却不曾发心渡至彼岸。错过功德福田，岂不可惜！"言毕，闷倒在地，良久方醒，往摩伽陀国向频头王奏知此事。

王闻此事，便下令："自今日起，凡出家人求渡河者，不得索取渡钱。"

不受不贪分第二十八

题解

真正的菩萨是不追求福德的，所谓的福德都是有限的。菩萨的实质，就是于法不住于相，布施而不求福报，所以任何福报对于他们来说是没有任何意义的。说他们得福德多，也只是世人眼中的事情。也就是说，一旦心里有那福德的想法，也就只能是一个世间的凡夫俗子而已。

[原文]

“须菩提！若菩萨以满恒河沙等世界七宝，持用布施①，若复有人知一切法无我②，得成于忍③，此菩萨胜前菩萨所得功德。何以故？须菩提！以诸菩萨不受福德故④。”须菩提白佛言：“世尊！云何菩萨不受福德⑤？”“须菩提！菩萨所作福德，不应贪著⑥，是故说不受福德。”

[注释]

①若菩萨以满恒河沙等世界七宝，持用布施：有这样的菩萨，用像恒河沙子那样多的七宝去做功德善事。

②知一切法无我：在佛教文献中，“法”有三种用法。一指佛的教法，或称佛法。二指一切法，所谓一切法，包括过去、现在、未来三世诸佛之法，这里佛讲的“一切法”，就是这个意思。三特指某一事，如“色法”“心法”“世间法”“出世法”，小乘部有五位七十五法，大乘讲五位百法，同理，人间有八万四千苦恼，佛就有八万四千法门，去对治，即对症下药，其他仙道、魔道、各种样的教派都是法。“我”，佛教将“我”作为名词用，是转义过来的，“我”指“生命”“自己”或“身体”，因此这个“我”具有“实在的固执性”。“法无我”不是没有法，而是在一切法中，不著我相，不著法相，否定自我，决不执着于“有我”的各种境界，这是学佛悟道的关键。

③得成于忍：一切成就得之于一个“忍”字。得成于忍，因其既知人法无我，一切万法本来不生，法我执不生，故能得成于忍。此胜七宝布施菩萨之福德。忍，即对自心觉知与外六尘之忍耐。

降伏火龙

《因果经》言：一日，世尊想，优楼频螺迦叶兄弟三人，聪明易悟，然亦傲慢难摧伏。我当往而度之，于是至迦叶住处。

至暮，佛向迦叶借石室寄住。迦叶说："石室中有毒龙，性凶暴，恐遭伤害。"佛说："不相干，你肯借就行了。"迦叶说："你若不怕，就请住进去吧。"佛便入石室，结跏趺坐。

毒龙见有人，即全身出烟，世尊即入火光三昧。毒龙心转盛怒，身中出火，焚烧石室。世尊身心不动。

迦叶夜起，见石室内尽是烟火，想及佛，心中不忍，就速令弟子以水灭火。然火却愈发炽盛。

而世尊在室内早已降伏毒龙，置于钵中。天明，世尊持钵出，迦叶师徒俱来问："昨夜龙火猛烈，尊者可否受伤？"世尊说："我内心清净，不受任何外灾。室中毒龙，已在钵中。"

迦叶师徒见世尊降伏毒龙，俱赞叹不已。

④以诸菩萨不受福德故：菩萨的行道，普度众生，不是以求世间福德之心去做的，也不享世间富贵，所以也不想求福德的果报，只是积福德于虚空而已。积于虚空愈久而不已，即可直于成佛，所以成佛的人福德无边广大，佛所以被称为“两足尊”，就指福与慧这两者皆足而为人所尊。

⑤云何菩萨不受福德：为什么菩萨就可以不受福德果报？因菩萨不贪不受世间福德果报，菩萨所作福德不为自己，只为利益一切众生，此即是无所住心，无住心即无贪著，故说不受福德。

⑥不应贪著：菩萨不是不做福德，而是做了福德不能贪受福德。

[译文]

“须菩提，假如有菩萨用恒河沙一样多的珍宝，去做功德善事，去布施，如果再有这样的一个人通达一切法无我，而这个无我的境界，来源于忍，这个菩萨的功德是远胜于前面所说的菩萨布施的功德的。为什么呢？须菩提，因为所有菩萨是不应接受福德果报的。”须菩提对佛说：“世尊，为什么菩萨就不应追求福德果报呢？”佛说：“须菩提，菩萨是应该不断积累福德，但菩萨的本份是行善救世的，所做的事，也理当如此。如果怀着有求福德果报的心理去做事，那就混同世俗凡夫了，所以不应贪欲贪受，因此说菩萨‘不受福德’。”

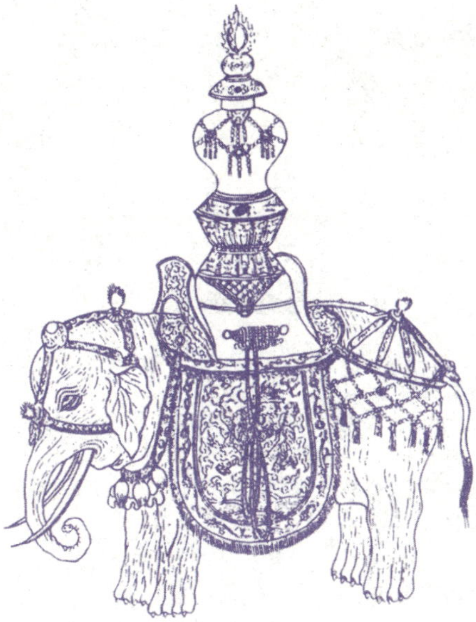

急流分断

《普曜经》言：一日，世尊至尼连禅河边，这时河水泛滥，水流迅疾。佛走入水中，河水即在佛左右两边分开，中间出现一条大道，佛行于其中。

迦叶恐佛为水所漂，忙同弟子乘船于河中寻救。佛见迦叶船从身旁经过，即从船底贯入船中，而船底则完好无痕。迦叶敬服，向佛请求，愿作沙门。

佛说："你且回去转告众弟子，若能使其同心修学正道则更好！况你有声望，为众人所敬，今要修学正道，不应只独善其身。"

迦叶即对众弟子说："佛的道德神通、智慧慈悲，使我心悦诚服。故我决定随佛出家受戒，求做沙门。你等的去从，则各随其意。"众弟子说："我等愿皆随从做沙门。"

于是师徒皆弃服饰及事火之具，齐至佛前，稽首道："我等五百人，皆愿作沙门！"佛说："善哉！"于是，迦叶等五百人一同剃除须发，皆作沙门。

威仪寂净分第二十九

题解

“如来”的真正意思，就是无所从来，无所从去，自然而然，所以才叫作“如来”。这是从佛的角度来认识的。照我们现在的理解，宇宙的确是永恒无限的，其中的奥秘也的确不是众生能够认识的。然而，宇宙运行却又一定是遵循着一定的规律进行的。真正的修道，就是修入这种规律，与之成为一体而不加分别，便能够得到永恒与涅槃，也就是“如来”。

[原文]

“须菩提！若有人言：如来若来、若去①、若坐、若卧②，是人不解我所说义③。何以故？如来者，无所从来，亦无所去④，故名如来。”

[注释]

①如来若来、若去：如，是佛法各种相的总称，内涵丰富。一代表“实相”（空）。二代表法性之如，表示诸法理性相同，都是如此，所以称为“如”。三代表真理之如，称为“真如”，也可称“一如”。来，是来去之来，等于来了又去了，所以称“如来”，即来而无来，去而不去，住而不住，非动非静，上与诸佛相合，下与群生平等，这就是如来的第一义。其次是代表佛法的性质，无所从来，是不生，无所去，是不灭，即不生烦恼，不灭觉性，所以这“如来”也是假名。又，如来者为真佛无形无相，遍满虚空，岂有来去，故名无所从来，无所从去。又，为真性自如无所不可，凡其所现，随众生业缘而来现，虽现百千亿化身，但人不知其所从来，也不知其何所从去，真空无相，无生无灭，故名“如来”。

②若坐、若卧：坐、卧都属于佛的四威仪，“坐”也是佛教名词。按四威仪要求，坐，要整理好服装，面容端肃，要有坐的仪相。卧，指睡觉，佛教专有规定，称“卧法”，要侧卧右身，双足摞起，法衣搭在身上，思想上要有正念，去除杂念、邪念。

③是人不解我所说义：这个人没明白我所讲的道理。佛无形无相，法

二弟皈依

《普曜经》言：迦叶有两弟。二人各有弟子二百五十，住于尼连禅河下游。

这一天，河面上漂浮着梵志衣被和事火之具。二弟闻之惊愕，怕兄师徒五百人为恶人所害，或罹洪水之灾，乃急集五百弟子，至兄住处。只见兄师徒众人俱作沙门，诧异问道："大哥年高智睿，举国尊敬，我等皆认为大哥已证罗汉果，不想大哥舍梵志业，学沙门法。佛法真的那么至高无上吗？"

迦叶答说："佛道最尊贵，其有法门无量。我若不遇佛的慈悲教化，纵穷尽一生，也难得道。佛法究竟圆满清净，度人无数，并常以三事教化众生。

两弟听后即生敬仰之心，率五百弟子一同向佛请求，愿受戒做沙门。佛说："善来比丘！"二弟及五百弟子同时须发自落，成为沙门。

此时，随佛出家者共有弟子一千。佛常为诸弟子讲经说教，诸弟子皆得证罗汉果。

也无形无相，做其他的理解，即是“不解我所说义”。

④如来者无所从来，亦无所从去：如来佛的法身，法身是佛的真身，一切众生及佛，都是法身、报身、化身这“三身”，只是自己污染太重，都被湮没而感觉到他的存在。“如来者，无所从来，亦无所从去”，就是说，如来没有从哪里来，也没有到哪里去，不来也不去，哪里都来，又都不来，哪里都去，又都不去。那么佛在哪里，佛在极乐世界，万法归一，万理唯一，在我们心里！

[译文]

“须菩提，假如有人说，如来有来的地方，有去的地方，有坐相，有卧相，这样的人就是不理解我所讲说的妙义。为什么呢？因为所谓如来者，没有来的地方，也没有去的地方，所以才叫如来。”

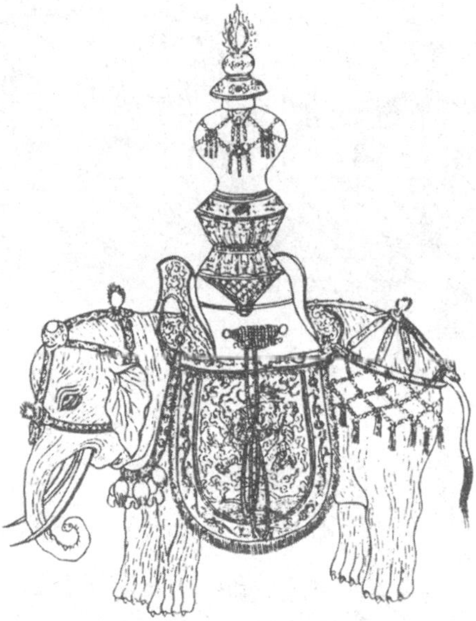

弃除祭器

《佛本行经》言：三迦叶兄弟有一外甥，名优波斯那，是螺髻梵志，有弟子五十人，修仙道于阿修罗山中。

优波斯那闻他三位舅舅并诸弟子，俱投佛出家，即至三位阿舅住处，对其说偈：“舅等虚祀火百年，亦复空行彼苦行；今日同舍于此法，犹如蛇蜕于故皮。”

迦叶三兄弟说：“我等之前祀火苦行，实属徒劳。至今始悟佛法最为胜妙！”

优波斯那对众弟子说：“三位舅舅有正知见，随佛出家，我今亦欲前往佛所修行，你等可随己意。”众弟子皆愿随从。

于是俱至佛所，向佛请求道：“我等俱愿加入佛法中，共修净行。”佛说：“既要修正法，当将身上鹿皮衣及祭火器全部掷弃。”众梵志皆遵命而行，然后还至佛所，愿求出家。

世尊准许，为彼等开示法要，并示教以三种神通。这五十位新出家弟子很快就获得解脱，证阿罗汉。

一合理相分第三十

题解

如来佛所讲说的三千大千世界，只不过是一个名词概念上的三千大千世界罢了。也就是说，真正的三千大千世界，是无法用语言来表达或者说明的。因为如果那三千大千世界是真实不虚的，那么就一定会是一种整体结构，没有办法分析解剖的，就叫作“一合相”。如来佛如果要用语言来描述这个一合相，那就不是真正的一合相了，只不过是一个名词概念上的一合相而已。因此，那所谓的如来，是不应该贪婪和执着的。真正的事物是不可以言说的。

［原文］

“须菩提！若善男子、善女人，以三千大千世界碎为微尘①，于意云何？是微尘众，宁为多不②？”须菩提言：“甚多，世尊！何以故？若是微尘众实有者③，佛即不说是微尘众。所以者何？佛说微尘众，即非微尘众，是名微尘众④。世尊！如来所说三千大千世界，即非世界，是名世界⑤。何以故？若世界实有者，即是一合相⑥。如来说一合相，即非一合相，是名一合相⑦。”“须菩提！一合相者，即是不可说，但凡夫之人贪著其事⑧。”

［注释］

①以三千大千世界碎为微尘：把整个宇宙碎成粉末，化为看不见的微尘。

②是微尘众，宁为多不：微尘不可计数，多还是不多？

③若是微尘众实有者：如果真存在微尘。

④即非微尘众，是名微尘众：因为微尘无相无体，所以说微尘不是微尘，取个名字称它为微尘。

⑤即非世界，是名世界：世界本不是什么世界，没办法说得清，也只好这样称呼为世界而已。这里暗示佛不认为宇宙只有三千大千世界，很可能有更多的三千大千世界，所以说“即非世界”。

竹园精舍

《因果经》言：世尊和迦叶兄弟三人及千比丘，到摩竭提国王舍城。国王频婆娑罗王率百官出迎。

礼拜毕，佛为频婆娑罗王开示说法，甚为精妙。

国王和众臣民闻此法毕，俱得法眼净。国王言："今蒙世尊教诲，得履道迹。从今日起，我当供养世尊及比丘僧，一应衣、食、住、用不使有缺。唯愿世尊临竹园居住。"佛说："甚好！"国王回城后，即下令速在竹园起造堂舍，装饰庄严。起造毕，即严驾至佛所，恭请佛及比丘前往竹园精舍。

于是佛率领众弟子至竹园，并无量诸天前后围绕。国王手持宝瓶，盛满香水，走至佛前，说道："我以此竹园奉上如来及众比丘僧，唯愿世尊怜悯纳受。"佛默然受之，为王说偈祝愿。

故自佛教创立来，国王礼见佛的，频婆娑罗王为第一人。寺院的建立，则以竹园精舍为第一座。

⑥若世界实有者，即是一合相：一合相，佛教名词，认为宇宙是由无数量微尘的集合而成，在佛教上称为“世界一合相”，世间万事万物，包括整个宇宙都是由“一”来组织，即由“一合相”构成它们的形与相。在佛教看来，不仅宇宙万物是“一合相”，连人在内的所有也是以“一合相”为成因的，如来法身本体就是一合相，他的三身成就，也是一合相，即与物质相结合，而呈现出来的。但“一合相”并非等于有相，非实有物，一合相，谓本觉真性，可遍满虚空，又无形无相，所以一不可分为二，合而不可分离，名叫一合相。“若世界实有者，即是一合相”，此句意思是否认世界是实有的。按照佛学的观点，世界乃假合，经数劫同样可以变坏，因此世界也是虚妄，不可以为是实有。假定它是实有，也是由微尘聚积的“一合相”构成。但如果你由此认为一合相是实有相的，那么就又被相所束缚，因此“一合相”也是非有的假名。

⑦如来说一合相，即非一合相，是名一合相：所说一合相，也不是一合相，不过这样称名而已。因为一合相如虚空，非实有体相，凡是名字，都是虚名。第二说，不要因“一合相”的定义，而执于实有相合之相，合相是凡夫，离相是觉人。因为凡是相合，都是有起灭，只有离相才是无相解脱。做修道人，应外觉离一切有相，内觉离一切空相，即于相而离相，即于空而离空，才可以得真空无相之妙有，不执于实有，不执于实无。因此，说这个一合相，“即非一合相”，强名为“一合相”而已。

⑧但凡夫之人贪著其事：一般的人，在修佛学道过程中，总要抓些什么东西，甚至要这个“一合相”。本来抓不住的，也要抓，眼见色爱色，即与色合，耳闻声爱声，即与声合，合即是凡夫之人，作为菩萨，对一切法皆不应合，合即系缚于起灭，散即解脱，而凡夫不能觉知，所以贪著其事。

[译文]

“须菩提，将来有善男善女，如果能将三千大千世界打碎得像微尘粉末那样，你的看法是什么呢？这些微尘是不是很多？”须菩提回答：“很多，世尊。为什么呢？如果微尘是实有的话，如来就不会讲微尘很多这样的话。为什么会这样呢？如来说微尘多，并非微尘真的多，所以才说是微尘多。世尊，如来讲的三千大千世界，也是非世界，所以才叫世界。为什么呢？若实有世界的话，世界就是一合相。如来说一合相即不是一合相，所以才叫一合相。”佛说：“须菩提，一合相是无法用语言表述出来的，但凡夫俗子却贪婪地去执着他。”

领徒投佛

《因果经》言：王舍城中，有两位婆罗门，舍利弗，目犍连，各有弟子一百。二人至亲，曾立下誓言，谁先得闻妙法，必要互相转告。

一日，舍利弗偶然遇见阿舍婆阇比丘入城乞食，见其神态姿容不凡，便上前询问："请问你的老师是谁？他平时怎样教导你们？"

比丘答："吾师是释迦种姓，得一切种智，相好智慧和神通力。我年幼道浅，仅以所知少分，略为你说。大师常言：'一切诸法本，因缘生无主；若能解此者，则得真实道。'"

舍利弗善报已熟，闻此偈，即远尘离垢，得见道迹。

还至住所，舍利弗满心欢喜参悟，并将所闻法语转告目犍连。目犍连听后亦有所悟，便和舍利弗率弟子二百人，共诣如来，求出家。佛说："善来比丘！"即度为沙门。

此时世尊座下出家弟子共一千二百五十人，在摩竭提国弘法度众生。

知见不生分第三十一

题解

佛用语言所说的一切，都不是那真实的事物，只是一个抽象的名词概念而已。那么，佛所说的四种见解，也就不是那真实的四种见解，所以才用名词上的四种见解来表现。不仅如来的知、见应该如此理解，就是那众生的四种知、见也应该如此理解，对于一切法理也应该如此理解，如此认识，如此见解，如此信奉，不应该生起任何法理的形象概念，自然不应该执着与贪婪。

[原文]

“须菩提！若人言，佛说我见、人见、众生见、寿者见①，须菩提！于意云何？是人解我所说义不②？”“不也，世尊！是人不解如来所说义。何以故③？世尊说我见、人见、众生见、寿者见，即非我见、人见、众生见、寿者见④，是名我见、人见、众生见、寿者见。”“须菩提！发阿耨(nòu)多罗三藐(miǎo)三菩提心者，于一切法，应如是知、如是见⑤、如是信解⑥，不生法相⑦。须菩提！所言法相者，如来说即非法相，是名法相⑧。”

[注释]

①佛说我见、人见、众生见、寿者见：前称人、我、众生、寿者“相”，此处改为“见”。相，是形相、现象。这些可见之相，佛教上称其为粗相。“见”简单说就是“见解”，见解应该属于细相，因为它是无形无相的，属于精神意识方面。佛教用这个“见”时，泛指错误的见解。“见”，主要指“我见”“人见”，合称“人我见”的“二见”（指固执于实有人与我为常在主宰的著相见解，固执于实有众生的见解）。

②是人解我所说义不：佛是要告诉我们修道人，无见无求。无求心不生，无见心不灭，佛理之所在，是显清净四相。

迦叶求度

《因果经》言：偷罗厥叉国有一婆罗门名迦叶，聪明有大智，家资巨富，妻子貌美无双。但他却一心想出家学道，常想随佛出家。于是舍家业，入山林，换上坏色衲衣，自剃须发，现出家相。

诸天人见迦叶出家志已决，便对他言："释迦族中，净饭王有子名悉达多，出家学道，成一切种智，号释迦牟尼佛，今和众弟子住在王舍城竹园中。"迦叶听了甚喜，即赶往竹园。

世尊知迦叶即将来到，便走出竹园，果见迦叶已来。迦叶一见如来，便顶礼合掌道："世尊具一切智，是一切众生皈依处，我今愿为大师弟子。"

佛说："凭你之智，若人实无具一切种智，便无资格收你做弟子。我先告诉你一句话：当知五阴色身是大苦聚。"迦叶听后即便觉悟，成阿罗汉。

又因这位迦叶甚聪慧，具大威德，为天人所敬重，故称其为"大迦叶"。

③何以故：你能说出他们为什么没有“解我所说义”的道理吗？

④即非我见、人见、众生见、寿者见：没有人、我、众生、寿者之见，没这个“见”。学道之人，百种多知，不如无求为第一。学道人，但学无求无著即近佛性。无求心不生，无著心不灭，不生不灭便是佛。真正的“四见”应该是自心无求可得。清净本然，是谓清净“我见”，如果见自性具足，是清净“人见”，自性无变不生不灭，是清净“寿者见”，见自心中无烦恼可断，是清净“众生见”。这样的见，方是真名我、人、众生、寿者见。

⑤于一切法，应如是知、如是见：一切法，指所有法，过去、现在、未来的一切法，包括世间法、出世间法等。“如是知”“如是见”，你对一切法的知与见得有一个基本的认识标准，对一切法有一个规律性的本质认识。

⑥如是信解：这样的坚信不移，才是正信，这样的理解，才是正解。

⑦不生法相：不要在自己意识中造相，生相。

⑧所言法相者，如来说即非法相，是名法相：上面说“不生法相”，即不要心生法相，不存在法相（法相即在真心中）。但初入道者，如不假以法相，又毫无头绪，所以还是要以佛“法相”去逐步修行。待入道见性，就应远离法相，不执着，所谓抓住鱼就不要装鱼的篓、过了河就不要再带着船了。所以说，所言法相，即非法相，是名法相。

[译文]

“须菩提，假如有人说，佛讲过人见、我见、众生见、寿者见，须菩提，你的看法是什么呢？这个人理解我所说的宗旨吗？”须菩提说：“不是这样，世尊。讲这种话的人，根本没有理解佛所说的深刻道理。为什么呢？世尊，你所说的我见、人见、众生见、寿者见，即非有这个我见、人见、众生见、寿者见，所以才叫我见、人见、众生见、寿者见。”佛说：“须菩提，发誓修无上正等正觉的人，对一切法，都应这样去认识，去理解，不生法相。须菩提，我所说的法相，即是非法相，所以才叫法相。”

假孕谤佛

《处胎经》言：世尊初成佛道不久，便已度化出家弟子一千二百五十人，个个得证阿罗汉，六通无碍。

邪师见佛教日益兴盛，心怀妒忌，便设阴谋想破坏佛教声誉。于是派一女弟子，装扮成清信女，每日假意到佛处听法。最初她将干草垫在衣内腹上，装作怀孕的样子，后来又用木盆缚在腹上，装作是即将临产。

这女子回到邪师处，邪师故意当着众弟子问道："你这身子是怎么回事？"女子答："我天天到瞿昙沙门那里，就有了这身子。"于是，邪师便带着一班弟子同这个女人，到佛说法的地方问罪。

佛正在为众生说法，邪师一到，就高喊："这位瞿昙沙门实未得道，因为他犯了淫欲，导致这个女子怀孕！"此时天帝释化作黄鼠，钻到女子裙内，令其木盆落地。众人一见哗然，齐声呵骂其下流无耻，让他们快滚到国外去。

应化非真分第三十二

题解

既然已经破除了一切执着与障碍，那么可以得出一个结论：这部经书所讲说的的确是不可思议的功德。你再怎么布施，也不如奉持这部经书中的宗旨或者是那四句偈子，并且为他人讲解说明有效。因为无所执着的佛法布施，所得到的福德要比有相布施得到的福德大得多。

佛祖讲了这么一大通《金刚经》，归结为一句话，就是一个人生观和世界观的问题。站在众生的观点上，永远也得不到解脱与成就；站在佛的角度和立场上，你即使是不想解脱，也能够得到解脱。境界就是那样，是客观的，关键在于你怎样去进入那个境界，这就是角度，就是佛祖所强调的“六如观”。

不执着于任何有相的东西，把一切都看成是虚幻不实的，什么也不执着。放下了一切概念和形象的时候，那真实的事物也就顿然显现了。这就是《金刚经》的根本宗旨。

[原文]

“须菩提！若有人以满无量阿僧祇世界七宝持用布施，若有善男子、善女人发菩提心者①，持于此经，乃至四句偈等，受持、读诵、为人演说，其福胜彼。云何为人演说②？不取于相③，如如不动④。何以故？

“一切有为法⑤，如梦、幻、泡、影，如露亦如电⑥，应作如是观⑦。”

佛说是经已⑧，长老须菩提及诸比丘、比丘尼，优婆塞⑨、优婆夷⑩，一切世间天、人、阿修罗⑪，闻佛所说，皆大欢喜，信受奉行⑫。

[注释]

①发菩提心：菩提，意译为“觉”与“智”，指对佛教真理的“觉悟”。也译为“道”，通向涅槃之道，与佛的最高智慧相近。菩提心，是大慈悲心，

请佛还国

《大庄严经》言：净饭王闻悉达多太子已得道六年，就命优陀夷前往，请佛回国一见。

优陀夷至佛住处，礼毕后向佛转述净饭王的思念，望佛能回国。

世尊想，当初曾立誓，他日道成，当回国度父母，便对优陀夷说："你先回国，示现十八神变。"优陀夷依言而行，国王大欢喜，敕群臣百姓出城四十里奉迎如来入城。

国王发现随从诸比丘，形体瘦弱，即敕为国内豪族，又选容貌端正者五百人，度为沙门。佛弟难陀就是于此次出家的。

难陀有一仆从名优波离，也拜在佛陀足下，求佛度为出家。佛说："善来！"即度为沙门，且比主人难陀更早得度。

难陀后至，向佛及诸比丘作礼，到优波离前却止不礼。世尊便对难陀说："我法门中出家弟子不分出身贵贱，唯按受戒分前后，当思圣法，勿生骄慢！"难陀听后，遂对优波离作礼。

爱众生，度众生之心，即大乘最上乘的菩萨心。

②云何为人演说：如何给别人讲演呢。佛告诉我们演说的出发点与方法，这个出发点与方法，就是下面的两句话“不取于相，如如不动”。即说法、听法、解法，关键在于不执于相，不束缚于说法者的言词，也不著于言词所说的法相。

③不取于相：法本无形相，故无取之相，如能了知无形无相可取，人法俱空，才是真的“不取于相”。如果心存不取于相的念头，则又是“取相”了。

④如如不动：如如，佛教名词，指法性的理与法性本体。两个“如”字，前“如”指法性理、体，因为理体没有二类，完全一致，所以说“如”。第二个“如”表示所有法都归于如，即归于佛，加在一起称为“如如”，意思是诸法如同一样，都归之于如。这个“如”或“如如”，就是本自真性。“如如”是佛教上常用的名词。不动，因为“如如”即是人之真性，亦即佛性，它是不生不灭、不垢不净、不增不减的，所以说“不动”。不动的才是真，能动的皆为虚妄。

⑤一切有为法：有为法，梵文原义为“造作”。所谓“造作”就是故意造出来的意思。凡是认为有法皆是有为，上至天地造化，下至人的各种作为，都为有为。有为法皆如梦、幻、泡、影，忽有忽无，暂有即无，念念无常，这都是有为法的特点，因此有为法以生、住、异、灭这四有相为特征（有时将住、异并为一相，称为三相）。据此认为，这“四相”是独立存在的实体，因为这个实体，才使所有法都是“有为”的。

⑥梦、幻、泡、影、露、电：这六种现象，佛教称“六喻”，即六个譬喻，以此形容事物虚幻不实，稍纵即逝。

⑦应作如是观：指不要取相。有为无为，皆由自己，应当心常空寂，湛然清净，无纤毫停留挂碍，自然无心，如如不动，即应这样观。

⑧佛说经已：佛讲《金刚经》到此结束。

⑨优婆塞：亦作“乌波索迦”“伊蒲塞”，意译为“清信士”“近事男”“近善男”等，后泛指接受五戒而在家的男居士。

⑩优婆夷：亦作“优婆斯”“邬婆斯迦”，意思是“近事女”“近善女”“近宿女”“信女”“清信女”，后泛指接受五戒在家的女居士。也有将女道姑称优婆夷的。

⑪阿修罗：亦称“修罗”“阿须罗”“阿须伦”“阿素罗”“阿苏罗”。意译为“不端正”“非天”等，是古印度神话中的恶神，“天龙八部”之一，因为佛受天人应供，所以他在讲经说法时，不论天上、地下、神鬼都要来听课。

认子释疑

《庄严经》言：当国王及无数臣民迎佛入宫，坐于殿上。佛随缘说法，度化无量众生。

一日，耶输陀罗带着儿子罗睺罗来对佛顶礼问讯。很多人顿生疑心，太子离家十二年，这孩子只有六七岁，怎能是太子的骨肉？

佛知在座有很多人有疑心，就对父王及群臣说道："耶输陀罗贞洁无瑕，若不信，可当面取证。"于是世尊化所有比丘，与佛相好光明等无异。

耶输陀罗将手上的指环卸下来交给罗睺罗道："你将此指环交给你父。"罗睺罗径直走到世尊的面前，将指环奉于世尊，诸人方信罗睺罗确为佛子。

佛说："罗睺罗因是我化生的，故不同于普通的孩子。今后，大家不可再对耶输陀罗有任何怀疑、指责。"

世尊常为父王说法，令父王得度。朝中群臣及后宫彩女也都受戒法，俱净修梵行。从此国内清晏，风雨以时，万邦皆贺。

⑫信受奉行：信而承受，尊奉行持佛教。

[译文]

“须菩提，假使有人以多得无法计算的世界所有七宝去布施，假如再有这样的善男善女，发誓立志走成佛之路，坚持以此《金刚经》以及四句偈，心受不二，坚持读诵研修，并且为人宣讲演说，后者的福德果报是要超过用七宝布施者的。怎么给他人解说呢？即不要取法相，要按照事物的本自真性来如实看待观察。为什么呢？

“一切佛法，都如同梦境、幻觉、水泡、影子、露珠、雷电，应当作这样的观照。”

佛解说《金刚经》完毕，长者须菩提，以及各比丘、比丘尼，男女清信士、天、神、人鬼，听完此经后，都非常高兴，从此信受奉行《金刚经》。

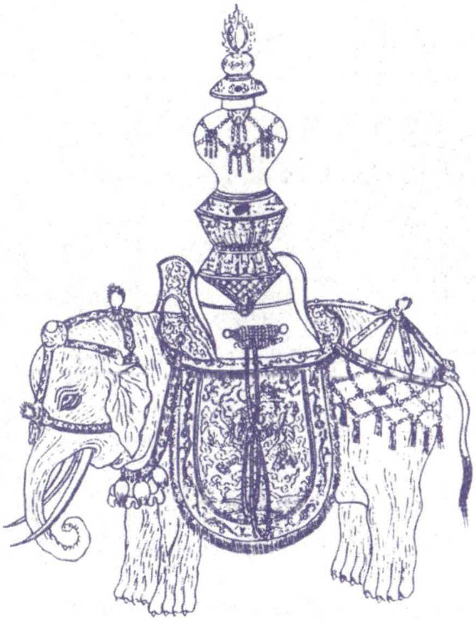

度弟难陀

《宝藏经》言：难陀听佛劝导剃度后，依然心恋红尘，总想回家。一日，他偷着回家，被佛遇到。

佛说："我带你去一处参观。"于是，就先带难陀到忉利天上。见一宫中，有许多美貌天女，却无一男子。难陀问："为何此宫殿竟无一个男子？"诸天女笑答："人间有一男子难陀，命终后当生此天宫。"难陀说："我就是难陀，我今天就住在这里吧。"诸天女说："须等你人寿终了方可。"

佛又带难陀至地狱，见许多大镬里都煮满了罪人。唯有一镬，汤已滚沸，却仍空着。难陀问："为何这一镬空着？"狱卒说："人间有一位名难陀的，原可借出家的功德生天，但因他总想还俗，他死后就得堕此地狱，故炊镬而待。"

难陀吓得赶紧溜出，求佛带其回精舍。

经过这番游历，难陀再无返俗之念。佛为其说法，经三十七日，即证罗汉果。

心经

玄奘 译

题解

此经题称般若者何？乃梵语也，此云智慧。称波罗蜜多者何？亦梵语也，此云到彼岸。谓生死苦趣，犹如大海，而众生情想无涯，无明不觉，识浪奔腾，起惑造业，流转生死，苦果无穷，不能得度，故云此岸。唯吾佛以大智慧光明，照破情尘，烦恼永断，诸苦皆尽，二死永亡，直超苦海，高证涅槃，故云彼岸。所言心者，正是大智慧到彼岸之心，殆非世人肉团妄想之心也。良由世人不知本有智慧光明之心，但认妄想攀缘影子，而以依附血肉之团者为真心，所以执此血肉之躯以为我有，故依之造作种种恶业，念念流浪，曾无一念回光返照而自觉者。日积月累，从生至死，从死至生，无非是业，无非是苦。何由得度？唯吾佛圣人，能自觉本真智慧，照破五蕴身心，本来不有，当体全空。故顿超彼岸，直渡苦海。因悯迷者，而复以此自证法门而开导之。欲使人人皆自觉悟，智慧本有，妄想元虚，身心皆空，世界如化，不造众恶，远离生死，咸出苦海，至涅槃乐。故说此经，经即圣人之言教，所谓终古之常法也。

[原文]

观自在菩萨，行深般(bō)若(rě)波罗蜜多时，照见五蕴皆空，度一切苦厄。舍利子，色不异空，空不异色，色即是空，空即是色。受、想、行、识，亦复如是。舍利子，是诸法空相，不生不灭，不垢不净，不增不减，是故空中无色，无受、想、行、识，无眼、耳、鼻、舌、身、意，无色、声、香、味、触、法，无眼界，乃至无意识界，无无明，亦无无明尽，乃至无老死，亦无老死尽。无苦、集、灭、道，无智亦无得，以无所得故。菩提萨埵，依般若波罗蜜多故，心无挂碍。无挂碍故，无有恐怖，远离颠倒梦想，究竟涅槃。三世诸佛，依般若波罗蜜多故，得阿耨(nòu)多罗三藐三菩提。故知般若波罗蜜多，是大神咒，是大明咒，是无上咒，是无等等咒。能除一切苦，真实不虚。故说般若波罗蜜多咒，即说咒曰：

揭谛揭谛，波罗揭谛，波罗僧揭谛，菩提萨婆诃。

罗睺出家

《未曾有因缘经》言：佛在迦毗罗卫国时，一日，世尊派遣目连向父王及耶输说“太子罗睺罗已九岁了，当让他出家修道”。耶输不舍其子，流泪不肯。

世尊即遣化人于空中高声问：“你可否记得过去世时，我曾用五百银钱买你五茎莲花供佛，那时是你求我愿世世做夫妻。我说，菩萨累劫行愿，所有布施不逆人意。你若答应，我便娶你为妻。你立誓道，无论国城、妻子及与我身，随君施与，终无悔心。今何故爱惜罗睺罗，不令出家修道？”

耶输闻已，忆起宿世因缘，爱子之情淡薄，便将罗睺罗付与目连。

净饭王即召集国中豪族，各遣一子随从出家，共五十人，送至佛所。佛令阿难为其落发，命舍利弗为和尚，目连任阿阇黎，为其授十戒法。

最初罗睺罗年纪幼小，不乐闻法。佛谆谆劝诫，罗睺罗方欢喜受教，后亦证四果。

般若波罗蜜多心经直说

[原文]

观自在菩萨，行深般若波罗蜜多时，照见五蕴皆空，度一切苦厄。

[解说]

菩萨,即能修之人。甚深般若,即所修之法。照见五蕴皆空,则修之之方。度一切苦厄，则修之实效也。以此菩萨，从佛闻此甚深般若，即思而修之，以智慧观，返照五蕴内外一空，身心世界洞然无物，忽然超越世出世间，永离诸苦，得大自在。由是观之，菩萨既能以此得度，足知人人皆可依之而修矣，是故世尊特告尊者，以示观音之妙行，欲晓诸人人也。吾人苟能作如是观，若一念顿悟自心本有智慧光明如此广大灵通，彻照五蕴元空，四大非有，有何苦而不度？又何业累之牵缠？人我是非之强辩，穷通得失之较计，富贵贫贱之可婴，心者哉。此上乃菩萨学般若之实效也。言五蕴者，即色、受、想、行、识耳。然照乃能观之智，五蕴即所观之境，皆空则实效也。

[原文]

舍利子。

[解说]

此佛弟子之名也，然舍利亦梵语，此云鹙也，此鸟目最明利，其母目如之，故以为名。此尊者乃鹙之子也，故云舍利子，在佛弟子中，居智慧第一。而此般若法门，最为甚深，非大智慧者不能领悟。故特告之，所谓可与智者道也。

[原文]

色不异空，空不异色，色即是空，空即是色，受、想、行、识，亦复如是。

[解说]

此正对鹙子释前五蕴皆空之意。而五蕴中先举色蕴而言者，色乃人之

须达见佛

《贤愚经》言：舍卫国有大臣名须达，家富，乐善好施，人称“给孤独长者”。

一日，须达长者至王舍城大臣护弥家，因天色已晚，就住在护弥家，只见这一家人正忙着办饮食供具，便问：“这么晚了，长者尚亲自办饮食，不知要请何人？”护弥说：“明日要请佛及僧。”

须达询问道：“何名为佛？”护弥说：“净饭王有太子名悉达多，初生即能自行七步，举手道‘天上天下，唯我独尊’。年长后，出城见老病死苦，悟世间无常，故出家修道，苦行六年，得一切智，故名为佛。”

须达又问：“何名为僧？”护弥说：“佛成道后，为憍陈如五人说四圣谛法，五人悟道证阿罗汉，为沙门，为众生作良福田，故名为僧。”

第二日天初亮，须达便至佛所住处，见佛相威容，作礼合掌问讯。世尊即为须达说法。须达闻法即生悟解，证须陀洹果。

身相也，以其此身人人执之以为己有，乃坚固妄想之所凝结，所谓我执之根本，最为难破者。今入观之初，先观此身四大假合，本来不有，当体全空，内外洞然，不为此身之所笼罩，则生死去来，了无挂碍，名色蕴破。色蕴若破，则彼四蕴可渐次深观，例此而推矣。而言色不异空者，此句破凡夫之常见也。良由凡夫但认色身，执为真实，将谓是常，而作千秋百岁之计，殊不知此身虚假不实，为生、老、病、死四相所迁，念念不停，以至老死，毕竟无常，终归于空。此犹属生灭之空，尚未尽理。良以四大幻色，元不异于真空耳，凡夫不知，故晓之曰色不异空，谓色身本不异于真空也。空不异色者，此句破外道二乘断灭之见也。因外道修行，不知身从业生，业从心生，三世循环，轮转不息，由不达三世因果报应之理，乃谓人死之后，清气归天，浊气归地，一灵真性还乎太虚。苟如此说，则绝无报应之理，而作善者为徒劳，作恶者为得计矣，以性归太虚，则善恶无征，几于沦灭，岂不幸哉。孔子言曰，游魂为变。故知鬼神之情状，此正谓死而不亡者，乃轮回报应之理昭然也。而世人不察，横为断灭，谬之甚耳。然二乘虽依佛教而修，由不达三界唯心，万法唯识，不了生死如幻如化，将谓三界之相以为实有，故观三界如牢狱，厌四生如桎梏，不起一念度生之心，沉空滞寂，沦于寂灭，故晓之曰空不异色。谓真空本不异于幻色，非是离色断灭之空，正显般若乃实相真空耳。何也？以般若真空，如大圆镜，一切幻色，如镜中像，苟知像不离镜，则知空不异色矣。此正破二乘离色断灭之空，及外道豁达之空也。又恐世人将色空二字话为两橛，不能平等一如而观，故又和会之曰‘色即是空空即是色’耳。苟如此观，知色不异空，则无声色货利可贪，亦无五欲尘劳可恋，此则顿度凡夫之苦也。苟知空不异色，则不起灭定而现诸威仪，不动本际而作度生事业，居空而万行沸腾，涉有而一道清净，此则顿超外道二乘之执也，苟知色空平等一如，则念念度生不见生之可度，心心求佛不见佛果可求，所谓圆成一心无智无得，此则超越菩萨而顿登佛地彼岸者也。即此色蕴一法能作如是观，则其四蕴应念圆明，正如一根既返源，六根成解脱，故云受想行识亦复如是也。诚能如是，则诸苦顿断，佛果可至，彼岸非遥，只在当人一念观心成就耳。如此之法，岂非甚深者哉？

［原文］

舍利子，是诸法空相，不生不灭，不垢不净，不增不减。

［解说］

此又恐世人以生灭心，错认真空实相般若之法，而作生灭垢净增减之解，故召尊者以晓之曰：所言真空之实相者，不是生灭垢净增减之法也。且生、灭、垢、净、增、减者，乃众生情见之法耳，而我般若真空实相之体，湛然清净，犹若虚空，乃出情之法也。岂然之哉？故以不字不之，谓五蕴诸法，即是真空实相，一一皆离此诸过也。

布金买地

《贤愚经》言：须达长者闻法证道后，便请求佛至舍卫国教化，世尊虑及舍卫国至今还无一所讲堂精舍，须达便说建讲堂事全由他负责。

经考察，唯祇陀太子有一园地，最为适宜。于是须达长者便至太子所，意欲买下太子园地。太子说："你若能以黄金布满园地，我就卖给你。"

须达即把家中所有黄金拉去布地。只见八十顷园地还略欠少许，而黄金已用尽。须达不禁皱眉。太子说："如果嫌贵，就请收起吧。"须达说："我一定设法将地铺满。"

太子感其诚意，就说："这园地归你，园中树木仍属我，我自献于佛，咱们共建精舍，如何？"须达欣然应诺。

于是便开始施工，将整座精舍建得极庄严壮观。然后须达奏知国王，请国王遣使迎请世尊。国王准奏。

此时世尊放光动地，至舍卫国。城中人民共集精舍，闻佛宣法，各得道迹。

[原文]

是故空中无色，无受、想、行、识，无眼、耳、鼻、舌、身、意，无色、声、香、味、触、法，无眼界，乃至无意识界，无无明，亦无无明尽，乃至无老死，亦无老死尽，无苦、集、灭、道，无智亦无得。

[解说]

此乃通释般若所以离过之意，谓般若真空所以永离诸过者，以此中清净无物，故无五蕴之迹，不但无五蕴，亦无六根，不但无六根，亦无六尘，不但无六尘，亦无六识。斯则根尘识界，皆凡夫法。般若真空，总皆离之，故都云无。此则离凡夫法也。然般若中，不但无凡夫法，亦无圣人法。以四谛十二因缘六度等，皆出世三乘圣人之法也。苦、集、灭、道四谛，以厌苦、断集、慕灭、修道，乃声闻法也。无明缘行，行缘识，识缘名色，名色缘六入，六入缘触，触缘受，受缘爱，爱缘取，取缘有，有缘生，生缘老死，乃十二因缘流转门，即苦集二谛。无明尽至老死尽，乃还灭门，即灭道二谛，此缘觉所观法也。般若体中本皆无之。极而推之，不但无二乘法，亦无菩萨法，何也？智即观智，乃六度之智慧能求之心；得即佛果，乃所求之境；然菩萨修行，以智为首，下化众生，只为上求佛果。良以佛境如空无所依，若以有所得心而求之，皆非真也。以般若真空体中本无此事，故曰无智亦无得，无得乃真得，方得为究竟耳。

[原文]

以无所得故，菩提萨埵，依般若波罗蜜多故，心无挂碍，无挂碍故，无有恐怖，远离颠倒梦想，究竟涅槃。

[解说]

良由佛果以无得而得，故菩萨修行依般若而观。然一切诸法本皆空寂，若依情想分别而观，则心境缠绵，不能解脱，处处贪著，皆是挂碍。若依般若真智而观，则心境皆空，触处洞然，无非解脱。故云依此般若故心无挂碍，由心无挂碍，则无生死可怖，故云无有恐怖。既无生死可怖，则亦无佛果可求。以怖生死求涅槃，皆梦想颠倒之事耳。圆觉云：生死涅槃犹如昨梦。然非般若圆观，决不能离此颠倒梦想之相。既不能离颠倒梦想，决不能究竟涅槃。然涅槃亦梵语，此云寂灭，又云圆寂。谓圆除五住，寂灭永安，乃佛所归之极果也。意谓能离圣凡之情者，方能证入涅槃耳。菩萨修行，舍此决非真修也。

玉耶受训

《玉耶经》言：给孤独长者为子娶妇，名玉耶，自小娇惯，长大后傲慢，不肯孝敬翁姑，也不好生承事夫婿。

长者夫妻就请佛及僧至家中对其施教化。佛至，玉耶躲藏起来。佛就使长者家所有屋宅墙壁皆化琉璃水晶之色，里外透明。玉耶无法躲藏，只好出来。

佛于是劝导玉耶："为人妻子，不应轻慢丈夫。须知生为女人，原有许多苦处，故为妇之道，应当晚眠早起，辛勤劳作；凡有饮食，不可先食；丈夫呵骂，不得怨恨；丈夫出外，不得邪淫。对丈夫要温柔、体贴、谦和。有好处当分功于人，有过失当独承责任。训诲子女为仁，劝进亲友为善，进退皆依礼仪，家庭以和为贵，谨守妇节，终无缺毁。"

玉耶听后，当下跪下称谢，表示自今后，一定会好好侍奉翁姑夫婿，再不起骄慢心，并请佛为她授在家优婆夷戒，奉行终身。

[原文]

三世诸佛，依般若波罗蜜多故，得阿耨多罗三藐三菩提。故知般若波罗蜜多，是大神咒，是大明咒，是无上咒，是无等等咒，能除一切苦，真实不虚。

[解说]

谓不但菩萨依此般若而修，即三世诸佛，莫不皆依此般若，得成无上正等正觉之果。故云三世诸佛依般若波罗蜜多故，得阿耨多罗三藐三菩提。此梵语也。阿云无；耨多罗云上；三云正；藐云等；菩提云觉；乃佛果之极称也。由此而观，故知般若波罗蜜多，能驱生死烦恼之魔，故云是大神咒；能破生死长夜痴暗，故云是大明咒；世出世间无有一法过般若者，故云是无上咒；般若为诸佛母，出生一切无量功德故，世出世间无物与等，惟此能等一切，故云是无等等咒。所言咒者，非别有咒，即此般若便是。然既曰般若，而又名咒者，何也？极言神效之速耳。如军中之密令，能默然奉行者，无不决胜，般若能破生死魔军决胜如此。又如甘露，饮之者能不死。而般若有味之者，则顿除生死大患，故云能除一切苦。而言真实不虚者，以示佛语不妄，欲人谛信不疑，决定修行为要也。

[原文]

故说般若波罗蜜多咒，即说咒曰：

[解说]

由其般若实有除苦得乐之功，所以即说密咒，使人默持，以取速效耳。

[原文]

揭谛，揭谛，波罗揭谛，波罗僧揭谛，菩提萨婆诃。

[解说]

此梵语也。前文为显说般若，此咒为密说般若，不容意解，但直默诵，其收功之速，正在忘情绝解不思议之力耳。然此般若所以收功之速者，乃人人本有之心光，诸佛证之以为神通妙用，众生迷之以作妄想尘劳，所以日用而不知，自昧本真，枉受辛苦，可不哀哉。苟能顿悟本有，当下回光返照，一念熏修，则生死情关忽然爆裂，正如千年暗室，一灯能破，更不别求方便耳。吾人有志出生死者，舍此决无舟筏矣。所谓滔滔苦海中，般若为舟航；冥冥长夜中，般若为灯烛。今夫人者，驱驰险道，泛滥苦海，甘心而不求此者，吾不知其所归矣。虽然，般若如肖练，遇物即断，物断而不自知，非神圣者不能用，况小丈夫哉。

渔人求度

《贤愚经》言：世尊经过毗耶离城，坐在离犁越河不远之处。见一班捕鱼人，网得一条大鱼，五百人都拉不动，又将附近牧牛人唤来，共一千人，才拉上来。这条鱼身长有百头，有若干种类头，驴头、马头、骆驼头等等，极为可怖。

世尊走到大鱼旁，问鱼道："你的前身是迦毗犁，对否？"鱼答道："是。"阿难问佛："此鱼为何会这样？"

佛说："从前一婆罗门生有一男，名迦毗犁，聪明博学。他母亲问他'世间还有谁的学问能胜过你'？儿子答'唯出家的沙门能胜我'。母亲说'那你何不前去学习呢'？迦毗犁便前往沙门处学习，然不如沙门定慧，每及谈论，自知不如，便辱骂比丘是畜生，并比之百兽。因此果报，受鱼身而有百头。"

捕鱼人和牧牛人听此，皆生畏惧，同向佛请求出家。佛为之说法度化，即成沙门，俱深信因果。

六祖坛经

慧能 说 弟子法海 集录

行由品第一

题解

《坛经》的核心是心性。心性与宇宙万物本性为一。众生由于贪恋私欲而违背清净本性，生出了许多痛苦。佛教主张众生去除自我私欲，与宇宙万物融为一体，这样才会没有痛苦与烦恼。去除的办法就是要开启智慧、识见自己的心性。

慧能出身贫寒，单纯的生活使他的慧根未泯，听到《金刚经》，便立即开悟。慧能的觉悟，是因为他见到了自己的本性，所以弘忍大师给他讲说《金刚经》，到“应无所住而生其心”的时候，悟得真理：一切所有万法宇宙，都不能够离开自然的本性，都在自然本性中存在。慧能认为，本性自然就是清净，本性自然没有生灭，本性自然能生万法。

[原文]

时，大师至宝林[1]，韶(sháo)州韦刺史[2]与官僚入山，请师出，于城中大梵寺讲堂，为众开缘说法。师升座次，刺史、官僚三十余人，儒宗学士三十余人，僧尼、道俗一千余人，同时作礼，愿闻法要。

大师告众曰：“善知识[3]，菩提自性，本来清净，但用此心，直了成佛。善知识，且听慧能行由得法事意。”

慧能严父，本贯范阳[4]，左降流于岭南，作新州[5]百姓。此身不幸，父又早亡，老母孤遗，移来南海[6]，艰辛贫乏，于市卖柴。时，有一客买柴，使令送至客店。客收去，慧能得钱，却出门外，见一客诵经，慧能一闻经语，心即开悟，遂问：“客诵何经？”客曰：“《金刚经》。”复问：“从何所来，持此经典？”客云：“我从蕲(qí)州黄梅县[7]东禅寺来，其寺是五祖忍大师[8]在彼主化，门人一千有余，我到彼中礼拜，听受

佛化无恼

《贤愚因缘经》言：舍卫国宰相有一子名无恼，学法于婆罗门。婆罗门对他说“你能在七日中，斩千人头，每人各取一指，合千指，便能在命终后，往生梵天”。

无恼便持刀出，见人便杀，人称其“指魔”。至第七天早上，已杀九百九十九人，唯欠一人。但人皆藏避，他竟再找不到一人。这时，其母来给他送饮食，他便持刀上前，要杀其母充数。

佛便化作沙门，自无恼身边走过。无恼便舍母而赶去杀佛。佛缓步徐行，无恼终是赶不上，便高呼：“前面那位沙门且住。”佛答：“我原自住，是你不住。”无恼问：“此话怎说？”佛说：“我诸根寂定，故得自在。你随邪师受邪教，心起邪念，如何能住？你日夜只想杀人，罪业无边，怎能生天？”

无恼听后，即放下屠刀，愿求出家。佛为其说法，得罗汉道。

此经。大师常劝僧俗：‘但持《金刚经》，即自见性[9]，直了成佛。’”慧能闻说，宿昔有缘[10]，乃蒙一客，取银十两与慧能，令充老母衣粮，教便往黄梅，参礼五祖。

[注释]

①宝林：宝林寺，在今广东韶关南华山。

②韦刺史：刺史，官名。韦刺史，这里是指韶州刺史韦璩。

③善知识：通常指德高望重、学识渊博的僧人或佛教信徒，这里是指听佛法的人。

④范阳：今北京和河北保定北部。

⑤新州：今广东新兴。

⑥南海：今广东佛山一带。

⑦蕲州黄梅县：蕲州，今湖北蕲春；黄梅，今湖北黄梅。

⑧五祖忍大师：弘忍(602—675)，俗姓周，湖北黄梅人。七岁出家，师从道信，道信逝世后，弘忍定居于黄梅双峰山东山寺，聚徒讲习，有许多著名弟子如神秀、慧能等。弘忍后被尊为禅宗五祖，唐代宗敕谥“大满禅师”号。

⑨见性：对自我本性的体认、理解。

⑩宿昔有缘：前世结下缘分。

[译文]

当时，六祖慧能大师住在曹溪南华山宝林寺，韶州刺史韦璩和他的部属来到山里，请大师出山，邀请他到城中大梵寺讲堂为大家宣讲佛法。六祖登上讲坛，刺史韦璩和部属三十多人，儒生学士三十多人，僧人、尼姑、道士、俗人一千多人参加法会，众人同时向大师施礼，希望听到大师宣说佛法要义。

慧能大师对大家说道：“善知识，菩提自性，本来就是清净的，只要用这个清净的菩提心，就可以立即开悟成佛。诸位，先听我说我求法得法的经过。”

慧能的父亲，祖籍范阳，后遭贬流放到岭南，于是做了新州的平民。慧能自幼不幸，父亲早逝，留下孤儿寡母，于是移居南海，生活艰辛，以卖柴为生。一天，有一位客人买了柴后，让他把柴送到客店里。客人收到柴，付给他钱后，他正要出门时，看到一人正在念经。一听经中的话，他即便开悟，于是就问：“客人念的是什么经？”客人说：“《金刚经》。”他随即又问：

月光谏父

《月光童子经》言：一长者名申日，因信受外道六师富兰那等，设计做火坑、毒饭，阴谋害佛。

其子月光，知父要谋害佛，就劝谏父亲道："佛为大圣人，于三界之中，最为尊贵。当初世尊尚在修道时，第六天魔王因怀妒忌，便召集鬼魔兵众，带各种兵器，摇旗呐喊，围攻世尊。佛仅举一手指，放万道毫光，群鬼恶兵悉吓退散。魔王自知不胜，便向佛顶礼忏悔皈依。如来之身是金刚德体，魔王尚无法动佛分毫；今父亲竟想以火坑、毒饭害佛，无异以虫蚁之力推大山，以蚊蝇之翅遮日月，徒自伤罢了。不如及早回头，皈依世尊，忏悔前罪，免造无边罪业。"

月光如此苦苦劝谏，怎奈申日执意不听，反而说："佛既有神通，能预知未来，必也知我作火坑、毒饭。我今假意请佛，只需佛当面一试，便可知晓，现在无须如此多的顾虑。"

"客人从哪里来，怎样得到这部经典的？"客人说："我从蕲州黄梅东禅寺来，禅宗五祖弘忍大师在那里住持，弘扬佛法教化众生，五祖门下弟子有一千多人，我到寺中拜谒，得到这部佛经。弘忍大师经常劝告僧俗说：'只要信奉这部《金刚经》，就能自见佛性，直接了悟成佛。'"慧能听客人说后，由于前世缘分，承蒙一位客人送给他十两银子，让他回家安置老母的衣食生活，便到黄梅县东禅寺去参拜五祖弘忍大师。

[原文]

慧能安置母毕，即便辞违，不经三十余日，便至黄梅，礼拜五祖。

祖问曰："汝何方人，欲求何物？"

慧能对曰："弟子是岭南新州百姓，远来礼师，惟求作佛，不求余物。"

祖言："汝是岭南人，又是獦獠(liáo)[1]，若为堪作佛[2]？"

慧能曰："人虽有南北，佛性[3]本无南北。獦獠身与和尚不同，佛性有何差别？"

五祖更欲与语，且见徒众总在左右，乃令随众作务[4]。

慧能曰："慧能启和尚，弟子自心常生智慧，不离自性，即是福田[5]，未审和尚教作何务？"

祖云："这獦獠根性大利[6]，汝更勿言，著槽厂[7]去。"

慧能退至后院，有一行者[8]，差慧能破柴踏碓，经八月余。

祖一日忽见慧能曰："吾思汝之见可用，恐有恶人害汝，遂不与汝言，汝知之否？"

慧能曰："弟子亦知师意，不敢行至堂前，令人不觉。"

[注释]

①獦獠：古时对西南方少数民族的侮称，借指没有开化或没有知识的人。

②若为堪作佛：怎么能成佛。

③佛性：佛陀的本性，或指成佛的可能性，又称如来性、觉性。

申日毒饭

《月光童子经》言：世尊接受了申日长者所请，至其家门口时，门前火坑当即成水池，并生出朵朵莲花。申日怕极，我竟造下如是逆恶之罪！便回过头质责六师，六师俱既惊且愧，各自掩面逃窜。

申日便向佛作礼、忏悔："我所行无道，唯愿世尊，悯我愚冥，只因误信邪师，生毒害意，乞谅罪业。今此饭食中投有剧毒，无法食用。愿您稍等，我当另置饭食供养。"佛说："不妨，把饭拿来就行。须知，世间的剧毒是人心中的贪淫、嗔恚、愚痴、邪见。吾心清净，内毒早已灭尽，外毒怎能伤害我？"申日遂把毒饭奉佛，只闻香味飘彻十方。

申日跪下求佛说："佛大慈大悲，悯念众生，望度济我。"佛说："能自觉悟，重罪当除。吾今为你广宣道义，令你得解。"于是广说八解、四等、三脱等无量法言。申日当即领悟开解。

④随众作务：和大家一起做事情。

⑤福田：指能生福德之田。此处以农夫播种于田，比喻敬待佛可得福德。

⑥根性大利：有天赋、有慧根。根性，指修行、解悟能力。

⑦槽厂：马棚。

⑧行者：指入寺而尚未正式落发为僧，并承担劳役的人。

[译文]

慧能回家安置好母亲后，立即离家赶赴黄梅，不到三十天，就到了黄梅，向弘忍大师施礼礼拜。

五祖大师问道：“你是哪里人氏，想求取什么？”

慧能回答说：“弟子是岭南新州人，从远方来拜见大师，别无他求，只求成佛。”

五祖大师说：“你是岭南人，又是没有开化的獦獠，怎么能够成佛呢？”

慧能说：“人虽有南北之分，但佛性自身没有南北之分。没开化的獦獠虽然和师父不一样，可是本身具有的佛性又有什么差别呢？”

五祖本想继续与慧能讨论，但看到有不少徒众在身边，于是就让慧能随大家一起去做事情。

慧能说：“大师，弟子自心常生智慧，这些智慧不离自性，就是福田，不知大师叫我去做什么事务？”

五祖说：“你这蛮人很有慧根，你不必多说了，就到后院马棚去吧。”

慧能从五祖那儿退下后来到后院，有一名寺院劳役让慧能劈柴舂米。他就这样干了八个月。

一天，五祖弘忍大师忽然来看慧能说：“我想你的想法很有道理，因怕有人伤害你，所以就没有和你继续讨论，你知道吗？”

慧能说：“弟子也清楚大师的意思，所以没到禅堂上，以免他人觉察。”

[原文]

祖一日唤诸门人总来：“吾向汝说，世人生死事大。汝等门人，终日供养，祇求福田，不求出离生死苦海，自性若迷，福何可救？汝等各去，自看智慧，取自本心般若(bō rě)[1]之性，各作一偈(jì)，来呈吾看。若悟大意，付汝衣法，为第六代祖。火急速去，不得迟滞。思量即不中用[2]，见性之人，言下须见。

降伏六师

《贤愚因缘经》言：佛在王舍城竹园精舍中，为一千二百五十位比丘说法。

当时瓶沙王已皈依佛教，并得初果，信敬之心愈厚。当佛教还未传至摩伽陀国时，其国有富兰那等六师，以邪说诳惑万民。瓶沙王有一弟，也信奉六师且极为倾倒。

自瓶沙王皈依佛教后，便劝告弟弟弃邪归佛，无奈其执迷不悟，不听劝告："我自有师，何须再去奉佛？"并派人通知六师，共议怎样对付佛。六师悉集，皆妄言："我等神通技能高超，何须怕他！"于是齐至王所，对国王说："我们愿意与佛比试高下。"国王同意。

佛升于宝座之上，左有帝释、右为梵王护持，佛徐伸臂，以手按座，即有五大神王，将六师从座位上拉下。金刚密迹举起金刚杵，杵头冒火，在六师头上比了一比，六师吓得仓皇逃窜。六师徒众哀求忏悔，皆愿为佛弟子。

若如此者，轮刀上阵，亦得见之。”

众得处分，退而递相谓曰：“我等众人，不须澄心用意作偈，将呈和尚，有何所益？神秀[③]上座[④]，现为教授师[⑤]，必是他得；我辈谩作偈颂，枉用心力。”

余人闻语，总皆息心，咸言：“我等已后依止[⑥]秀师，何烦作偈？”

神秀思惟：“诸人不呈偈者，为我与他为教授师。我须作偈，将呈和尚。若不呈偈，和尚如何知我心中见解深浅。我呈偈意，求法即善，觅祖即恶，却同凡心夺其圣位奚别？若不呈偈，终不得法，大难，大难。”

五祖堂前，有步廊三间，拟请供奉[⑦]卢珍画《楞伽经变相》及《五祖血脉图》，流传供养。神秀作偈成已，数度欲呈。行至堂前，心中恍惚，遍身汗流，拟呈不得，前后经四日，一十三度，呈偈不得。

秀乃思惟：“不如向廊下书著，从他和尚看见，忽若道好，即出礼拜，云是秀作。若道不堪，枉向山中数年，受人礼拜，更修何道？”

是夜三更，不使人知，自执灯，书偈于南廊壁间，呈心所见。偈曰：

身是菩提树，心如明镜台。时时勤拂拭，勿使惹尘埃。

秀书偈了，便却归房，人总不知。秀复思惟：“五祖明日见偈欢喜，即我与法有缘；若言不堪，自是我迷，宿业障重[⑧]，不合得法。圣意[⑨]难测。”房中思想，坐卧不安，直至五更。

[注释]

①般若：大智慧，指对佛教特有的认知，获得这种智慧就能达到解脱开悟。

②思量即不中用：思量，即思考、分析、推理。禅宗认为，识心见性、

持剑害佛

《宝藏经》言：佛在拘弥国时，有一婆罗门任宰相，此人狂暴，其妻亦邪恶。夫对妻说，佛现正在国内，四处说教。他若来时，你不要开门。”

一天中午，如来忽然出现于婆罗门家中。婆罗门妻见了，大为诧异。佛说：“你这婆罗门，愚痴邪见，不信三宝。”婆罗门妻听后心头火暴，气得扯尽满身璎珞，换上垢腻衣，坐于地上发抖。

其夫从外归来，惊问怎么回事，其妻便将佛来家中，并痛斥自己之事悉皆告之。其夫劝慰说：“不要紧，且待明日佛来，我将替你出气。”

第二日中午，佛又出现在他家中，婆罗门当即取出利剑，猛地刺向佛身。佛显神通，升上虚空，毫发无伤。婆罗门羞愧，当即拜佛道：“唯愿世尊下来，受我忏悔。”佛即下来受其忏悔，为其说法。夫妇二人接受教化，皆得须陀洹道。

证见佛道，不能通过逻辑思维达到，也不能用语言文字来确切表述，它是超逻辑、超语言的。

③神秀：五祖门下的上首弟子，禅宗北宗的创立者，俗姓李，汴州尉氏人。逝世后，诏谥为“大通禅师”。

④上座：这里指佛教寺院中的僧职名称。唐以前的上座是全寺之长，唐以后禅宗寺院中的上座位于住持之下。

⑤教授师：负责教授弟子的“轨范师”，专门给受具足戒的僧人教授威仪做法，即有关行、住、坐、卧方面的仪轨。

⑥依止：依赖，追随。

⑦供奉：官名，指被皇室或朝廷所聘用的官员。

⑧宿业障重：宿业，佛教指过去世所做的善恶业因。障，烦恼的异名。宿业障重，即过去世所做的恶业烦恼深重。

⑨圣意：这里指弘忍的心意。

[译文]

一天，弘忍大师召集门下弟子，对他们说：“世人必须解决生死苦海的大事，你们整日只知道寻求来世的福报，而不求在现世怎样脱离生死苦海。如果你们迷失自己本性，修得的福德又哪里能解救你们生死苦海的沉浮呢？你们回去，各自观照自性，用自己本有的智慧，作一首体认佛法大意的偈，然后送来给我看。如果有谁体认了佛法大意，我就把衣钵传给他，让他继为六祖。你们赶快去作，不得拖延。费心思量是没有用处的，体认了自身佛性的人，一句话就可以了。像这样的人，就是操刀上阵，也能体认自身佛性。”

弟子们得到吩咐后，回来互相说道：“我们这些人没有必要搜肠刮肚写偈，即便写成，呈送师父有什么用处？神秀上座现在是教授师，六祖之位一定是他得，我们乱作偈颂，简直就是白费力气。”

大家议论完后，都放弃了作偈的打算，都说：“我们以后都依靠神秀禅师就行了，为什么还费心作偈？”

神秀心想：“大家不想作偈，是因为我是他们的教授师。我必须作一偈交给师父。如果不交，师父怎么知道我佛法见解的深浅？我向师父呈偈，意在求佛法，那就是善，如果为了获得祖师圣位，那就是邪恶之念，和凡夫用邪心去争夺圣位又有什么分别呢？假如我不呈偈，就始终得不到大法，真是太难了。”

五祖大师禅堂前有三间走廊，原本想请供奉卢珍来画《楞伽经变相》

佛救尼犍

《杂宝藏经》言：佛在舍卫国，降伏邪见，使六师及徒众悉皆溃散。五百尼犍子见已无徒众，便集在一处商议，打算投火烧身。

如来大悲，来到他们旁边，使火无法燃。佛自入火光三昧。诸尼犍子见柴堆边忽有大火聚，便一齐投身到火光中，反觉身体清凉，极为快乐，发现原来是佛坐于其中，遂求为出家。佛为说法，俱得阿罗汉果，各自须发自落，即成沙门。

和《五祖血脉图》，以流传世间受人供养。神秀作偈完毕，好几次想呈递五祖。几次走到禅堂前，总是神思恍惚，汗流浃背，想呈又不敢呈，这样经过三四天，一连十三次，最终也没呈交上去。

神秀心想："不如把偈写在走廊的墙上，任弘忍师父自己看最好，如果他看后称道偈写得好，我就出来礼敬叩拜，说是我作。如果师父说偈写得不行，那就说明我在山中虚度了数年，枉受人尊敬，还再修什么道呢？"

当晚三更，神秀趁别人不知，手持灯烛，把想好的偈写在南走廊墙壁上，表达他对佛法的体认。偈是这样说的：

身是菩提树，心如明镜台。时时勤拂拭，勿使惹尘埃。

神秀写完偈后，回到自己的卧房，寺中僧人都不知道此事。神秀又在思忖："五祖明天看偈后很高兴，那就说明我和佛法有缘；要是说不好，就说明我仍然自迷不悟，前生的罪业深重，不该得受大法。五祖的心意真是难以揣度。"神秀就这样思来想去，坐卧不宁，一直折腾到五更。

[原文]

祖已知神秀入门未得，不见自性。天明，祖唤卢供奉来，向南廊壁间绘画图相，忽见其偈(jì)。报言："供奉却不用画，劳尔远来。经云：'凡所有相，皆是虚妄[1]。'但留此偈，与人诵持。依此偈修，免堕恶道[2]。依此偈修，有大利益。"令门人："炷香[3]礼敬，尽诵此偈，即得见性。"

门人诵偈，皆叹："善哉。"

祖三更唤秀入堂，问曰："偈是汝作否？"

秀言："实是秀作，不敢妄求祖位，望和尚慈悲[4]，看弟子有少智慧否？"

祖言："汝作此偈，未见本性，只到门外，未入门内。如此见解，觅无上菩提[5]，了不可得。无上菩提，须得言下识自本心，见自本性。不生不灭，于一切时中[6]，念念[7]自见，万法无滞(zhì)。一真一切真，万境自如如[8]。如如之心，即是真实。若如是见，即是无上菩提之自性也。汝且去，一两日思维，

初建戒坛

《戒坛图经》言：佛在祇树给孤独园中，楼至菩萨对佛提议建立戒坛，以备为四众弟子结戒、受戒。如来依其言，同意创立三坛，戒坛从地层而起，围绕而上，一共三重，以表“空、无相、无愿”三空。此三空为入佛法初门。

戒坛初成，天帝释用覆釜置于坛上以盛舍利。大梵王施无价宝珠，置覆釜上供养舍利，这样合起来共有五重，表示五分法身。大梵王所施的宝珠，大如五升瓶，大福德之人可以看见宝光照亮三千里之外，而福德薄之人却只能见一片乌黑。

戒坛建成之日，十方诸佛、诸大菩萨及天龙八部护法诸天，皆云集来贺。诸佛登上戒坛后，共同商议制定结戒、轻重、持犯等相，又讨论了关于度尼一事。佛院东、西二坛，唯佛所登，共商佛事。外院僧受戒坛方是僧为比丘、比丘尼、优婆塞、优婆夷传戒、受戒之用。

更作一偈，将来吾看，汝偈若入得门，付汝衣法。”

神秀作礼而出，又经数日，作偈不成，心中恍惚，神思不安，犹如梦中，行坐不乐。

复两日，有一童子，于碓（duì）坊[9]过，唱诵其偈。慧能一闻，便知此偈未见本性。虽未蒙教授，早识大意。遂问童子曰：“诵者何偈？”

童子曰：“尔这獦獠（liáo）不知，大师言：‘世人生死事大。’欲得传付衣法，令门人作偈来看。若悟大意，即付衣法，为第六祖。神秀上座于南廊壁上，书《无相偈》。大师令人皆诵，依此偈修，免堕恶道。依此偈修，有大利益。”

慧能曰：“我亦要诵此，结来生缘。上人[10]，我此踏碓（duì），八个余月，未曾行到堂前，望上人引至偈前礼拜。”

童子引至偈前礼拜。慧能曰：“慧能不识字，请上人为读。”

时有江州别驾[11]，姓张名日用，便高声读。慧能闻已，遂言：“亦有一偈，望别驾为书。”

别驾言：“汝亦作偈？其事希有！”

[注释]

①凡所有相，皆是虚妄：相，谓形体、相状之义。不实为“虚”，不真为“妄”。凡有形体、相状的东西都是不真实的。

②恶道：众生因所造恶业而转生到极坏的去处，一般有三种：地狱、饿鬼、畜生。

③炷香：焚香。

④慈悲：慈，与乐。悲，拔苦。慈悲合用，泛指一切有利于众生的活动。

⑤无上菩提：至高无上的觉悟。在这里，“无上菩提”与“明心见性”“成佛”意思相近。

⑥一切时中：指过去、现在和未来的一切时间，犹言“时时刻刻”。

⑦念念：指极短暂的时间。在此，念念亦可理解为前后相续的念头，

姨母求度

《中本起经》言：佛至迦毗罗卫国时，姨母大爱道（即摩诃波阇波提，以下同）至佛所，对佛言说想要出家修道，请佛应允。佛不同意，姨母再三哀求都被拒绝。姨母只好伤心退出，立于门外，悲痛哭泣。

阿难恰好自门前经过，闻此事后便答应替其向佛请求。

佛说："阿难，无须费口舌。若让女人出家，必导致佛清净梵行不得久住。"阿难说："但姨母对佛有养育之恩。"佛说："姨母确实于我有恩，我全赖姨母养育方能长大。但不可因我故，使姨母得以皈依佛法僧，受持五戒。"

佛又对阿难说："若女人要出家，须尽形寿行持八敬法，不可逾越。审其可以持八敬法者，方许她们出家。"阿难将此语转告姨母，大爱道便转悲为喜，表示坚决奉行。

佛又对阿难说："因为女人出家做沙门，当使我正法五百岁而衰微。因为许多大事业大成就，女人是不能担当的。"

即人们的心理活动过程。

⑧万境自如如：万事万物都真实、平等。

⑨碓坊：舂米的房子。

⑩上人：原指有过失而能自己改正的人，用于对高僧大德或自己师长的尊称，后来逐渐成为对出家僧人的尊称。此处是慧能对童子的尊称。

⑪别驾：官员，是地方行政长官的属僚。

[译文]

五祖早就看出神秀还没有真正悟到入佛道的法门，还不能识见自性。天亮时，弘忍大师把卢供奉请来，让他在南走廊墙壁上绘制图像，抬头看到神秀在墙上书写的偈，便对卢供奉说："供奉，你不用再画了，劳你远道而来。佛经中说：'凡所有相，皆是虚妄。'就保留该偈，让大家念诵。依照偈去修行，避免堕入恶道，并能获得很大的佛法利益。"于是，弘忍大师叫门人："焚香礼敬，大家都念诵奉持这首偈，就可以识见自性。"

弟子们念诵该偈，都赞叹："好极了。"

当夜三更，弘忍大师把神秀叫到禅堂，问："偈是你写的吗？"

神秀回答说："确实是弟子写的，不过，我并不敢奢求祖位，希望师父慈悲，看看弟子是否有一些佛缘？"

弘忍大师说："你作的偈，还没有识见本性，只到了佛门前，没有真正入门。按这般见解，要想证得最高智慧、无上佛道，最终是无法得到的。证得无上佛道，必须言下识心见性、自见佛性。佛性不生不灭，一切时间，念念相续，明心见性，万法融通。万境如一，一切都是真如佛性的体现。这样的境界，才是佛门境界的真实相状。这样的见解，才能证得无上智慧的自性。你回去再思考几天，另外作一首偈，送给我看看，如果偈写得真的入了门，我就将衣钵和佛法传给你。"

神秀向五祖施礼而退，又过了几天，偈没有作成，神秀神情恍惚，像在梦里一般，郁郁不乐。

又过了两天，有一个童子念着神秀的偈句，路过碓坊。慧能一听，就知道此偈没有见到本性。慧能虽然没有得到谁的教授，但心中早识佛法大意，于是就问童子："你念的是什么偈？"

童子说："你这獦獠不知道弘忍大师说：'世人生死事大。'他要传付衣法，叫弟子们各写一偈呈他，如果谁最能领悟佛法真谛，就把衣法传给他，立为第六代祖师。上座神秀在南走廊墙壁上写下了这首《无相偈》，弘忍大师让大家都来诵读，并依照此偈去修持奉行，以免落恶道。说依此偈修行，

度跋陀女

《本行经》言：由于佛姨母及阿难的一再请求，世尊同意了女人出家。大迦叶以天眼看到跋陀罗女，学道于波离婆奢迦处，便唤一比丘尼，吩咐她前往跋陀罗女处，对她说“你以前的丈夫大迦叶，和我同师出家学道修行。你也可往诣我师，共修梵行”。

跋陀罗女问：“你师为何人？”比丘尼答：“我师释迦牟尼佛，三十二大人相庄严其身，具足八十种好、十八不共法、十力、四无所畏，大慈大悲、戒、定、慧、解脱、解脱知见，皆悉具足。诸弟子亦复如此。”跋陀罗女说：“果如是，我当愿意随从。”

跋陀罗女便同比丘尼至佛所。跋陀罗女至佛前，顶礼合掌道：“唯愿世尊，许我出家。”世尊便命阿难领此女至摩诃波阇波提处，准其出家，授具足戒。

跋陀罗女出家后，独自至空闲处，精勤苦修，不久即获解脱，得证阿罗汉果。

能得佛主的护念，有大利益。”

慧能说：“我也要念诵这首偈句，为结来生好因缘。上人，我干这踏碓舂米的事已经八个多月了，还没有去过禅堂，望上人把我带到那首偈前去敬拜。”

童子把慧能带到偈前敬拜。慧能说：“我不识字，请上人替我念一遍。”

当时，江州别驾张日用，高声把神秀的偈读了一遍。慧能听后，说：“我也有一首偈，请别驾帮我写出来。”

张别驾说：“你也会作偈，真是稀罕事！”

［原文］

慧能向别驾言：“欲学无上菩提，不得轻于初学。下下人有上上智，上上人有没意智。若轻人，即有无量无边[①]罪。”

别驾言：“汝但诵偈(jì)，吾为汝书。汝若得法，先须度吾，勿忘此言。”

慧能偈曰：

菩提本无树，明镜亦非台。本来无一物，何处惹尘埃。

书此偈已，徒众总惊，无不嗟(jiē)讶，各相谓言：“奇哉，不得以貌取人！何得多时使他肉身菩萨[②]。”

祖见众人惊怪，恐人损害，遂将鞋擦了偈，曰：“亦未见性。”众以为然。

次日，祖潜至碓(duì)坊，见能腰石舂(chōng)米，语曰：“求道之人，为法忘躯，当如是乎！”

乃问曰：“米熟也未[③]？”

慧能曰：“米熟久矣，犹欠筛(shāi)在。”

祖以杖击碓三下而去[④]。慧能即会祖意，三鼓入室。

祖以袈裟(jiā shā)遮围，不令人见。为说《金刚经》，至“应无所住而生其心[⑤]”，慧能言下大悟：“一切万法[⑥]不离自性。”遂启祖言：“何期自性，本自清净；何期自性，本不生灭；

再还本国

《宝积经》言：佛再次带弟子回到迦毗罗卫国，先于尼拘陀林中休息。佛对优陀夷说："你可入城通报父王。"

净饭王见优陀夷，便问："大师缘何来？"优陀夷答："我为世尊乞食而来。"国王言："那你快把饭食带回奉于世尊，并转告世尊，我随后即来拜见。"

世尊饭食毕，现出种种瑞相。净饭王看到，便知是佛所示现，即敕令群臣，备好车乘，来到佛处。

世尊为度化父王，于虚空中自在游行。当时大梵天王、释提桓因、须夜摩天等，各执持香花、幢幡供养如来，又有四天王天、三十三天诸天子等于虚空中，散天香花供养。

净饭王看此场面，感叹言："如来于三千大千世界中作大法王，统领人天，何等威仪自在！我虽贵为国王，不过受世人尊崇；而世尊贵为正法王，有无数天人围绕侍卫。"想及此，不觉对世尊作礼。

何期自性，本自具足；何期自性，本无动摇；何期自性，能生万法。”

［注释］

①无量无边：数量多得无法计算，范围大得没有边际。

②肉身菩萨：指生身菩萨，即以父母所生之肉身而至菩萨深位的人。佛教认为，肉身菩萨圆寂后可得全身舍利。舍利就是身骨，是有别于凡夫死人之骨，可分为三种：一是白色的骨舍利，二是黑色的发舍利，三是赤色的肉舍利。佛门传说六祖慧能、石头希迁、憨山等大师皆存全身舍利。

③米熟也未：此处借煮饭喻得道，意为询问慧能得道觉悟没有。

④祖以杖击碓三下而去：弘忍大师用杖击碓三下，暗示慧能三更时分与他相见。

⑤应无所住而生其心：外在的一切事物或现象都是虚幻的，对一切事物和现象都不执着，从而体现、证悟自心具有的最高智慧。

⑥万法：此指一切物质和精神现象。

［译文］

慧能对张别驾说：“想修习无上佛道，不要轻视刚学佛法的人。下下等人中有上上等的智慧，上上等的人中有没有智慧的人。如果轻视别人，就会有无法估量的罪过。”

张别驾说：“那你把偈句念出来，我替你书写。你如果得了法，必须先来度我，不要忘了我说的话。”

慧能说的偈句是：

菩提本无树，明镜亦非台。本来无一物，何处惹尘埃。

张别驾写完偈后，弟子们看后惊讶不已，赞叹道：“真了不起，人的确不可貌相。我竟然使唤他那么长时间，他可是肉身菩萨啊！”

五祖见大家惊讶不已，怕有人加害慧能，于是用鞋子把偈擦掉了，对大家说：“此偈也没有见性。”大家也觉得师父的话说得对。

第二天，弘忍大师悄悄来到碓坊，看见慧能在舂米，就对慧能说：“追求佛道的人，为了佛法忘了自身，这是应该的呀。”

接着又问慧能说：“米饭熟了没有？”

慧能说：“米饭早已熟了，就差筛一筛了。”

弘忍大师用杖击碓三下，就离开了。慧能当即明白弘忍大师的用意。当夜三更，慧能悄然来到大师的卧房。

为王说法

《宝积经》言：世尊对父王说，“我所说之法，皆至善圆满，无杂无染，意味深远无穷。今为父王略说一二。

“因缘果报上说，众生因六根接触外在的六大境界，这些境界中，顺己意便生爱心好感，不顺己意便生嗔怨厌恶；较为平常的，便漠然视之，生愚痴心。故六根对六境生分别想，起贪、嗔、痴；因贪、嗔、痴，堕地狱、饿鬼、畜生、阿修罗四恶趣，轮转生死，不得解脱。

“一个人造了怎样的业，必受怎样的果报；不造业便不受报，这是不变的定律。但若就第一义来说，父王当知一切诸法皆悉空寂，而仅有三解脱门，若能领悟三解脱门，则心如虚空周遍法界，直至究竟涅槃。故当常觉悟，诸根如幻，境界如梦，一切皆非真实，不应生执着分别。”

佛说此开示后，净饭王和七万释迦种族皆得无生法忍。

弘忍大师用袈裟将门窗遮住，避免被人发觉，为慧能讲说起《金刚经》。当讲到“应无所住而生其心”这段经文时，慧能言下开悟，证得“一切万法不离自性”的真谛。于是就对弘忍大师说：“原来自性本来就是清净；原来自性本来就没有生灭；原来自性本来就是圆满具足；原来自性本来就是没有动摇的；原来自性本来就能显现万法的。”

[原文]

祖知悟本性，谓慧能曰：“不识本心，学法无益。若识自本心，见自本性，即名丈夫、天人师[1]、佛。”

三更受法，人尽不知，便传顿教[2]及衣钵(bō)[3]云：“汝为第六代祖，善自护念，广度有情[4]，流布将来，无令断绝。听吾偈曰：

有情来下种，因地果还生。无情亦无种，无性亦无生。”

祖复曰：“昔达摩[5]大师，初来此土，人未之信，故传此衣以为信体，代代相承。法则以心传心，皆令自悟自解。自古佛佛惟传本体，师师密付本心。衣为争端，止汝勿传，若传此衣，命如悬丝，汝须速去，恐人害汝。

慧能启曰：“向甚处去？”

祖云：“逢怀则止，遇会则藏[6]。”

慧能三更领得衣钵，云：“能本是南中人，素不知此山路，如何出得江口？”

五祖言：“汝不须忧，吾自送汝。”

[注释]

①丈夫、天人师：丈夫，佛十大名号之一“调御丈夫”的简称，又指勇健之人。天人师也是佛的十大名号之一，意思是六趣中的天与人无不以佛为师，所以称天人师。

②顿教：顿悟成佛的教法。顿教主张一旦体验到自我的本性，就能顿时悟道成佛。因此慧能弟子们称慧能南宗禅法为“顿教”。

佛留影像

《观佛三昧经》言，净饭王向佛说道，“世尊！佛是我子，我为佛父。今我见佛色身，不过是只见其外，不见其内。然佛涅槃后，后世众生，应当如何观佛色身相好光明？唯愿世尊，今当为我也为后世众生分别演说。”

于是，世尊遍净色身三昧，自三昧起，口放五色光明，照于父王顶上，及于精舍，而后遍照娑婆世界，还入于佛顶。此刻世尊为让众生见佛色身了了分明，即化精舍如白玉山，高妙如同须弥山，山有百千龛窟，每一龛窟中，皆现诸佛影像，与世尊无异。佛前有大莲花，花有千叶，叶有千光，光有千化佛，每一佛各有千弟子为侍者。

佛告于父王说：“将来佛灭度之后，诸弟子若能放下万缘，捐弃诸恶，专心系念思维者，虽佛不在世，亦名见佛。又以见佛故，一切罪业皆得消灭，于未来世，当成三种菩提之道。”

③衣钵：衣指袈裟，钵为出家人的食具。

④有情：有情众生，佛教对包括人在内的一切有情识的生物的通称。此处特指人。

⑤达摩：指被奉为禅宗始祖的菩提达摩，也写作“达磨”。

⑥逢怀则止，遇会则藏：怀，即怀集县，今广西梧州。会，即四会县，今广东新会。

[译文]

弘忍大师听完慧能的心得，知道慧能已悟自性，便对慧能说：“不能认识自己的本心，即使学到再多佛法也没什么好处。如果认识到自己的本心，识见了自己的本性，就是大丈夫、天人师和佛。”

慧能在三更接受佛法，其他僧众都不知道，弘忍大师把禅门顿教之法及衣钵传给慧能说：“从今以后，你就是第六代祖师，你要好自为之，普度众生，将此心法流布后世，代代不绝。现在且听我的偈句：

有情来下种，因地果还生。无情亦无种，无性亦无生。”

弘忍大师又说：“达摩祖师初到中原，人们都不相信他，便以这件袈裟作信物，这样一代一代传下来。法门只是以心传心，重在让人们自己心开意解、自悟自证。自古以来，佛门只是佛法真谛代代相承、师徒之间以心传心，密付识见本心的佛法大意。衣钵是争夺的祸端，只传到你为止，不要再传下去了，否则会有性命之忧。你必须赶紧离开此地，我担心有人加害于你。”

慧能问大师：“我到什么地方去呢？”

弘忍大师说：“到叫‘怀’处就停下来，遇到‘会’时就隐藏起来。”

慧能在三更时授领了衣钵，说：“慧能原是南方人，向来不认识这里的山路，怎样出山到达江口呢？”

五祖说：“你不要担忧，我自送你出去。”

[原文]

祖相送直至九江驿①。祖令上船，五祖把橹自摇。慧能言：“请和尚坐，弟子合摇橹。”祖云：“合是吾渡汝②。”慧能曰：“迷时师度，悟了自度。度名虽一，用处不同。慧能生在边方，语音不正。蒙师传法，今已得悟，只合自性自度。”祖云：

度诸释种

《观佛三昧经》言：释迦族中有五百子弟问佛，“我等平时所见的佛身，为何总是如见黑人一般。愿佛为我们解说。”

佛说与众释子：“很久以前，有佛名毗婆尸如来。其时，有长者名日月德，有五百子，皆聪慧通达。日月德信敬佛法，常为儿子说解十二因缘，原为引导其信佛、学佛。但五百子皆不信。后五百子同时罹重病。父亲对他们说：‘你们平日心存邪见，今无常刀割切你身，唯一希望就是于一口气尚在时，至心称念毗婆尸如来佛号，以期超生。’五百子遂同念‘南无佛’。命终后，俱生天上。皆因称念佛名，今世又同生此处。因你等前生心存邪见，故今世无法见佛庄严身相。若你们能随顺佛语，至诚忏悔，方能开心眼，见佛闻法。”

诸释子听后，同向佛请求：“我等俱要随佛出家。”佛说：“善来比丘！”即成沙门。

“如是！如是！以后佛法，由汝大行。汝去三年，吾方逝世。汝今好去，努力向南。不宜速说，佛法难起。”

慧能辞违[③]祖已，发足南行，两月中间，至大庾岭[④]。逐后数百人来，欲夺衣钵。

一僧俗姓陈，名惠明，先是四品将军，性行粗糙，极意参寻[⑤]，为众人先，趁及慧能。慧能掷下衣钵于石上，曰：“此衣表信，可力争耶。”能隐草莽中。

惠明至，提掇[⑥]不动，乃唤云：“行者！行者！我为法来，不为衣来。”

慧能遂出，盘坐石上。惠明作礼云：“望行者为我说法。”

慧能云：“汝既为法而来，可屏息诸缘[⑦]，勿生一念，吾为汝说。”

明良久，慧能云：“不思善，不思恶，正与么时，那个是明上座本来面目？”

惠明言下大悟，复问云：“上来密语密意外，还更有密意否？”

[注释]

①九江驿：在今江西九江。

②合是吾渡汝：应该，理应。在佛典中，常有释迦牟尼佛以渡河比喻渡过生死苦海的故事。

③辞违：告辞，离别。

④大庾岭：在今江西大庾南、广东南雄北，是五岭之一，是古代南北交通的关口，本名塞上，又名梅岭。

⑤极意参寻：费尽心思追踪寻找。

⑥提掇：提取。

⑦屏息诸缘：抛开一切杂念。

[译文]

弘忍大师把慧能一直送到了江西九江。弘忍大师让慧能上船，他亲自

降伏毒龙

《观佛三昧经》言：有一年，佛游化至那乾诃罗国。该国某山中有一洞穴，住有五罗刹女。她们常与毒龙串通，荼毒人民，所有咒术皆对其无用。国王便亲自前往谒佛，请佛降伏。

佛受请，命舍利弗、目犍连领五百徒众，化百千龙，龙口吐火，化成金台七宝床座。世尊顶放金光，光中现无数化佛。

毒龙见世尊来，亦率十六龙子及徒众，兴云布雨，震雷击电，口眼吐火。五罗刹女纷显丑恶狰狞之形。其时龙子见虚空中有无数诸佛，对龙王说："父王吐火，要害一佛尚不济，而虚空中有无数诸佛，快罢手吧！"

金刚神举起金刚杵，杵头出火，烧恶龙身。龙王惊怖间避入佛影中，顿觉遍体清凉，于是即向佛作礼悔过，五罗刹女也随之礼拜如来。如来犹慈母抚子，龙王、罗刹女并十六龙子深为感动，求受佛戒，佛即为说三皈、五戒之法。

摇橹。慧能说：“师父请坐，应该由弟子摇橹。”弘忍大师说：“应该由我度你才对。”慧能说：“我迷误的时候，是师父度化的；我开悟以后，就应自己度自己。度的名称虽然只有一个，但用起来却有不同。我出生在边远地区，语言不正，承蒙师父传授佛法，现在已经开悟，就应该用自己的自性度自己。”弘忍大师说：“很对，很对。从此以后，佛法就要靠你去广泛传布了。你离去三年以后，我才离开人世间。现在你就好好去吧，要努力向南走。不要过早地宣讲佛法，因为这些年内佛法很难兴盛的。”

慧能告别弘忍大师以后，出发往南走。大约两个多月，来到大庾岭。后面有好几百人追了上来，要夺他的衣钵。

有一个和尚，俗姓陈名惠明，出家前曾是个四品将军，性情粗鲁，费尽心思要抢到衣钵。他跑到了最前头，很快就赶上了慧能。慧能把衣钵扔到了石头上，说：“这件法衣只是表示法信，可以用强力来抢夺吗？”随后，慧能躲进了草丛中。

惠明赶到，想拿袈裟却拿不动，于是喊道：“行者，行者，我是为佛法而来，不是为衣钵而来。”

慧能于是从草丛中出来，盘坐石上。惠明向慧能施礼说：“我希望行者能为我讲佛法。”

慧能说：“既然你是为求法而来，就应当抛开心中的杂念，我便给你讲。”

惠明静思了很久，慧能才说：“不要思量善，不要思量恶，在这样的时候，哪个是惠明您上座的本来面目呢？”

惠明立即大悟，接着又问：“除了刚才所说的密语、密意以外，还有什么密意吗？”

[原文]

慧能云：“与汝说者，即非密也。汝若返照，密在汝边。”

明曰：“惠明虽在黄梅，实未省自己面目，今蒙指示，如人饮水，冷暖自知。今行者即惠明师也。”

慧能曰：“汝若如是，吾与汝同师黄梅，善自护持。”

明又问：“惠明今后向甚处去？”

慧能曰：“逢袁则止，遇蒙则居[①]。”

明礼辞。

化诸淫女

《观佛三昧经》言：舍卫城中，有自摩偷罗国来的许多妓女，专门勾引、诱骗男子，索以重金。有一长者名如间达，积财百亿，生有三子。这兄弟三人，终日游荡挥霍，常一起在妓院中鬼混。仅一月，就将其父辛苦经营积蓄下来的钱挥霍一空。

一日，长者检视，见金钱不剩分文，守藏人便报知其不肖子嫖妓事。长者恨恨，即把此事奏于国王，求国王下令诛杀那些无耻恶人。国王说："这些淫妇着实可恶！但我已受佛戒，不再杀生。今如来在世，化度一切众生，我同你一起去见如来，请佛来度化这些淫女。"

佛闻此事，便对国王说："请你传令刽子手，将所有妓女集合于大广场上。"

其时，佛令一千二百五十比丘，现大神通。佛为诸女说不净观、苦、空、无常等法。诸女闻法，皆决心改过从善，求佛受三皈及五戒法。

慧能后至曹溪[2]，又被恶人寻逐。乃于四会[3]避难猎人队伍，凡经一十五载，时与猎人随宜说法[4]。猎人常令守网，每见生命，尽放之。每至饭时，以菜寄煮肉锅。或问，则对曰："但吃肉边菜。"

一日思惟："时当弘法，不可终遁。"遂出至广州法性寺[5]。值印宗法师[6]讲《涅槃经》[7]。时有风吹幡（fān）[8]动。一僧曰："风动。"一僧曰："幡动。"议论不已。

慧能进曰："不是风动，不是幡动，仁者心动。"

一众骇然。印宗延至上席[9]，征诘奥义。见慧能言简理当，不由文字。宗云："行者定非常人，久闻黄梅衣法南来，莫是行者否？"

慧能曰："不敢！"

宗于是作礼，告请传来衣钵，出示大众。宗复问曰："黄梅付嘱，如何指授？"

慧能曰："指授即无，惟论见性，不论禅定解脱。"

宗曰："何不论禅定解脱？"

慧能曰："为是二法，不是佛法，佛法是不二之法[10]。"

宗又问："如何是佛法不二之法？"

慧能曰："法师讲《涅槃经》，明佛性，是佛法不二之法。如高贵德王菩萨[11]白佛言：'犯四重禁[12]，作五逆罪[13]及一阐提[14]等，当断善根佛性否？'佛言：'善根有二，一者常，二者无常，佛性非常非无常，是故不断，名为不二。一者善，二者不善，佛性非善非不善，是名不二。'蕴之与界[15]，凡夫见二，智者了达其性无二。无二之性，即是佛性。"

[注释]

①逢袁则止，遇蒙则居：遇到地名中有"袁"字的地方就停下来，遇

阿难索乳

《乳光佛经》言：维耶离国有一梵志名摩耶利，不信佛法，家中养了许多乳牛。

一日，佛派阿难到摩耶利家求取牛乳。摩耶利便故意指一凶恶的母牛，让阿难自取，想以此来折辱其道。

阿难至牛旁，心想："我师曾告诫说不得以手自取牛乳，该怎么办？"忉利天帝化为年少梵志，至牛旁。阿难便请梵志为其取牛乳。梵志在母牛身边蹲下，母牛一动不动，让梵志随意而取。而后阿难接过牛乳，欢喜而去。

摩耶利惊异道："此牛平日凶恶，怎今日忽变得如此柔善？阿难是瞿昙弟子，尚化物如此，况佛之威神！"此后便信解佛法。

阿难将牛乳奉上，佛受之，告阿难说："此牛前世不信佛法，已堕落牛身十六劫。今日始闻佛名，任人取乳，奉于佛。当以此获解脱，劫后命尽，终不堕三恶道，最后成佛，号'乳光如来'。"

到地名中有“蒙”字的地方就居住下来。

②曹溪：在今广东韶关南。由于慧能曾在此传法，所以“曹溪”成为禅宗南宗的代称。

③四会：今广东新会。

④随宜说法：根据不同情况灵活方便地宣讲教义。

⑤法性寺：唐代寺名，在广州故城西北。宋以后改称广孝寺。

⑥印宗法师：唐代僧人，吴郡（今江苏境内）人，精通《涅槃经》，开元元年(713)去世。

⑦《涅槃经》：全称《大般涅槃经》，北凉昙无谶译，四十卷，也称《北本涅槃经》。意译本有东晋法显译的《大般泥洹经》六卷，另有南朝宋慧观与谢灵运等以昙无谶译本为主，对照法显译本改编成《大般涅槃经》三十六卷，称《南本涅槃经》。《涅槃经》主要宣扬佛身常在和“一切众生，悉有佛性”的思想。

⑧幡：佛教的法物，窄长垂直挂起的旗子。

⑨上席：座位中尊位。

⑩不二之法：不二，也称“无二”“离两边”，指对一切现象、事物都打消分别的认知,这种认知是反映了佛教平等无碍、扫除执着的智慧。“不二”也是“真如”“佛性”的别名。

⑪高贵德王菩萨：全称“光明遍照高贵德王菩萨”，《涅槃经》中有关此菩萨的描述。

⑫四重禁：指淫、杀、盗、大妄语四戒，犯了这四戒被认为是极重罪（四波罗夷罪）。

⑬五逆罪：五种大罪。

⑭一阐提：不信佛教，断灭一切善根的人。

⑮蕴之与界：五蕴与十八界，亦称阴界。

[译文]

慧能说：“和你讲了就不是秘密了。你如果能够自己反省自己，密意就在你身边了。”

惠明又说：“我虽然在黄梅这么多年，但的确还没有省悟认识自己的本来面目，承蒙指点，就像人饮水一样，是冷是热只有自己知道。现在，您就是我的师父了。”

慧能说：“你如果能这样，我和你同以五祖弘忍大师为师，好好自行护念吧！”

调伏醉象

《法句经》言：调达与阿阇世王下令国中人民，不准信佛。其时，佛和五百罗汉住于耆奢崛山中。调达对阿阇世王说，“佛的许多弟子今已分散各地，仅有五百弟子在佛左右。大王明日可假意请佛入城。我们先准备五百大象，以酒饮之使其醉。待佛和弟子入城时，放出醉象，将佛及弟子一起踏死。那时，我就能取代佛的位置，来教化世间了。”

阿阇世王便前往请佛。佛早已知其阴谋，随口应允。

第二日，佛和五百罗汉共入城。只见五百醉象狂叫而来，踏倒民房，毁坏墙壁屋宇，满城人民仓皇逃避。醉象一齐转头冲向佛。佛进开五指，化为五大雄狮，吼声震天。醉象俱伏倒在地，低头垂泪悔过。王及臣民皆惊肃不已。

而后世尊徐行至宫殿之上，接受阿阇世王供养。佛和诸罗汉食毕咒愿。国王阿阇世羞愧地向佛忏悔。

惠明又问："我今后到哪里去呢？"

慧能说："到了有'袁'字的地方就停下来，到了有'蒙'字的地方就居住下来。"

惠明于是向慧能施礼告别。

后来慧能到了曹溪山，又被恶人追赶。为了避难，他到四会这个地方，和猎人们住在一起，前后达十五年之久，这段时间，他常常对猎人讲说佛法。猎人们常叫慧能看守兽网，慧能每次看到动物落网，就把它们放了。每到吃饭的时候，慧能都要放一把蔬菜煮在肉锅里。有人问慧能，他就说："我只吃肉旁边的菜。"

一天，慧能想："现在是弘扬佛法的时候了，不能总是隐藏。"于是慧能出山，来到广州法性寺。正逢印宗法师在讲解《涅槃经》。当时，微风吹着幡旗左右摆动。一僧人说："风在动。"另一僧人说："幡旗在动。"二人争论不止。

慧能走上前去说："不是风动，也不是幡动，是仁者的心在动。"

众人听后都十分惊讶。印宗法师把慧能请到尊位，请他讲解佛法的大义。见慧能言语简练，说理准当，不拘泥于文字，印宗法师便问道："行者一定不是平常的人，早就听说黄梅弘忍大师传给衣法的人到南方来了，这个人是不是你呢？"

慧能说："不敢！"

于是印宗向慧能施礼，请慧能把弘忍法师传授的衣钵，拿出来给大家看。印宗法师接着又问："黄梅弘忍大师把佛法托付给你时，是怎样传授指点的呢？"

慧能说："并没有传授指点什么，只讲如何明心见性，不讲修禅定得解脱。"

印宗问："为什么不讲修禅定得解脱呢？"

慧能说："因为修禅的见性和禅定解脱二法，并不是佛法，佛法是无彼无此的不二法门。"

印宗又问："什么是佛法的不二法门呢？"

慧能说："法师，你讲的《涅槃经》，讲的'明佛性'就是佛法不二法门。就像高贵德王菩萨对佛说'犯四重禁戒和五逆罪以及不信佛法的一阐提，应当断除他们的善根和佛性吗'？佛回答说，'善根有二种，一是常，二是无常，佛性既不是常也不是无常，所以不会断绝，这就叫作不二法门。一是善，二是不善，佛性既不是善又不是不善，所以也叫作不二之法。'

张弓害佛

《杂宝藏经》言：佛在王舍城时，提婆达多心怀邪恶，想谋害世尊，收买五百名射术精良的婆罗门，带着硬弓利箭，待佛静坐时，齐张弓射佛。所射之箭至佛身前时，全化作香花。

五百婆罗门皆怖畏，礼佛忏悔。佛为其说法，使他们心开意解，得须陀洹道。于是向佛请求，允其出家。佛同意，五百婆罗门剃除须发，即成沙门。

诸比丘问佛："世尊！提婆达多屡次想害佛，而佛总待以慈悲怜悯之心。提婆达多实为过分！"

佛说："提婆达多想害我之心，并非这一世才有。早于过去世时，有一商主名不识恩，率诸商人入海采宝，船被水中罗刹挡住。危急时，一大龟游向船边将众人负载至岸。而不识恩持刀想杀大龟，诸商人皆劝阻，不识恩依然将大龟杀了烹食。那个不识恩，就是今日的提婆达多。那大龟，即为我的前身。"

再说五蕴和十八界，一般人只知道它们的差别，但有智慧的人的认识却深刻而通达，认为世界上一切事物本性亦无差别。这个没有差别的本性就是佛性。”

[原文]

印宗闻说，欢喜合掌[①]，言：“某甲[②]讲经，犹如瓦砾；仁者论义，犹如真金。”于是为慧能剃发，愿事为师。慧能遂于菩提树下，开东山法门[③]。

慧能于东山得法，辛苦受尽，命似悬丝。今日得与使君[④]、官僚、僧尼、道俗同此一会，莫非累劫之缘[⑤]，亦是过去生中供养诸佛，同种善根，方始得闻无上顿教得法之因。教是先圣所传，不是慧能自智。愿闻先圣教者，各令净心。闻了，各自除疑，如先代圣人无别。

一众闻法，欢喜作礼而退。

[注释]

①合掌：也称“合十”，左右手并拢对合，表示施礼。

②某甲：可以指他人也可以指自己。这里指自己。

③东山法门：东山，指湖北黄梅双峰山的冯墓山，该山在黄梅境东，故名。弘忍大师曾于此弘教，所以称其禅法为“东山法门”。

④使君：古时对刺史的尊称，这里是对韦璩的尊称。

⑤累劫之缘：指积累许多劫所结下的缘分。劫，很长一段时间。

[译文]

印宗法师听慧能的说法以后，十分高兴，合掌施礼说：“我讲经，就像砖头瓦块，而仁者您讲经论义，句句如金。”于是印宗法师为慧能落发受戒，并愿拜慧能为师。慧能于是就在菩提树下，开讲东山顿悟法门。

慧能在东山得法以后，历经艰辛，常伴有性命之忧。今天能和刺史官僚以及僧、尼、道、俗共在这法会中相聚，这都是历经许多劫结下的因缘，也是前世诸位供养佛菩萨，共同种下了善根，今天才有缘在此听闻佛门顿教。佛门顿教是先圣前贤代代传承而来的，不是慧能一个人的聪明智慧创造的。

佛化卢志

《经律异相》言：首波罗城有一位长者名卢志，奉事尼犍。佛为度化卢志，便至首波罗城。

尼犍得知，怕佛来了会威胁到自己，便至卢志家，对他说："沙门瞿昙将要来此，他所到之处，五谷不丰，人民饥馑，死者众多。"卢志信以为真，尼犍又说："瞿昙性喜丛林、清水，凡城外有丛林之地，全部砍伐。流泉池井，全用臭秽泥土填塞。派人预备器仗，严守城门，阻挡他入城。我在这儿施用法术，必能让他回转。"

一切布置完毕。佛来到首波罗城，看到城外树木被伐，以慈心向之，所有树林皆得生还。河池、井泉之水也恢复清净，朵朵莲花弥覆其上。守城的兵士举起器杖时，器杖全化作杂花，无法阻挡。

卢志长者见此，心中自分清浊，遂随大众共至佛前，顶礼合掌拜佛。佛为其广说法要，皆发菩提心、受戒法。

凡是愿意听先圣教谕的人，先要清净自心。听到佛法后，希望各自去除心中痴迷惑障，与前贤先圣同入佛道。

大家听了慧能的解说经法，高兴地施礼而散。

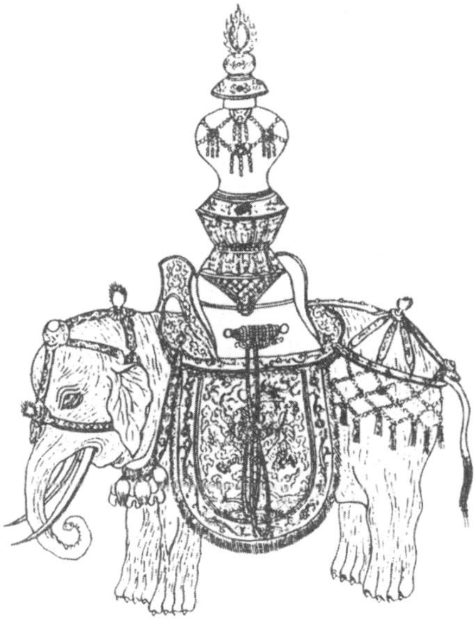

贫公见佛

《贫穷老公经》言：舍卫国有一位贫穷的老人，已二百多岁。一日，他扶杖而来，求拜见佛。守门的人不让他进。

佛便对阿难说："你将老人领进来。"阿难遵命。老人伏地而行，合掌向佛道："我生世不幸，贫穷潦倒，求死不得，活又无依。闻佛在世，昼夜发心，愿得一见。适才在门外遭遇到挫折，本想回去，无奈气力不堪，怕要死于此处，秽污佛门圣地，增重罪业。不想世尊果然如此慈悲，让我得圆心愿，当死而无憾！但还请佛慈悲，为我开示法要。"

佛为老人开示说："人之受生，各有生死因缘。因其所造业因不同，所受的果报也不同。你前世时不曾造福于人，反欺凌于人。故今生才受此贫苦。"

老人听后，自知前世罪业深重，请求说："乞以垂残之命，得作沙门！"佛同意。于是他剃除须发，着法衣而成沙门。

般若品第二

题解

慧能大师认为：没有痛苦与烦恼的般若智慧是人人自身都具有的。人本性中具佛性，与佛没有区别，只是凡夫俗子自私贪婪，欲望和烦恼把本性遮蔽了。人的本性与宇宙自然的本性是相通的。宇宙的本性是虚空，万物的本性也是虚空，人的本性也就应该是虚空。

要悟真正的虚空，就要得般若智慧，就要依《金刚般若波罗蜜经》修行。因为此经是专门为那些发下了大乘愿望和最上乘心愿的人所说的，是最直接的、最根本的道路。它的根本或者核心，就是心性无挂碍，"应无所住而生其心"。不执不贪，不取不舍，一切自性成就。这样的人生观和世界观，就能够让我们成就大道而做佛为祖。

[原文]

次日，韦使君请益[①]。师升座，告大众曰："总净心念摩诃(hē)般若波罗蜜多[②]。"

复云："善知识，菩提般若之智，世人本自有之，只缘心迷，不能自悟，须假大善知识，示导见性。当知愚人智人，佛性本无差别，只缘迷悟不同，所以有愚有智。吾今为说摩诃般若波罗蜜法，使汝等各得智慧。志心谛听，吾为汝说。

"善知识，世人终日口念般若，不识自性般若，犹如说食不饱，口但说空，万劫不得见性，终无有益。

"善知识，摩诃般若波罗蜜是梵(fàn)语[③]，此言大智慧到彼岸。此须心行，不在口念。口念心不行，如幻，如化，如露，如电。口念心行，则心口相应。本性是佛，离性无别佛。

"何名摩诃？摩诃是大，心量广大，犹如虚空，无有边畔，亦无方圆大小，亦非青黄赤白，亦无上下长短，亦无嗔无喜，

老人出家

《贤愚因缘经》言：王舍城有一长者尸利比提，年已百岁，听说出家功德无量，便想趁自己有生之年出家修道，于是便到竹园精舍求佛。其时世尊不在，便问佛的大弟子舍利弗，求他准许自己出家。

舍利弗见老人年纪如此大，出家人应行的三事：学问、坐禅、助营众事，恐老人一件也做不到，就对老人说："你老人家年纪太大，已不适合出家。"长者依次问了大迦叶、优波离、阿龙楼陀等五百大阿罗汉，他们都说年老不得出家。长者只好退立门外，悲声大哭。

时世尊忽现其前，问老人何故如此伤心痛哭。长者听及佛的梵音，当即五体投地，道："我究竟造了何种罪业，独不许我出家？"佛问长者："谁说年老不许出家？我答应让你出家，你随我来吧。"长者便随佛后入精舍。后来这位老者也证得阿罗汉果。

无是无非，无善无恶，无有头尾。诸佛刹(chà)土④，尽同虚空。世人妙性本空，无有一法可得。自性真空，亦复如是。

“善知识，莫闻我说空便即著空。第一莫著空，若空心静坐，即著无记空⑤。

“善知识，世界虚空，能含万物色像，日月星宿，山河大地，泉源溪涧⑥，草木丛林，恶人善人，恶法善法，天堂地狱，一切大海，须弥诸山⑦，总在空中。世人性空，亦复如是。

“善知识，自性能含万法是大，万法在诸人性中。若见一切人恶之与善，尽皆不取不舍，亦不染著，心如虚空，名之为大，故曰摩诃(hē)。”

[注释]

①请益：已经得到教益，还有所请教，称为请益。

②摩诃般若波罗蜜多：摩诃，大。般若，智慧。波罗蜜，到彼岸。全句意谓把人度到彼岸的大智慧。

③梵语：印度标准语言，古印度人认为自己所说的语言，是秉承大梵天王而来，所以称梵语。相对于一般民间所用的俗语，梵语又称雅语。

④刹土：略称刹，意译为土田，即国土。

⑤无记空：于善不善皆不可记别的空，称为无记空。

⑥涧：两山间的深沟。

⑦须弥诸山：须弥山，是古代印度神话中的大山，为佛教所采用。据说此山高达八万四千由旬（由旬是古印度的计量单位），山顶上住着帝释天，四面山腰住着四天王天。“须弥诸山”即指佛教所名的各个“世界”的须弥山，通常用须弥山比喻十分庞大。

[译文]

第二天，韦刺史请慧能大师接着讲佛法。慧能大师坐到讲坛上，对大家说：“请大家先都清净自心，念摩诃般若波罗蜜多。”

慧能大师接着说：“善知识，菩提般若智慧，世人自身就有，只因心受迷惑，无法自己开悟，须借助那些大善知识的引导启发，从而体认到自身的佛性。应当指出的是愚人和智者，佛性是没有什么差别的，只因迷惑和

净土缘起

《观无量寿佛经》言：王舍城有一太子阿阇世，因受恶友调达教唆，竟将父王频婆娑罗及母亲韦提希夫人关闭于七重深宫之中。

韦提希自被关闭后，身体衰弱，面容憔悴，便遥向世尊作礼。

世尊知韦提希心中所想，便从空而来。韦提希诚求世尊为她找极乐世界阿弥陀佛的国土。

佛告诉韦提希说："西方极乐世界阿弥陀佛的国土离我们并不遥远。你应当专心致志，去观想西方极乐世界的依正庄严。凡愿往生阿弥陀佛极乐国土之人，初应当修三种福：第一，要先修世间凡夫之福，做一个世间的好人，进而修十善业；第二，要修出世间之福；第三，要修大乘菩萨福。为自行修因证果，就应当读诵大乘经典；为方便普度众生，就应当随时劝导引进初学。这三种福，是三世诸佛净业正因。此想成就时，就当往生极乐国土了。"

开悟的不同，才有愚智的分别。我现在为你们讲说摩诃般若波罗蜜法，让大家得般若智慧。请仔细谛听，我给你们说。

“善知识，世人终日口念般若经，却不知见识自性就是般若，就像是整天说吃饭，最终不能饱一样，嘴上说，却不心行，则虽历万劫也不得见性，最终是没有益处的。

“善知识，摩诃波罗蜜是印度梵语，意思是‘大智慧到彼岸’，这必须要从内心实际上去修行，而不能仅仅停留在口头上。只有口念没有心行，那就如幻、化、露、电，终归是虚空的。如果口念且心行，就能心、口相契，这时清净的本性就是人自有的佛，离开本性就再也没有别的佛。

“什么叫作‘摩诃’呢？‘摩诃’是‘大’的意思，指菩提心量广大，就像宇宙的虚空一样，没有边际，也没有方圆大小、青黄赤白、上下长短、嗔怒喜爱、是非善恶、源流尽头等分别。诸佛国土，也都如同虚空一样。世人具有的真如妙性，本来也是空的，所以并无一法可得，所谓自性真空，也是如此。

“善知识，千万不要听我说空就执着于求空。要紧的是不执着于空，倘若追求空心静坐，那就执着于无记空了。

“善知识，世界自性真空，能包罗万象，日月星辰、山河土地、泉源溪涧、草木丛林、恶人善人、恶法善法、天堂地狱、所有大海、须弥诸山一切尽在其中。世人的自性真空，也同样包罗万象。

“善知识，自性能含藏万法就是大，万法就在各人自性中。如果见到世上所有人的善与恶，都不取也不舍，也不沾染执着，心境坦荡如同虚空，就称之为大，所以梵语叫‘摩诃’。”

[原文]

“善知识，迷人口说，智者心行。又有迷人，空心静坐，万无所思，自称为大。此一辈人，不可与语，为邪见[①]故。

“善知识，心量广大，遍周法界[②]，用即了了分明，应用便知一切，一切即一，一即一切。去来自由，心体无滞，即是般若。

“善知识，一切般若智，皆从自性而生，不从外入。莫错用意，名为真性自用。一真一切真。心量大事[③]，不行小

丑女改容

《百缘经》言：波斯匿王和末利夫人生一女儿，面容极丑，养大后国王便将她嫁给一贫穷的破落户。国王为女儿起造重舍，置七重门，嘱咐女婿外出时锁好房门，保管好钥匙，并授其在朝中为官。

女婿当官后要经常参与朝中的聚会，参加者都携带着自己的妻子同来，唯他例外。久而久之，众人起疑，故意将这位大臣灌醉，从他身上拿走钥匙，派人去他家中观看其妻子。

丑女嫁人后，久居幽室，不见天日，后来遥向世尊作礼，愿垂哀悯。

佛知其心念，便至她家中。丑女见佛，当即顶礼问讯，求哀忏悔。佛为说法，丑女心开意解，丑形忽变为端正美丽。

适巧那位使人来开门，见其美貌无双，归报众人。

大臣回家见一位美妇，惊问是何人。少妇便把礼佛忏悔，受佛神德，使其改容的经过告知。于是二人回宫拜见父母，然后同往礼谢世尊。

道。口莫终日说空，心中不修行此行，恰似凡人，自称国王，终不可得，非吾弟子。

“善知识，何名般若？般若者，唐言[④]智慧也。一切处所，一切时中，念念不愚，常行智慧，即是般若行。一念愚即般若绝，一念智即般若生。世人愚迷，不见般若。口说般若，心中常愚。常自言我修般若，念念说空，不识真空。

“般若无形相，智慧心即是。若作如是解，即名般若智。

“何名波罗蜜？此是西国语，唐言到彼岸，解义离生灭。著境生灭起[⑤]，如水有波浪，即名为此岸。离境无生灭，如水常通流，即名为彼岸，故号波罗蜜。

“善知识，迷人口念，当念之时，有妄有非。念念若行，是名真性。悟此法者，是般若法；修此行者，是般若行。不修即凡，一念修行，自身等佛。

“善知识，凡夫[⑥]即佛，烦恼[⑦]即菩提。前念迷即凡夫，后念悟即佛。前念著境即烦恼，后念离境即菩提。”

[注释]

①邪见：指不正之见。这里的邪见，是指“著于无记空”而不合正法者说的。

②法界：一方面泛指一切事物和现象，另一方面指事物和现象的本源和本质。

③心量大事：心量，指远离一切所缘、能缘而无住于心的真如心量。大事，指转迷开悟之事。心量大事，是说开发真如心量，是转迷开悟的大事。

④唐言：唐朝时，中国声威远扬，所以出国侨居的中国人都自称为唐人，外国称中国为唐，称汉语为唐言。

⑤著境生灭起：由于人们追求一切外在的现象，产生了行为、语言和思想方面的“错误”行动，继而引起生死轮回。境，指人的感觉和思维器官所感知和认识的对象，泛指一切认识对象。

⑥凡夫：与佛对举，指没有达到明心见性者，没有超脱生死轮回者。

鹦鹉请佛

《百缘经》言：一日，佛率领众弟子，将要往摩竭提国。路上，林间群鸟中有一鹦鹉王见佛来，便前来奉迎，并高声叫着“唯愿世尊及比丘僧，慈哀怜悯，至我林中歇息”。佛点头同意。

鹦鹉王便通知众鹦鹉出林迎接。佛及比丘至鹦鹉林中，各敷坐具在树下禅坐思考。鹦鹉王见佛和比丘皆寂然宴坐，通夜绕佛飞翔，并四向顾视，防他物前来触犯世尊和比丘。

第二天早上，世尊将要上路，鹦鹉王便在前引导。将近王舍城时，鹦鹉王先飞入宫中，通知频婆娑罗王佛将要到来，令其尽早置备饭食，出城迎接。频婆娑罗王依言而行。

鹦鹉王如此激动地忙着飞来飞去，结果就于此夜间命终了，其神识当即生到忉利天上为天人。为报世尊恩，又自忉利天下来，持香花供养佛，对佛作礼。佛为其说四谛法，天人心开意解，得须陀洹果。

⑦烦恼：指扰乱众生身心使其迷惑的诸种精神作用、欲求、情欲、思想活动。此处“烦恼”指与明心见性相对立的一切思想和心理状态。

[译文]

“善知识，迷而不悟的人只是嘴上说说而已，觉悟的智者则心行。还有一种痴迷的人，静心死坐，什么也不思考，自以为得到大佛法了。这种人，不值得跟他讲佛法，因为他们执持邪见。

“善知识，自性心量广大，遍布整个世界，这一点在自性起作用时就清清楚楚，就是说一旦运用就可以认识所有一切事物，一就是一切，一切就是一。来去自由自在，不受任何阻碍，这就是般若智慧。

“善知识，一切般若智慧，都从自性中来的，而并不是源于外部。千万不要错用了心意，这就叫作真如佛性自用。从一真如的立场上，能观照得一切法皆真。真如佛性的开悟，不在修行静心死坐等小道。不要口中整天说空而心中不加修行，好像一个平民自称国王，终究不能称王，这种人不是我的弟子。

“善知识，什么叫‘般若’？汉译为智慧。无论何时何地，念念不迷不愚，常用智慧处理一切，就是修行般若法门。一念愚痴即是般若断灭，一念智慧即是般若生起。世人愚迷不悟，所以不能见到实相般若。成天口里讲般若，心中却愚痴不明。经常自认为在修般若，但一说就是空，没有理解真空的真正含义。

“般若智慧没有形态相状，人的智慧之心就是般若。如是作这样的理解，就是般若智慧。

“什么叫‘波罗蜜’？这是印度语，汉译为‘到彼岸’，意思是‘离生灭’。执着于外境，就起生灭的心念，好比水兴波浪，这叫作此岸。超离外境，就没有生灭的心念，好比水无波浪的自然流通，这叫作彼岸，称为波罗蜜。

“善知识，痴迷的人只知道口念，念的时候，就已经是虚妄而错误的。如果能念念心行，就是真如法性。领悟这样的法性，就是般若法；随顺法性去修行，就是般若行。不这样修行，就是凡夫，而能一念如此修行，自身就与佛平等无异。

“善知识，凡夫原本就是佛，烦恼原本就是菩提。前念痴迷就是凡夫，后念开悟就是佛。前念执着外境就是烦恼，后念超离外境就是菩提。

恶牛蒙度

《百缘经》言：佛在憍萨罗国时，一日，带着众弟子前往勒那树下，途经一河泽。泽中有五百凶恶水牛。岸上有五百牧牛人，见佛和诸比丘从此道来，恐被恶牛伤，便高声告知恶牛会伤人，愿世尊快改道而行。佛对牧牛人说“我自会对付”。

言毕，恶牛便翘尾低角，怒吼奔至。世尊不动，于五指端化作五狮子在佛左右，周围四面有大火坑。水牛看到狮子和火坑，惶怖驰走，却又无所逃窜。仅在佛足前有一片空地，水牛驰奔至此，当下泰然，长跪伏首，舔世尊足，而后抬头仰视世尊，做乞求状。

佛知其恶性已伏，便说偈：“盛心兴恶意，欲来伤害我。归诚望得胜，近来舔我足。”水牛听偈后，从此不食而命终，俱生忉利天。为报佛恩，从忉利天下，持香花至佛所，向佛礼拜。佛为其说法要，俱心开意解，得须陀洹果。

[原文]

“善知识，摩诃(hē)般若波罗蜜最尊最上最第一，无住无往亦无来，三世诸佛①从中出。当用大智慧打破五蕴(yùn)②、烦恼、尘劳，如此修行，定成佛道，变三毒③为戒、定、慧④。

“善知识，我此法门⑤，从一般若生八万四千智慧。何以故？为世人有八万四千尘劳⑥，若无尘劳，智慧常现，不离自性。悟此法者，即是无念，无忆无著，不起诳(kuáng)妄，用自真如性，以智慧观照。于一切法，不取不舍，即是见性成佛道。

“善知识，若欲入甚深法界及般若三昧(mèi)⑦者，须修般若行，持诵《金刚般若经》，即得见性。”

[注释]

①三世诸佛：“三世佛”一般有两种：一是指过去、现在、未来三世佛，过去佛为燃灯佛，现在佛为释迦牟尼佛，未来佛为弥勒佛，即为“竖三世佛”；二是指东方净琉璃世界的药师佛，娑婆世界的释迦牟尼佛，西方极乐世界的阿弥陀佛，即为“横三世佛”。这里的“三世诸佛”泛指一切佛。

②五蕴：“蕴”有积聚、积蓄、类别的意思。广义的“五蕴”指物质现象（色）和精神现象（受、想、行、识）。这里的“五蕴”是人的代称。

③三毒：贪、嗔、痴。佛教认为三毒是一切烦恼的源头。

④戒、定、慧：即佛教的“三学”，与“三毒”对立。要求修道者遵守戒律，防非止恶；凝神静虑，观照佛理，修习禅定；修行般若智慧，断除疑惑，达到解脱。

⑤法门：按照佛教教法修行而获得正果的门，此处指按禅宗教法修行而获得明心见性的门。

⑥尘劳：与“烦恼”意思相近，指人们迷恋世间的万事万物所造成的有碍于解脱的世俗的烦恼。

⑦般若三昧：指明心见性而得般若智慧，念念不迷而定慧一体的境界。亦即般若之智与三昧之定的统一。三昧，正定，专注一境。

[译文]

“善知识，摩诃般若波罗蜜，是最尊贵、最无上、最第一佛法，它无住、

白狗吠佛

《中阿含经》言：世尊在舍卫国，有一日到都提子家，恰都提子有事暂出。他家中有一白狗正趴在床上吃盘中食物，见佛来，便跳下来对佛吠叫。佛对白狗说“你是因为不舍此间的财物，故堕为狗身，在此守护。”狗听后不胜懊恼，生大嗔恚，又无奈，气得伏地喘息。

都提子回家后，见狗卧地不起，便问谁人将白狗弄成这样。家人答：“世尊来过，不知对白狗说了什么，白狗就变成这样了。”都提子很恼火，即去找世尊论理。世尊告诉都提子说：“白狗前世是你父亲，你若不信，就回家去问狗，让它告诉你家藏宝之处。”都提子便回家对白狗说：“若你前世真是我父亲，你就起来吃饭，并告诉我藏宝处。”狗当即爬入床下，以口及足示藏宝处。都提子掘地，果然发现财宝，于是便对佛产生了极大信心，前去问佛宿因行业果报。

无来、无往，一切佛都是从这里产生的。应当用大智慧打破五蕴、烦恼、尘劳，这样去修行，必定能成就佛道，变贪、嗔、痴三毒为戒、定、慧佛家三学。

“善知识，我这个法门，要从一般若智慧中生出八万四千种智慧。为什么呢？因为世人有八万四千种烦恼，假如世人没有烦恼，般若智慧就会常常显现，而不会离开人自有的佛性。领悟了这个佛法的人，就是无念，既没有思量又没有执着，不起诳妄之心，用自己本来具有的佛性，用智慧去观照，对一切万物，既不争取也不舍弃，这就是见到了佛性成就佛道。

“善知识，如果要想深入研究佛法和般若三昧，就必须修般若行，掌握诵持《金刚般若波罗蜜经》，就可以认识到自己本来具有的佛性。”

［原文］

“当知此经功德无量无边。经中分明赞叹，莫能具说。此法门是最上乘，为大智人说，为上根人说。小根、小智人闻，心生不信。何以故？譬如天龙下雨于阎浮提[1]，城邑(yì)聚落，悉皆漂流，如漂草叶。若雨大海，不增不减。若大乘人，若最上乘人，闻说《金刚经》，心开悟解，故知本性自有般若之智。自用智慧，常观照故，不假文字。譬(pì)如雨水，不从天有，元是龙能兴致，令一切众生，一切草木、有情、无情，悉皆蒙润，百川众流，却入大海，合为一体。众生本性般若之智，亦复如是。

“善知识，小根之人闻此顿教，犹如草木根性小者，若被大雨，悉皆自倒，不能增长。小根之人，亦复如是。元有般若之智，与大智人更无差别，因何闻法不自开悟？缘邪见障[2]重，烦恼根深。犹如大云覆盖于日，不得风吹，日光不现。般若之智，亦无大小，为一切众生自心迷悟不同。迷心外见，修行觅佛，未悟自性，即是小根。若开悟顿教，不能外修，但于自心常起正见，烦恼尘劳，常不能染，即是见性。

火中取子

《经律异相》言：瞻婆国城中有一位长者，因无继嗣，便去奉事六师，以求子息。不久，其妇怀孕，长者去请问六师问是男是女。六师说，生必是女。长者听后愁恼。一友人告他说，何不去问佛？长者即问于佛。佛说，“是男无疑”。

六师知此事后心怀嫉恨，便以庵摩罗果合毒药，交于长者，说凭此可保母子平安。长者相信，妇人服后当即死亡。长者不胜悲悔，将妇人殡殓送到城外焚化。

佛对阿难说：“我要去城外摧灭邪见。你去通知众比丘一齐去。”于是佛和大众来到焚所。长者见佛，悲泣道：“佛无妄语。然今儿母已死，怎能生得孩子？”佛说：“长者勿忧，我自有道理。”果见大火焚烧时，死尸腹裂。佛对接生婆说：“可往火中取婴。”接生婆果于火中抱出婴孩，交于佛。佛持之付于长者，并为长者开示。

“善知识，内外不住，去来自由，能除执心，通达无碍，能修此行，与《般若经》[3]本无差别。

“善知识，一切修多罗[4]及诸文字，大小二乘[5]、十二部经[6]，皆因人置。因智慧性，方能建立。若无世人，一切万法本身不有。故知万法本自人兴，一切经书，因人说有。缘其人中，有愚有智，愚为小人，智为大人。愚者问于智人，智者与愚人说法。愚人忽然悟解心开，即与智人无别。”

[注释]

①阎浮提：也译“瞻部洲”，即指现在的人所处的这个世界。

②障：佛教把有碍于修行佛道的一切思想、言论和行为都称作“障”。

③《般若经》：总称般若类经典。唐代高僧玄奘所译《大般若波罗蜜多经》六百卷，为佛教般若类经典的汇编。《般若经》主要宣说世俗认识及一切认识对象都是虚假不实的，只有通过般若智慧抛弃世俗见解，才能达到解脱。

④修多罗：又译“契经”，指佛经中的长行直说。

⑤大小二乘：大乘佛教和小乘佛教。两派在修行方式和教理上有较大区别，我国汉地主要属于大乘。大乘佛教于公元一世纪左右形成。以自利利他、自觉觉人为旗帜。自称是度脱众生的“大乘”，把以前的强调个人解脱的原始佛教和部派佛教贬称为“小乘”，即小车，小船。

⑥十二部经：也称“十二分教”，系指佛经体例上的十二种类别。在中国佛教典籍中，“十二部经”泛指一切佛典。

[译文]

“应当知道这部经的功德是无量无边的。经中的赞叹已经说得明白，不能尽说。经中说的法门，是最上乘的方法，是专为具有大根器的人说的，为上等根器人说的。小根器小智慧的人听到了，心中不会相信。为什么呢？这就好像天上的龙在我们所处的这个世界降雨，可以把城镇房屋全冲走，就像水漂走草叶一样。如果雨水流入大海，大海既不会增加也不会减少。假如是大乘根性的人，或是最上乘根性的人，只要是听到《金刚经》，便心开解悟，由此可以知道，每个人的本性中原来就有般若智慧。这是自己运用智慧时常观照的缘故，并不是假借文字语言才有的。譬如雨水，不是因为天上而有的，是龙王本身能够兴云降雨，才使一切众生、一切草木、一切有情和无情，都得到滋润，百川归海，合成为一体。众生本性的般若智慧，

见佛生信

《经律异相》言：有一国王名阿质，常侵伐邻邦，挑起战火，荼毒生民，百姓无不愤怨。佛与大众要前往度化。阿质王得知，便率诸王子和兵士在路上重重设阻，妄图阻止佛进城，佛大神力，阻挡皆自破，佛进入王宫，坐于宝殿之上。

王和诸子听说佛已入宫，便知佛神威广大，不可冒犯，于是还宫和佛相见，虔诚向佛作礼，说道："寡人卑鄙浅陋，少有学问，于礼仪无知，蠢同狼兽，愚痴顽冥，违犯天人大圣教言，无端侵伐邻邦小国。今蒙世尊慈悲，不辞劳苦从远道而来。我等不知奉迎，反加阻逆，罪过实大。唯愿世尊，饶恕我等。"忏悔毕，便向佛请求受戒，愿终身奉行。

佛说："大王既是一国之君，自当勤思忠信仁义，慈顺贞良，勤政爱民，体恤众生，珍惜生命，国土珍宝皆不足恃，为人主最应当作的就是爱民如子。"

也是如此。

“善知识，下等根器的人，听到这顿教佛法，就像那些根性小的草木，遇到了大雨，全都自行仆倒，不能再继续生长。小根器的人也是这样。小根器的人，他们原就具有的般若智慧，和大智慧的人并没有什么差别，为什么听了佛法以后却不能自己开悟呢？那是由于邪见障碍太重、烦恼太深的缘故。就像有一块大云遮盖了太阳，没有风把乌云吹散，太阳便不能再现一样。般若智慧也没有大小的分别，只是因为一切众生的自心有迷妄和开悟的不同。迷误的人只见心外之事，在心外修行寻佛，没有认识自己的本性，这就是小根器人。如果体悟了顿教法，不执着于在心外修行，只有自心中常常生起正见，一切烦恼都不沾染自己的心灵，这就是认识到了自己本来具有的佛性。

“善知识，对内外境都不执着，来去自由，能够去除执着心，通达一切无阻无碍，能这样去修行，就和《般若经》所说的没有什么差别了。

“善知识，一切经典和文字，大乘、小乘、十二部经，都是因为人的需要不同而设置的，都是因为人有智慧的本性才能建立的。如果没有世人，一切佛法本身就不存在。所以，从这里可以知道，一切万法本来是因世人而兴起，一切经书，原是为世人而说才有的。由于世人之中有愚昧人，也有智者，愚人为小人，智者为大人。愚人要向智者请教，智者要对愚人讲法。愚人忽然悟解，心地开朗，就和智者没有差别了。”

[原文]

“善知识，不悟即佛是众生，一念悟时众生是佛。故知万法尽在自心。何不从自心中，顿见真如本性？

“《菩萨戒经》[①]云：‘我本元自性清净。’若识自心见性，皆成佛道。《净名经》[②]云：‘即时豁然，还得本心。’

“善知识，我于忍和尚处，一闻言下便悟，顿见真如本性。是以将此教法流行，令学道者顿悟菩提，各自观心，自见本性。

“若自不悟，须觅大善知识解最上乘法者[③]，直示正路。是善知识有大因缘[④]，所谓化导[⑤]令得见性。一切善法，因

因妇得度

《三摩竭经》言：有一国家名难国，国王遣使者前往舍卫国长者阿难邻坻家，求长者女三摩竭为太子妻，长者在佛的授意下表示同意。

婚礼毕，国王请其师尼犍若陀弗入宫，盛宴款待。王又呼儿子和儿媳一同出来拜师。三摩竭见尼犍形貌丑黑，如同猪狗畜，就对他遥吐唾沫，而后回房，闭门不出。尼犍受此大辱，就对国王说："你这儿媳奉谁为师？敢这样羞辱我！"妇在房中高声应道："我师乃世间最尊最贵的佛！"国王说："佛在何处？佛可以看到吗？"妇说："当然！佛具神力，只要诚心焚香祈愿，遥请即至。"国王说："我现在就想见佛。"

三摩竭即登高台，烧香作礼道："今难国王，不知世间有佛，愿佛和诸弟子，屈尊临此。"佛知三摩竭祝告，即敕诸比丘，从空而至。佛为王说法，王及诸尼犍闻佛开示，皆得度。

善知识能发起故。三世诸佛，十二部经，在人性中本自具有。不能自悟，须求善知识指示方见。

“若自悟者，不假外求。若一向执谓须他善知识，望得解脱者，无有是处。何以故？自心内有知识自悟。若起邪迷，妄念颠倒，外善知识虽有教授，救不可得。若起真正般若观照，一刹那间[6]，妄念俱灭。若识自性，一悟即至佛地[7]。

“善知识，智慧观照，内外明彻，识自本心。若识本心，即本解脱。若得解脱，即是般若三昧(mèi)。般若三昧即是无念。何名无念？知见一切法，心不染著，是为无念。用即遍一切处，亦不著一切处。但净本心，使六识[8]出六门[9]，于六尘[10]中无染无杂。来去自由，通用无滞，即是般若三昧，自在解脱，名无念行。若万物不思，当令念绝，即是法缚(fù)，即名边见[11]。”

[注释]

①《菩萨戒经》：佛教戒律书。此经主要讲大乘佛教的十重戒和四十八轻戒。

②《净名经》：《维摩诘所说经》异名，也称《维摩经》。该经宣说“即世间求解脱”“心净则佛土净”的大乘菩萨行。

③解最上乘法者：即懂得禅宗教义的人。

④因缘：“因”指引生结果的直接内在的原因，“缘”指由外来相助的起间接辅助作用的条件。“因”和“缘”合称，指得以形成事物、引起认识和形成“业报”等现象所依赖的原因和条件。

⑤化导：教化、开导。

⑥一刹那间：瞬间。刹那，表示极短的时间单位。

⑦佛地：佛教把修行成道的过程划分为十个阶位，即十地。“佛地”为菩萨修行所要达到的最终果位。此处“佛地”与“见性成佛”意思相近。

⑧六识：指眼、耳、鼻、舌、身、意六种感觉和思维器官接触相应的外在对象（六境）之后，产生的见、闻、嗅、味、触、知等作用。

⑨六门：也称“六根”。指眼、耳、鼻、舌、身、意等六种感觉和思维器官。

⑩六尘：也称“六境”。指眼、耳、鼻、舌、身、意等六识所感觉认识

老婢得度

《观佛三昧经》言：须达长者家有一老婢名毗低罗，须达长者将家业库藏交给她管理。长者慷慨好施，毗低罗对此不以为然，渐对佛法僧不满，常发怨语。

抱怨传到末利夫人耳中，末利夫人就对须达说："你去传你妻来，我有话对她说。"须达妇到，末利夫人对她说："你家老婢毁谤三宝，何不赶走她？"须达妇说："佛门广大，于世间多所饶益，何况老婢！"末利夫人便对须达妇说："我明日要请佛，你派老婢来帮忙。"

第二日，长者遣老婢带金银前往王宫帮忙。至宫门遇佛，老婢想要逃避。佛在她面前举起十指，皆化为佛，为其说法，老婢仍不受教。

佛说："此婢和我无缘，却和罗睺罗有缘。"便令罗睺罗前去度化。罗睺罗乘空而至，老婢一见，心生欢喜，求受五戒。罗睺罗便为老婢授三皈五戒法。老婢闻法后，即成须陀洹果。

的六种现象，即色、声、香、味、触、法。

⑪边见：片面极端的错误见解。

[译文]

“善知识，不开悟，佛也是众生，一念开悟，众生也是佛。因此一切佛法都在人自己心中。为什么不能在自己心中顿见真如本性呢？

“《菩萨戒经》说：‘我自己的本性本来清净。’如认识自己的本心，见到自己的本性，就能自己成就佛道。《维摩经》说：‘突然开悟，就复归自己的本心。’

“善知识，我在五祖弘忍大师那里听到佛法，当即开悟，顿见自己真如本性。所以，我要把这种顿悟的佛法广泛传给后世，使修习佛道的人都能够顿悟菩提，观照自己的本性，顿悟自己本具的佛性。

“如果自己不能自悟，就要找高明懂禅宗教义的大师，能够讲解最上乘佛法的人，直接指示成佛的正确道路。因为高明的大师和佛法有很大的因缘的，能通过教化和引导，让人明心见性。所有精妙的佛法，都是由高明的大师发起流布的。一切佛，和佛教十二部经，也是人的本性都具有的。迷误的人不能自己开悟，必须要高明的大师开导才能见自如真性。

“如果自己能开悟，就不要心外觅求。如果总是认为必须靠高明的大师的指引才能求得解脱，那就没有一点好处。为什么呢？自己心中原本就佛性可以自悟。如果生邪见迷本性，妄念颠倒，那么，即使高明导师在外给予指导，也无法救助。如果能够生起真正的般若智慧观照，转念间，妄念完全灭绝。如果能认识自性，一开悟就可直入佛地了。

“善知识，用智慧观照，里外通彻，就可以体认自己的本心。如果体认自己的本心，就是解脱。得到了解脱，就是懂得了般若的奥妙。体悟了般若的奥妙，就是无念。什么叫无念？见到万事万物，心不执着沾染，这就是无念。遍及所有地方，但又不执着于所有地方。使自性永远清净，让眼识、耳识、鼻识、舌识、身识、意识六识从眼、耳、鼻、舌、身、意六门中走出，在色、声、香、味、触、法六尘外境中没有一点沾染和执着。来去自由自在，通达自如，这就是般若三昧，自在解脱，也称作无念修行。假如对万物都不思虑，让心念断绝，这就是为法束缚了，也就是片面极端的错误。

[原文]

“善知识，悟无念法者，万法尽通；悟无念法者，见诸

盲儿见佛

《越难经》言：波罗奈国有一长者名越难，家巨富却极吝啬。其子旃檀同样悭贪成性。

越难死后，转世投生给盲妇为子。盲妇和盲儿靠乞讨生活。

盲儿出外乞食时，正好来到了他前世儿子家。正好守门人不在，他就直走进中庭。旃檀为此事责备守门人。守门人畏罪，将盲儿推出门外，盲儿跌伤痛呼。门神就告诉盲儿："你这点痛算什么？将来还有更大的苦痛！你前世有财不肯施舍，才会有今天这样的报应，将来死后还要受无尽难熬的痛苦。"

佛带着众弟子来看望盲儿，并给他带来食物。佛以手抚摸盲儿头，盲儿双目即明亮，伤口也愈合了，而且记起了宿命的因缘。佛问："你可否记得你前世是越难长者？"乞儿答："是。"众人听后乍然不语，暗惊因果报应来得如此神速，从此后皆发信心，都愿施佛及僧，为善为福。

佛境界；悟无念法者，至佛地位。

“善知识，后代得吾法者，将此顿教法门，于同见同行，发愿受持[1]，如事佛故，终身而不退者，定入圣位。然须传授从上以来默传[2]分付，不得匿（nì）其正法。若不同见同行，在别法中，不得传付，损彼前人，究竟无益。恐愚人不解，谤此法门，百劫千生，断佛种性[3]。

“善知识，吾有一《无相颂》，各须诵取。在家出家，但依此修。若不自修，惟记吾言，亦无有益。听吾颂曰：

说通及心通，如日处虚空。唯传见性法，出世破邪宗。
法即无顿渐，迷悟有迟疾。只此见性门，愚人不可悉。
说即虽万般，合理还归一。烦恼暗宅中，常须生慧日。
邪来烦恼至，正来烦恼除。邪正俱不用，清净至无余。
菩提本自性，起心即是妄。净心在妄中，但正无三障[4]。
世人若修道，一切尽不妨。常自见己过，与道即相当。
色类[5]自有道，各不相妨恼。离道别觅道，终身不见道。
波波度一生，到头还自懊（ào）。欲得见真道，行正即是道。
自若无道心，暗行不见道。若真修道人，不见世间过。
若见他人非，自非却是左。他非我不非，我非自有过。
但自却非心，打除烦恼破。憎爱不关心，长伸两脚卧。
欲拟化他人，自须有方便。勿令彼有疑，即是自性现。
佛法在世间，不离世间觉。离世觅菩提，恰如求兔角。
正见名出世，邪见名世间。邪正尽打却，菩提性宛然。
此颂是顿教，亦名大法船。迷闻经累劫，悟则刹那间。”

师复曰：“今于大梵寺，说此顿教，普愿法界众生，言下见性成佛！”

时，韦使君与官僚、道俗，闻师所说，无不省悟。一

付嘱天龙

《大集经》言：佛成正觉以后，无量菩萨、海众皆来亲近。佛为之宣说菩萨法藏，令知诸佛精深境界，就在欲界天和色界天的二界中间，化七宝坊，如大千世界。十方佛刹诸菩萨众和诸天龙鬼神等全云集而至。佛说种种庄严、光明大悲行相因缘，及如来三十二相、十力、四无畏、十八不共法、三十二障大乘法、三十二速成就法等诸法。又为诸天龙鬼神说受生、受苦、受乐等种种业报因缘，并为其授三皈依，一切即得净眼，俱得安隐。又广说十方一切佛土清净庄严，百亿菩萨修因证果及三界一切龙天，诸部大鬼神等，为无量大众讲说精深佛法。

而后，以阎浮提国土付嘱释梵护世诸天，所有龙神、修罗、夜叉、鬼神等众，各自分布安置，护养芸芸众生，除障护善，久住正法。

时作礼，皆叹："善哉！何期岭南有佛出世。"

[注释]

①受持：信受奉持。

②默传：不依靠语言文字以心传心的传授。

③断佛种性：永远不能成佛。

④三障：指不利于修行的三种障碍，即烦恼障、业障及果报障。

⑤色类：有各种物质形体的众生，一般指世间的一切人。

[译文]

"善知识，能够领悟无念法，也就通晓所有佛法；能够领悟无念法，也就见到了所有佛的境界；能够领悟无念法，就到了佛所在的地位。

"善知识，后世人得到我的佛法，能够将这个顿悟法门交与他有相同见解、相同行动的人们一起，发愿信受奉持，就像对佛一样，并且终生坚持而不变，就可以入主圣位。但是必须传授祖师从上以来就采用的以心传心的传授方法，不可隐匿真正的佛法。如果不是有相同见解、相同行动的人，他们信奉别人佛法，就不要妄传，损害前代祖师，最终什么好处也没有。更担心有些愚痴的人不能理解，诽谤这个法门，这样的人就会百劫千生，永远断了佛性的种子，就不能成佛了。

"善知识，我有一首《无相颂》，大家务必诵念，无论在家出家，都要依照这首颂去修行。要是不去修行，只记住我的话，也没有什么用处。请听颂：

说通及心通，如日处虚空。唯传见性法，出世破邪宗。
法即无顿渐，迷悟有迟疾。只此见性门，愚人不可悉。
说即虽万般，合理还归一。烦恼暗宅中，常须生慧日。
邪来烦恼至，正来烦恼除。邪正俱不用，清净至无余。
菩提本自性，起心即是妄。净心在妄中，但正无三障。
世人若修道，一切尽不妨。常自见己过，与道即相当。
色类自有道，各不相妨恼。离道别觅道，终身不见道。
波波度一生，到头还自懊。欲得见真道，行正即是道。
自若无道心，暗行不见道。若真修道人，不见世间过。
若见他人非，自非却是左。他非我不非，我非自有过。
但自却非心，打除烦恼破。憎爱不关心，长伸两脚卧。
欲拟化他人，自须有方便。勿令彼有疑，即是自性观。
佛法在世间，不离世间觉。离世觅菩提，恰如求兔角。

劝友请佛

《法句经》言：须达长者有一亲友不信佛法及诸医术。后患重病，亲友皆劝他请佛治病。他坚执不肯，长者为其详细开解，终于说服病人，病人便拜托长者代其请佛及僧。

须达即请佛及僧至其家中，佛放大光明。病人看到佛光，顿感欣然，身体轻安。佛为其开示说："人生世间，有三种人不当死而死：一是有病不治；二是治却不慎；三是刚愎自用，不知进退，又不听亲友劝告。因此当一个人患病时，首先要明白病因、病源，而后正确地采取方法，便能安然无恙。比如，病由四大不调、寒热导致，当服用医药；若众邪恶鬼侵扰，就当诵经持戒以驱除；若平时可以奉事圣贤，以大智慧消去阴盖，若能这般奉行，现世当得平安吉祥。"

病人听了开示，遍体清凉，所有病患立即消除。此后，所有宗亲国人皆敬奉佛法。

正见名出世，邪见名世间。邪正尽打却，菩提性宛然。

此颂是顿教，亦名大法船。迷闻经累劫，悟则刹那间。”

大师又说：“现在我在大梵寺说这个顿教法门，希望世上一切众生，能够立即认识佛法，顿悟成佛。”

当时韦璩刺史和官僚以及在会的僧俗弟子，听了六祖大师的佛法，没有不觉悟明白的。大家都向六祖大师施礼，赞叹说：“太好了，想不到岭南这个地方真有活佛出世了。”

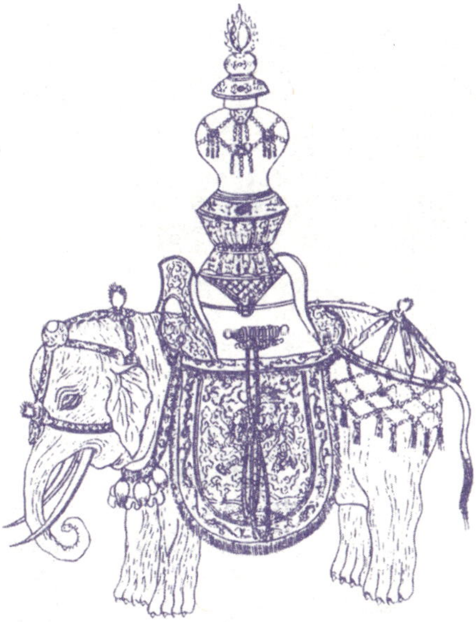

嘱儿饭佛

《法句经》言：有一位大长者名修罗陀，家富，信佛，自誓每年腊月初八都要请佛及僧。长者临终时以此事郑重嘱咐其子。

其子比罗陀贫，无钱置办斋饭，心中着急愁闷。佛遣目连问比罗陀：“你父自誓腊月初八皆要请佛及僧，现在日期将至，你有何打算？”比罗陀说：“父虽亡故，教令犹行。唯愿世尊，仍于初八中午光临。”于是令妻子回娘家，借贷百金办食。

初八日，佛和众僧到比罗陀家受供，食毕咒愿。

第二日早晨，比罗陀夫妇醒来发现库藏中布满宝物，心中且喜且惧，不知该怎么办。夫妇便去请问佛。佛对比罗陀说：“这些财宝你可放心、任意取用。因你履行信诺，不违父教，且能终身奉戒，精勤修学，故这些宝物是你福德所致。”比罗陀听后便对佛更加笃信。

疑问品第三

题解

成佛需要觉悟，觉悟需要见到自己的本性。真正的功德在自己的本性里。修行是修不来福报的，只有见到了本性，才能得到无量的福报。任何福报都是有限的，而真正的功德是无限的。福德不等于功德，功德能够见性成佛而得彻底解脱，福德却只能享受暂时的快乐而永远沉沦在苦海之中。布施求福是根本不能够见性成佛的。

真正的觉悟，是靠心行。真正的修行，并不是非要出家，也不是要受那么多的限制，关键在于见性。见不了性，出家也没有用；见到了性，不出家也照样能行。

[原文]

一日，韦刺史为师设大会斋[①]。斋讫(qì)，刺史请师升座，同官僚、士庶[②]肃容再拜。问曰："弟子闻和尚说法，实不可思议。今有少疑，愿大慈悲特为解脱。"

师曰："有疑即问，吾当为说。"

韦公曰："和尚所说，可不是达摩大师宗旨乎？"

师曰："是。"

公曰："弟子闻达摩初化梁武帝[③]，帝问云：'朕一生造寺度僧，布施设斋，有何功德？'达摩言：'实无功德。'弟子未达此理，愿和尚为说。"

师曰："实无功德，勿疑先圣之言。武帝心邪，不知正法。造寺度僧，布施设斋，名为求福，不可将福便为功德。功德在法身中，不在修福。"

师又曰："见性是功，平等是德。念念无滞，常见本性，真实妙用，名为功德。内心谦下是功，外行于礼是德；自

贷钱办食

《经律异相》言：一日，罗阅城人民聚于一处，共议筹钱置办饭食，供佛及僧。一鸡头婆罗门家贫无钱，遭人冷落。

鸡头愁眉苦脸地回家。妻子闻知后便让他到蜜多罗长者家借贷，鸡头借到钱后却又错过了商议时间，不能参加。

夫妇二人便一齐来到佛所，礼拜后将此事告于佛。佛说："你有这份心意就很难得，大家不让你参加，你就独自请佛及僧吧。"

天帝释便让毗沙门天王帮助这位婆罗门备办饭食，又让毗湿波伽摩天子化作高广讲堂。二人依言行事。佛对鸡头说："你可前往皇宫请国王一同受供。"鸡头依言去请国王。

第二日，国王并群臣一同驾临。佛和众僧，在天龙拥护下，齐至讲堂，接受鸡头婆罗门供食。咒愿食毕，佛便于讲堂中讲说微妙法，众人皆大欢喜。

性建立万法是功，心体离念是德；不离自性是功，应用无染是德。若觅功德法身，但依此作，是真功德。若修功德之人，心即不轻，常行普敬。心常轻人，吾我不断，即自无功；自性虚妄不实，即自无德。为吾我自大，常轻一切故。

“善知识，念念无间是功，心行平直是德；自修性是功，自修身是德。

“善知识，功德须自性内见，不是布施供养之所求也。是以福德与功德别，武帝不识真理，非我祖师有过。”

[注释]

①大会斋：在大法会中，兼吃斋饭，称为大会斋。

②士庶：士族和庶族，这里指一般的信众。

③梁武帝：南北朝时南朝梁国的开国之君，兰陵人，姓萧，名衍，字叔达。梁武帝博学能文，崇信佛教，曾三度舍身出家同泰寺。

[译文]

有一天，韦璩刺史为慧能大师举行大会斋。斋饭后，刺史请大师登上尊位，然后和其他官僚、信众整肃仪容向慧能再拜施礼，说：“弟子听大师说法，感到实在微妙，不可思议。现在还有些疑问，希望大师慈悲为怀，特地为我们解说。”

慧能大师说：“有什么疑问就问吧，我为你们解说。”

韦刺史说：“大师所说，是不是达摩祖师的宗旨？”

慧能大师说：“是的。”

韦公说：“弟子听说，菩提达摩祖师最初度化梁武帝时，梁武帝问达摩：‘我一生中建造寺庙、敕度僧人、布施财物、广设斋会，有什么功德？’达摩祖师说：‘实在没有什么功德。’弟子始终不明白其中的道理，请师父替我解说。”

慧能大师说：“武帝的确没有什么功德，你不要怀疑达摩祖师的话。武帝心存邪见，不懂得真正的佛法。建寺度僧、布施设斋，这叫求福，不能把求福当作功德。功德在人的自性中，而不在求得福报的善事上。”

慧能大师又说：“能见真如自性就是功，懂得众生平等就是德。每念之间没有滞碍，常见自己的真如本性，发挥自性的真实妙用，就是功德。内

谈乐佛至

《法句经》言：佛在舍卫国祇园精舍时，有四位初学的比丘，在柰树下经行游戏，相互谈论世间万事何者最乐，四人各言所想。

佛走来对他们说："你们刚才所论的全是忧畏危亡之事，怎是人间最乐？须知，万物春夏繁荣，秋冬衰落；宗亲欢乐，皆会别离；财宝车马，五家（水、火、盗贼、官府、不肖子孙）分之；妻妾美色，皆是爱憎之根。爱乐则生忧，贪欲则生畏。若无贪欲，便可无忧无畏，凡夫处世则不免招灾惹祸，危身灭族，忧畏无量。殊不知三途八难、苦痛万端，皆由贪欲爱乐而起。"

这四位新学的比丘，听佛解说苦乐之义后，心意开解，惭愧悔过，断除贪欲爱乐，一心求道，得证阿罗汉道。

心谦虚就是功，行为守礼就是德；凭借真如自性而建立万法是功，心体离一切妄念就是德；不离自性是功，应用而不执着就是德。假如要寻求功德法身，依此去做，就是真正的功德。假如是真正修功德的人，心中就不会轻视他人，常能对一切众生尊敬博爱。心中常常轻慢他人，对自我的执着没有断除，就自然没有功；自己的心性虚妄不实，就自然没有德。这都是自视过高、轻慢一切的缘故。

“善知识，随顺法性念念不间断就是功，心念和行为正直就是德；自己修证佛性就是功，自己修养法身就是德。

“善知识，功德一定要在自性里求，而不是靠布施供养所能求到的。福德与功德是不同的，梁武帝不明白这个真理，因此不是达摩祖师讲错了。”

[原文]

刺史又问曰：“弟子常见僧俗念阿弥陀佛[1]，愿生西方。请和尚说，得生彼否？愿为破疑。”

师言：“使君善听，慧能与说。世尊在舍卫城中，说西方引化经文，分明去此不远。若论相说里数，有十万八千，即身中十恶八邪[2]，便是说远。说远为其下根，说近为其上智。

“人有两种，法无两般。迷悟有殊，见有迟疾。迷人念佛求生于彼，悟人自净其心。所以佛言：‘随其心净，即佛土净[3]。’

“使君东方人，但心净，即无罪；虽西方人，心不净，亦有愆(qiān)[4]。东方人造罪，念佛求生西方；西方人造罪，念佛求生何国？

“凡愚不了自性，不识身中净土，愿东愿西，悟人在处一般。所以佛言：‘随所住处恒安乐[5]。’使君！心地但无不善，西方去此不遥；若怀不善之心，念佛往生[6]难到。今劝善知识，先除十恶，即行十万，后除八邪，乃过八千。念念见性，常行平直，到如弹指，便睹弥陀[7]。”

说苦佛来

《法句经》言：有一日，祇园精舍中有四位比丘同聚一处，互相讨论评议“世间万事，什么事最苦”。一人说“淫欲最苦”。一人说“莫过饥渴”。一人说“嗔恚为最苦”。一人说“惊怖当最苦”。四人各持己见，争论不止。

佛闻知，就走过来对他们说：“你们所谈的种种苦，都不曾说到苦的究竟处。天下之苦，莫过有身！一切饥渴、寒热、嗔恚、色欲、怨祸等等诸种苦，皆因有身。故此说身乃众苦之本，祸患之源，导致劳心极虑，忧畏万端。

自三界众生乃至于蠕动含灵，皆因为执着于自我，为满足自我欲望，便以强凌弱、互相残害，由是生死不息，也皆因有身故。因此要脱离世间之苦，当求寂灭，摄心归正，静然无想，可得涅槃，此为最乐。”

[注释]

①阿弥陀佛：无量光明寿命觉者。该佛是净土宗的主要信仰对象，被称为“西方极乐世界”的教主，能接引念佛人前往“西方净土”，故又称“接引佛”。

②十恶八邪：杀生、偷盗、邪淫、贪心、嗔心、痴心、妄语、两舌、恶口、绮语，称为十恶；邪见、邪思维、邪语、邪业、邪命、邪方便、邪念、邪定，称为八邪。

③随其心净，即佛土净：只要心地清净，当即便是佛国净土。

④愆：罪过。

⑤随所住处恒安乐：随身所住之处，即可成为安乐净土。安乐，指西方极乐世界。

⑥往生：净土宗常用语，佛教专指离开娑婆世界，前往弥陀极乐净土。

⑦便睹弥陀：是往生西方极乐世界的象征。

[译文]

韦刺史接着又问：“弟子常看到僧人和道俗，奉持诵念阿弥陀佛，希望往生西方极乐世界。请问师父，这样做能往生西方吗？请为我们释疑解惑。”

慧能大师说：“韦刺史请细听，我来给你们解说。释迦牟尼佛当年在舍卫城中说的西方极乐世界，引导教化众生的经文上说得很明白，西方极乐世界离这里不远。但如果以里来算就有十万八千里，如果从自性上说就是身心中有十恶八邪的障碍，所以说远。说远是针对根性差的人来说，说近则是针对根性好的智者而说的。

“人的根性虽有利、钝两种，但佛法并没有两样。众生有迷与悟的差别，所以见性就有快、慢的不同。执迷的人靠念佛求生西方净土，而觉悟的人只求清净自心。所以佛说：‘随着自心的清净，也就是佛土的清净。’

“韦使君是东方人，只要心净就没有罪；反过来说，虽是住在西方的人，自心不净也是有罪过的。东方人造了罪，想念佛求生西方，那么西方人造了罪，又将念佛求生到哪一方呢？

“凡夫愚人不能体悟自性，不认识心中自有净土，于是只空想求生西方或求生东方，而觉悟了的人无论在什么地方都一样。所以佛说：‘随便你住在哪里都永远安乐。’韦刺史你只要心地没有不善，西方极乐世界就不远了；假如心中怀有不善，即使天天念佛也难以往生极乐世界。现在我劝众位善知识，先消除十恶，那么就行了十万里，之后再除去八邪，就又行了八千里。而你若念念见性，常常行走在平直大道，去西天易如弹指，就可到西方极乐世界。”

老乞遇佛

《经律异相》言：一日，世尊在舍卫城遇到一位年老的婆罗门，执杖沿家求乞。世尊问其故，老婆罗门说“世尊！我辛苦积了许多财物，为儿娶妻，又将所有家业都交于儿子，以为年老时可得儿子孝养，不想今日落如此地步”！

佛对老人说：“我教给你一首偈，你能记住的话就回家念给你儿子听。”老婆罗门说：“能记得住。”于是世尊便为他说偈一首。

老婆罗门从佛受偈后，便回家高声朗诵此偈。他儿子听后不胜愧疚，即抱着他父亲进屋，为其沐浴换衣，将父亲留在家中好好待奉。

婆罗门心想：“我于今日，蒙受世尊恩，教我经偈。我应持上妙好衣供养。”于是至世尊所，顶礼合掌道：“唯愿世尊哀悯，请受此衣。”世尊受衣毕，即为婆罗门说法，婆罗门闻教得益。

[原文]

“使君！但行十善[①]，何须更愿往生？不断十恶之心，何佛即来迎请？若悟无生顿法，见西方只在刹那；不悟念佛求生，路遥如何得达？慧能与诸人移西方于刹那间，目前便见。各愿见否？”

众皆顶礼[②]云：“若此处见，何须更愿往生。愿和尚慈悲，便现西方，普令得见。”

师言：“大众，世人自色身[③]是城，眼、耳、鼻、舌是门。外有五门，内有意门。心是地，性是王。王居心地上，性在王在，性去王无。性在身心存，性去身心坏。佛向性中作，莫向身外求。

“自性迷即是众生，自性觉即是佛。慈悲即是观音，喜舍名为势至，能净即释迦，平直即弥陀。

“人我是须弥，邪心是海水，烦恼是波浪，毒害是恶龙，虚妄是鬼神，尘劳是鱼鳖，贪嗔是地狱，愚痴是畜生。

“善知识，常行十善，天堂便至。除人我，须弥倒。去邪心，海水竭。烦恼无，波浪灭。毒害除，鱼龙绝。自心地上觉性如来，放大光明，外照六门清净，能破六欲诸天。自性内照，三毒即除，地狱等罪，一时销灭。内外明彻，不异西方。不作此修，如何到彼？”

大众闻说，了然见性。悉皆礼拜，俱叹善哉，唱言：“普愿法界众生，闻者一时悟解。”

[注释]

①十善：与十恶相对，指十种善行。即不杀生、不偷盗、不邪淫、不妄语、不两舌、不恶口、不绮语、不贪欲、不嗔恚、不邪见。

②顶礼：佛教的礼仪，两肘、两膝和头着地，用头顶对方的足，称为“五体投地”。

度网渔人

《法句经》言：舍卫城东南，有一大江，岸边住五百余家渔民。他们不蒙教化，对伦理道德礼义全不知。

佛为了度化他们，便来到江边，坐于树下，为渔民说种种法，而这些人听了，心中依然不信。

佛便分身另变一人，从江南踏水而来，足行水上，仅没其踝，至佛前稽首礼佛。众人见此，惊讶问道："我们从来不曾看到或听说有人能在水面上行走。你是何人，怎能履水不没？"那人答："我乃江南愚冥之人，听说佛在此说法，就急忙来到岸边。因无渡船，我就问岸边人江水深浅。他们说水只齐踝。我相信他们的话，就能从水面上走来，并无道术。"

村人亲眼看见了由信心而产生的神力，便听佛讲解种种妙法，心意开解，皆发信心，皆求受三皈、五戒，作清信士。

③色身：由地、水、火、风四种物质要素（色法）组成的身体，即指人的肉体。

［译文］

“韦使君，只要能够实行十善，何必要再发愿往生西方呢？如果不能断除十恶的心念，那又怎会有佛来迎接你到佛门净土呢？如果能够领悟没有生灭的顿教佛法，见到西方净土就只在一刹那间；如果不能领悟没有生灭的顿教佛法，那么，想靠念佛求生西方，路途遥远怎么能够到达？我要替大家在一刹那间移来西方净土，让大家立刻就亲眼看到，各位愿意看吗？”

大家立刻向六祖施礼，并说：“如果能在这里见到，何必再发愿往生西方。望大师发慈悲显现西方净土，让大家都能见到。”

慧能大师说：“诸位，世人的肉身就好像一座城，眼、耳、鼻、舌、身就好比是五座城门。外面有这五个门，里面有一个意门。人心就像城中的土地，自性是城中的帝王。帝王住在心地上，自性在帝王就在，自性迷失帝王就不存在。自性在身心就在，自性丧失身心就丧失。求佛要在自性中去寻，而不要到身外去求。

“自性迷失，佛也是众生，自性开悟，众生也就是佛。心存慈悲就是观音菩萨，乐于施舍就是大势至菩萨，能清净心灵就是释迦牟尼，有平等正直心地就是阿弥陀佛。

“有人我二执就有一座障碍正道的须弥山，邪心是大海，烦恼是波浪，心存毒害之心就是凶猛的恶龙，虚妄就是鬼神，心地尘杂烦恼就如同鱼鳖，贪、嗔、痴三毒就是地狱，愚痴就是畜生道。

“善知识，能够常行十善，立即便到达天堂。能够去除人我二执，须弥山便倒塌。去除邪心，海水便枯竭。烦恼不生，波浪便消灭。消去毒害之心，鱼龙就绝灭。只要在自心认识了佛性，自性就会放射出智慧之光，把六门照得清明洁净，把欲界的六重天全部照破。自我本性向内照，贪、嗔、痴三毒就能清除，地狱就会立即消灭。这样就会内外都通晓透彻，就和西方极乐世界没有什么差别了。如果不这样修行，怎么能够到达西方世界呢？”

大家听了大师的佛法，都了然见性。一起向大师施礼，赞叹说好。又高声唱着说：“但愿天下众生，听到后都能立即悟解。”

［原文］

师言：“善知识，若欲修行，在家亦得，不由在寺。在

佛度屠儿

《法句经》言：有五百梵志，常伺机想寻佛的过失，便商议设一圈套，令屠儿杀生，而后请佛及僧。佛若受请，必赞屠儿，到时即可上前讥之。

屠儿依言前往请佛，佛即受请，然后应约而至。梵志得知，皆大喜。

世尊至屠儿家，知有应可度之人，便出广长舌，放大光明，发微妙音，说偈咒愿。而后说道："圣人设教，教人以道德存心，而愚痴小人反生嫉妒。须知为恶行恶，终得恶果；习善行善，必得善果。恶当受罪，善当受福，善恶因果，皆缘各自受报，两者不可相代，也不能抵消。"

五百梵志听后意自开解，便前礼佛，愿受圣训，并求佛度为沙门。佛准许他们剃度。诸屠儿见佛神变，听佛说法，皆欢喜得道迹。此后被人们称为贤友，不复为屠儿。

家能行，如东方人心善；在寺不修，如西方人心恶。但心清净，即是自性西方。”

韦公又问：“在家如何修行？愿为教授。”

师言：“吾与大众说《无相颂》，但依此修，常与吾同处无别。若不作此修，剃发出家，于道何益？颂曰：

心平何劳持戒[①]，行直何用修禅[②]？
恩则孝养父母，义则上下相怜。
让则尊卑和睦，忍则众恶无喧。
若能钻木出火，淤泥定生红莲。
苦口的是良药，逆耳必是忠言。
改过必生智慧，护短心内非贤。
日用常行饶益[③]，成道非由施钱。
菩提只向心觅，何劳向外求玄？
听说依此修行，天堂只在目前。”

师复曰：“善知识，总须依偈修行，见取自性，直成佛道。法不相待，众人且散，吾归曹溪，众若有疑，却来相问。”

时，刺史、官僚，在会善男信女，各得开悟，信受奉行。

[注释]

①心平何劳持戒：“戒”是禁止一切不符合佛教思想和言行所做的规定，用以防非止恶，约束信徒，纯正信仰。在佛教中，戒、定、慧并列为“三学”。慧能认为，只要主观上对一切都不加区别（心平、行直），就等于遵守了戒律。

②行直何用修禅：行直，指心行平直，即对一切事物和现象都没有偏执的心理状态。在这里，慧能用对一切均不作区别的心理状态代替了传统佛教的修习禅定。

③饶益：佛教指有利于他人的一切活动。

[译文]

慧能大师说：“善知识，你们如果要修行佛道，在家中也可以，不必非要出家到寺庙。在家如果能依法修佛道，就像东方人心地善良；在寺庙中

度捕猎人

《法名经》言：罗阅祇国有一山中，住有许多猎户专以捕猎为业。

一日，佛至山村中，坐于树下，放大光明，照耀山中一切木石，使其皆为金色。佛即为村中在家妇女说杀生之罪报。

诸妇女见其和蔼，便以礼相待，欲为佛置备肉食。佛为其解说，佛之戒法不可食肉，并为其详细解说各种因由，劝其家人早日戒杀、务农。

外出打猎的男人们回来后听佛的话语，心生嗔恚，欲取出弓箭射佛。众妇女急忙劝止说：“你们万万不可鲁莽，此乃圣人，不得对其无礼。”众男人听女人如此说，便过来向佛作礼顶拜，虔诚悔过。佛再次为他们解说不杀之福及杀戮之罪，人能不杀生，须行大仁慈，悯众生，博爱济人，这样才能福常随身，死后升天。猎人们听此言，心中欢喜信受，皆受五戒。

出家，如果不去修行，也就和西方人心地不善一样。只要自心清净，就是自性的西方极乐世界。”

韦刺史又问：“在家怎样修行佛道呢？请大师为我们解疑释惑。”

慧能大师说：“我给大家说一个《无相颂》，只要照此法修行，就会像和我在一起一样。如不按照这个颂去修行，即便出家为僧，对于佛道又有什么益处呢？颂词是：

心平何劳持戒，行直何用修禅？恩则孝养父母，义则上下相怜。
让则尊卑和睦，忍则众恶无喧。若能钻木取火，淤泥定生红莲。
苦口的是良药，逆耳必是忠言。改过必生智慧，护短心内非贤。
日用常行饶益，成道非由施钱。菩提只向心觅，何劳向外求玄？
听说依此修行，天堂只在目前。”

慧能大师又说：“善知识，一定要按我说的偈去修行，体认自性，直接成就佛道。佛法不等待，大家暂且回去，我要回曹溪山，你们如果有疑问，到曹溪山来问我。”

当时刺史、官僚和在场的善男信女，各人都有所开悟，大家都信受奉行。

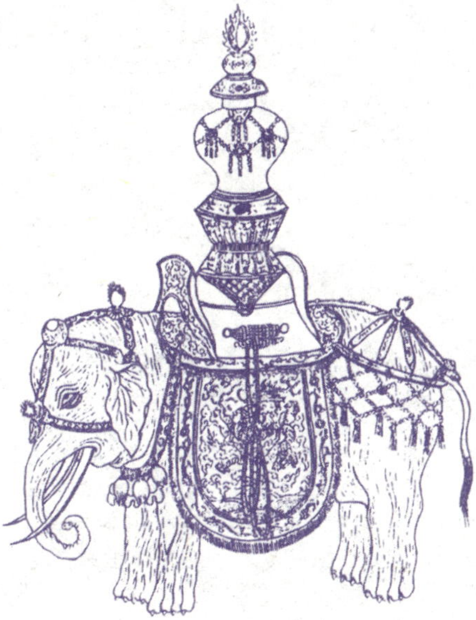

无量寿会

《无量寿经》言：佛和众弟子住于王舍城耆阇崛山中。一日，阿难见佛容光焕发，庄严法相殊好，便问其中奥妙。

佛便告诉阿难说，过去有一尊佛，名世自在王。其时有一国王，弃国出家，号称法藏，在世自在王如来前广发四十八大愿，一心要建立庄严妙土来摄受众生，故他所成就的国土进道胜缘皆备。法藏成佛后，号为阿弥陀。众生闻其名号，一心称念、回向、发愿求生其国，阿弥陀佛便将其接引至生极乐世界，乃至一生成就无上佛道。十方世界人民，至心发愿往生净土者，大体上分作上、中、下三辈，皆得往生。

佛又告诉弥勒菩萨说："极乐世界如此微妙庄严，安乐清净，你等诸菩萨，当善为教诫。以后经道逐渐灭尽，我当以慈悲神力，独留此经住世百年，以度众生。"

定慧品第四

题解

禅宗认为佛性人人具有，智慧人人可有。只要运用智慧，就能见到佛性而成就佛果。见到佛性并不非要经过戒与定的阶段，重要的是要开启智慧。所谓的一行三昧，就是说一切行、住、坐、卧之中，要常行一条直心。心灵正直，就不会牵挂，不会执着一切，就是真正的一行三昧。

禅宗以无念为宗旨，无念就是对任何念头不执着。过去的念头就随它去了，现在的念头不加执着，未来的念头不去思想，这就是无念。无相，就是说对于任何事物法相都不起执着。无住就是对念头与法相不加执着牵挂。

[原文]

师示众云："善知识，我此法门，以定、慧为本。大众勿迷言定、慧别。定、慧一体，不是二。定是慧体，慧是定用。即慧之时定在慧，即定之时慧在定。若识此义，即是定、慧等学。诸学道人，莫言先定发慧，发慧发定各别。作此见者，法有二相。口说善语，心中不善，空有定、慧，定、慧不等。若心口俱善，内外一如，定、慧即等。自悟修行，不在于诤，若诤先后，即同迷人。不断胜负，却增我法，不离四相。

"善知识，定、慧犹如何等？犹如灯、光。有灯即光，无灯即暗。灯是光之体，光是灯之用。名虽有二，体本同一，此定、慧法，亦复如是。"

师示众云："善知识，一行三昧[①]者，于一切处行、住、坐、卧，常行一直心是也。《净名经》[②]云'直心是道场''直心是净土'。莫心行谄曲[③]，口但说直，口说一行三昧，不行直心。

佛化丑儿

《百缘经》言：舍卫城中有一长者，生子极丑，状如恶鬼。父母厌恶，将他赶出家门。路人见其亦生怖惧。丑儿只得跑到山林中。

世尊慈念，要度化他。丑儿见佛，自惭形丑，便要避走。诸比丘皆于树下跏趺禅坐。世尊化为一丑人，捧满钵饭食，走到丑儿旁。丑儿引以为同类，便与其同钵吃饭。

饭后，化人忽变得端正无比。丑儿惊问其因。化人说："我吃饭时，以善心观察那些树下的比丘，不想就变得如此端正了。你可否要一试？"丑儿心想，有这样的事？那我也当仿效。于是也心怀善念，满脸喜悦，果然自己的形貌变得端正。

此时化人还复了佛的本形，丑儿当即上前顶礼佛足，佛为其说种种妙法，得须陀洹果。他即在佛前求出家，成沙门，其后精勤事道，得阿罗汉果。

但行直心，于一切法勿有执着。迷人著法相，执一行三昧，直言常坐不动，妄不起心，即是一行三昧。作此解者，即同无情，却是障道因缘。

“善知识，道须通流，何以却滞？心不住法，道即通流，心若住法，名为自缚。若言常坐不动是，只如舍利弗[4]宴坐[5]林中，却被维摩诘(jié)[6]诃(hē)。

“善知识，又有人教坐，看心观静，不动不起，从此置功。迷人不会，便执成颠，如此者众，如是相教，故知大错。”

[注释]

①一行三昧：是一种实相念佛教法。修习这种禅定时，要以法界（即真如、实相）为对象，专心念佛，即可见到佛，由此得出离开心没有别的佛的认识。神秀倡导这种禅定，强调静坐安心。这里慧能对一行三昧作了新的解释。

②《净名经》：即《维摩诘经》。

③谄曲：谄媚不正。谄，奉承、讨好。曲，不直。

④舍利弗：舍利弗多罗的简称，古印度摩揭陀国王舍城人，属婆罗门种姓，释迦牟尼的十大弟子之一，持戒多闻，敏捷智慧，善讲佛法。

⑤宴坐：静坐。

⑥维摩诘：意译“净名”或“无垢称”，略称“维摩”，菩萨名。他是佛在世时毗舍离城的一位在家菩萨，曾以病为由，同释迦牟尼派来问病的文殊师利等反复论说佛法，所说内容载于《维摩诘经》。

[译文]

慧能大师对众人说：“善知识，我的法门是以禅定、智慧为根本。大家不要执着禅定和智慧的分别。禅定和智慧是同一的，不是二分的。禅定是智慧的本体，智慧是禅定的妙用。就是在发慧的时候定在慧中，在入定的时候慧在定中。如果认识了这一点，就是把禅定和智慧一起修习。各位学习佛道的人，不要认为先有了禅定而后再有智慧，或先开启智慧而后禅定，二者有分别。有这样的见解，就是表明法有二相，就会嘴里言善心中存恶，就会空有禅定和智慧的虚名，不能把禅定和智慧融为一体。如果心中所想，口头所说都善，表里如一，那么禅定和智慧就同一了。此法重在自悟自修，

度除粪人

《经律异相》言：舍卫城中有一旃陀罗人，专门替人除粪。

一日，世尊看见了这位除粪人，便唤他过来。除粪人说："我正在担粪，满身臭秽不净，不敢亲近。"佛道："如果你愿做我的弟子，就过来吧。"除粪人见佛如此慈悲，当下满心欢喜，放下粪担，走到佛前。佛牵着他的手，一同走到恒河水边，让他沐浴换衣，而后领他回到祇园精舍，敕诸比丘，度其出家为沙门。这位新学比丘深感佛慈恩，努力修道，未经旬日，便证得阿罗汉果，具六神通。

国王闻之不以为然，便前去责问世尊，途中见一比丘坐于一方大石上，忽隐身没入石中，又自石中钻出。国王看到他这般神力，无比讶然，至佛所，问路中所见之比丘。佛说："大王所见之比丘，就是刚出家的那位除粪人。"

不在口头争辩，如果争辩先后，就像愚迷人一样。计较长短权衡胜负的心念不除，就将增长人法二执的妄念，不能摆脱对我、人、众生、寿者四相的执着。

“善知识，禅定和智慧的关系好比什么呢？好比灯和光。有灯就有光明，无灯就会黑暗。灯是光的本体，光是灯的妙用。名称虽有两个，本体却同一，禅定和智慧的关系，也是如此。”

慧能大师说：“善知识，所谓一行三昧，就是无论在什么地方，无论行、住、坐、卧，都要常住真如。《维摩经》说‘真如是道场’‘真如是净土’。不要心怀谄媚不正，口里却说真如，也不要口说一行三昧，却不按真如行事。要行真如，对所有一切外物都不要执着。愚迷的人执着法相，执着一行三昧，认为常常静坐不动，妄念不起于心就是一行三昧。作这样的见解，好比无情的木石，都是阻碍修道的障碍。

“善知识，佛道是要圆融顺畅的，为什么却滞塞不通呢？心不执着于法相，佛道便顺畅；心若执着于法相就叫自我束缚。如果说常坐不动是正确的修行办法，那就会像静坐林中的舍利弗一样被维摩菩萨呵斥。

“善知识，还有一种人，教人静坐，守心观净，身体不动，长久不起，以此建立成佛的功德。于是，愚迷的人没有正确领会，执着修行而成痴癫。这样的人很多，用这种方法教化别人，大错特错。”

[原文]

师示众云：“善知识，本来正教，无有顿、渐，人性自有利钝。迷人渐修，悟人顿契。自识本心，自见本性，即无差别，所以立顿、渐之假名。

“善知识，我此法门，从上以来，先立无念为宗，无相为体，无住为本。无相者，于相而离相；无念者，于念而无念；无住者，人之本性，于世间善恶、好丑，乃至冤之与亲，言语触刺欺争之时，并将为空，不思酬害[1]，念念之中，不思前境。若前念、今念、后念，念念相续不断，名为系缚[2]。于诸法上念念不住，即无缚也。此是以无住为本。

“善知识，外离一切相，名为无相。能离于相，即法体

救度贼人

《经律异相》言：舍卫国有五百强盗，后被国王所派的将士追捕擒获，并予处死刑。他们临刑之际，高呼“南无佛”。

佛见他们犹可度化，就令阿难前往到国王处，对国王说不可杀生，但将这些强盗放行，佛可让这些人不再做贼。国王便下令将其缓刑，但仍没解缚，把他们押送至世尊处。

世尊要度化这些强盗，即坐于精舍外露地上。强盗遥见佛，身上绳缚自解，皆向佛顶礼。佛便借此因缘给他们解说布施、持戒功德及罪福行业果报等等。强盗们听后，心中领悟开解，即得须陀洹道。

佛又问他们道：“你们可愿出家？”强盗们说：“世尊！我们如能早些时间闻法出家，怎能至此！愿世尊哀悯，度我们出家！”佛说：“善来比丘！”五百贼人同时须发自落，而作沙门。

清净。此是以无相为体。

“善知识，于诸境上心不染，曰无念。于自念上，常离诸境，不于境上生心。若只百物不思，念尽除却，一念绝即死，别处受生，是为大错。学道者思之，若不识法意，自错犹可，更劝他人；自迷不见，又谤佛经。所以立无念为宗。

“善知识，云何立无念为宗？只缘口说见性迷人，于境上有念，念上便起邪见。一切尘劳妄想，从此而生。自性本无一法可得，若有所得，妄说祸福，即是尘劳、邪见，故此法门立无念为宗。

“善知识，无者，无何事？念者，无何物？无者，无二相，无诸尘劳之心；念者，念真如本性。真如即是念之体，念即是真如之用。真如自性起念，非眼、耳、鼻、舌能念。真如有性，所以起念，真如若无，眼、耳、色、声当时即坏。

“善知识，真如自性起念，六根虽有见闻觉知，不染万境，而真性常自在。故经云：‘能善分别诸法相，于第一义而不动。’”

[注释]

①酬害：报复。

②系缚：烦恼的异名。烦恼如绳能缠缚身心，使人不得自由，故名。

[译文]

慧能大师开示众人说：“善知识，真正的佛法没有顿悟和渐悟的分别，只是人的根性有利钝不同罢了。愚迷的人依次逐渐修行，觉悟的人顿然觉悟。如果明心见性，见性成佛，就没有顿悟和渐悟的分别，所说的顿悟、渐悟只是借个名罢了。

“善知识，我的法门，从先祖大师以来，都是首先以无念为宗旨，无相为主体，无住为根本。所谓无相，就是处一切法相而又超越一切法相；所谓无念，就是在正念相续中远离杂念；所谓无住，就是人的真实本性对于世间的善、恶、好、丑，乃至恩、怨，在言语的冒犯讽刺、欺凌纷争的时候，

祀天遇佛

《法句经》言：有一国王名和墨，平生迷信邪教，以杀生祭鬼神。

国王母亲患重病，经久不愈。国王便召来婆罗门，问何故，并求医治之法。婆罗门说需备牛、马、猪、羊百头，杀以祀天。国王依教欲行。

佛怀慈悲，至国王处。国王向佛作礼说："我母亲久病不愈，今欲祀天，祈其早日康复。"佛说："你虽孝心可嘉，但须知要得谷食，当行种田；要得大富，当行布施；要得长寿，当行大慈；要得智慧，当行学问。祠祀淫乱，乃以邪为正；杀生求生，乃背道而行。以牛羊祭祀，徒增罪减寿，何能延生？行慈爱物方保无虞。"

国王闻法，感悟悔过，遂不祀天。他母亲知此，心生喜悦，所患之病当下皆除。至此后，国王信敬三宝，行十善，遂人民安乐。

把一切看成虚幻，不考虑酬谢与报复，在自己的思维之中，不再思量前境。如果总是思量过去、现在、未来，思量不断、缠绕不绝，就叫作自我系缚；相反，对一切法相，念念之间毫不执着，就没有系缚，这就是以无住为本。

“善知识，外离一切法相，叫作无相。如能离相，自身就自然清净。这就是以无相为本。

“善知识，对于所有的外境，心灵都不被污染，就叫无念。即在自己的心念中，常常远离一切外境，不在所遇境上生心住念。假如只是百物不思，断尽念头，一念断绝就死，再到别处去投生，这是大的错误。学道的人试想，如果不认识佛法的真正意旨，自己错了还可以原谅，还要去误导他人；自己痴迷不能见性，却还要去毁谤佛经。所以，要以无念为佛法宗旨。

“善知识，为什么要以无念为宗旨呢？只因为那些在口头上说见性而愚迷的人，在外境上仍生起心念，这样便会出现错误的见解。所有迷恋尘世的错误见解，都是从这里产生的。自性本来不需要向外求得任何一物，如果说有所得，并由此而妄言祸福，这就是迷恋尘世的错误见解，所以立以无念为宗旨的法门。

“善知识，所谓无，无是没有什么呢？所谓念，念的又是什么呢？所谓无，指的是没有那二相，没有各种迷恋尘世的错误见解；所谓念，就是思念与如来佛性等同的自我的本性，真正的如来佛性是念的本体，念就是真如佛性的功用。真如本性产生，自我认识心念，并非通过眼睛、耳朵、鼻子、舌头等感觉器官产生。真如佛性是每个人先天具有的内在本性，所以才能产生心念，如果真如佛性没有了，也就是人的自我本性没有了，那么眼睛就看不清颜色，耳朵听不到声音，感觉器官就丧失功能。

“善知识，真如本性产生自我认识的心念，因此，六种感觉器官虽有看、听、感觉及认知的功能，却不会被尘世间的一切事物和现象污染，而且真如本性永远自由自在。所以，佛经上说：‘能够正确地分辨各种事物和现象而又不执着，坚持佛教的第一要义而不会左右摇摆。’”

佛救婴儿

《观佛三昧经》言：舍卫国有一长者名财德，有一子五岁。财德常教儿子称念“南无佛”。有一散脂鬼王饥饿，捉走婴儿。婴儿称念“南无佛”，鬼王口不能开、不能啖食，急得眼中出火。婴儿惊怖，又念“南无佛”。

世尊即至旷野间，照护婴儿。鬼王要举一大石掷世尊。佛入火光三昧，使大地洞然，光中化佛，赞叹慈心。鬼王犹不服。金刚神以大利剑，指鬼王额头。鬼王方惊怖，把小儿交于佛，跪求说：“愿世尊救我性命！”

密迹金刚命令鬼王：“你今速伏，若敢不伏，将你碎为微尘。”鬼王合掌向佛道：“我专吃人肉，今让我不杀生，那要我吃什么？”佛对鬼王说：“只要你不杀生，我自会吩咐弟子们，每日给你施食，乃至法灭，以我神力，令你饱满。”鬼王即受三皈及五戒。

坐禅品第五

题解

禅的意思是静虑，静静地修炼自己的思维。任何方法或者途径，只要能够达到智慧而成就佛果，就是最佳的方法。所以禅宗的坐禅不是说自己的身子一动不动，而是无障碍、无形象、无束缚。对外不执着一切境界，就是坐；对内见到了自然本性，就是禅。在外离一切色相，就是禅；内心不加散乱，就是定。所谓的坐禅，必须离开对于一切外在事物的执着。禅宗认为，不能拘于任何形式，应心中不加执着，才能见到真如本性。

[原文]

师示众云："此门坐禅，元[①]不著心，亦不著净，亦不是不动。若言著心，心元是妄，知心如幻，故无所著也；若言著净，人性本净，由妄念故，盖覆真如，但无妄想，性自清净。起心著净，却生净妄，妄无处所，著者是妄；净无形相，却立净相，言是工夫。作此见者，障自本性，却被净缚[②]。

"善知识，若修不动者，但见一切人时，不见人之是非、善恶、过患，即是自性不动[③]。

"善知识，迷人身虽不动，开口便说他人是非、长短、好恶，与道违背。若著心著净，即障道也。"

师示众云："善知识，何名坐禅？此法门中，无障无碍，处于一切善恶境界，心念不起，名为坐；内见自性不动，名为禅。

"善知识，何名禅定？外离相[④]为禅，内不乱为定。外若著相，内心即乱；外若离相，心即不乱。本性自净自定，

鬼母寻子

《杂宝藏经》言：有一大鬼神王名般阇迦，生有五百鬼子，鬼子母最疼其最小儿，称他为爱儿。鬼子母凶狠暴虐，专杀他人儿女作食。世尊怜悯众生，便将爱儿取来覆于钵下。

鬼子母不见爱儿，四处寻找而不得。闻世尊有一切智慧，即向佛打听其子下落。

佛对她说："你有五百儿子，而今仅丢一子，便这般苦恼忧愁，四处寻找，而世间人民或有一子，或三五子，你却将他们杀害啖食，你想一想，别人心中将怎样伤心悲痛、肝肠寸断？"鬼子母说："只要能得我的爱儿，以后再不杀世人之子。"

佛就以钵中的爱儿示鬼子母。鬼子母便命五百儿子各尽神力，但终不能动此钵，只得求于佛。佛说："若你能受三皈、五戒，尽形寿不再杀生，我便还你爱儿。"鬼子母即依佛敕，受三皈、五戒。

只为见境思境即乱。若见诸境心不乱者，是真定也。

“善知识，外离相即禅，内不乱即定。外禅内定，是为禅定。《菩萨戒经》云：‘我本性元自清净。’善知识，于念念中，自见本性清净，自修自行，自成佛道。”

［注释］

①元：通“原”。原本，本来。

②被净缚：指被净相所束缚。

③自性不动：指不从主观上分辨、计较是非曲直。

④外离相：指自心对外在事物和现象都不执着。

［译文］

慧能大师开示众人说：“这门佛法的坐禅，原本既不执着心，也不执着净，也不是静坐不动。如果说执着心，心念本来是虚妄，所以不可执着；如果说执着净，本性自然清净，只因妄念覆盖真如本性，只要没有妄念邪见，自性本来就是清净的。刻意执着心、净，就是生起执着净妄念，妄本无处着落，执着净就是妄的所在；净本没有形相，现在却立出净的形相，说这是修行的功夫。持这种见解的人，妨碍了自性，被所谓的清净执迷束缚了。

“善知识，如果要修真正的不动的法门，就是在见任何人时，都不去看他的是非、善恶、过患，这就是自性不动。

“善知识，愚迷的人，虽然身体坐在那里不动，但开口就道他人的是非、长短、善恶，这就与正道相违背。这就与执着于心、净一样，也有碍于佛道。”

慧能大师开示众人说：“善知识，什么叫坐禅？这门佛法中，一切通达无碍，对一切善恶不起念，这就是坐；内心能自见本性而不乱，这就是禅。

“善知识，什么叫禅定？对外物毫不执着是禅，内心能专一不乱是定。如果对外物有所执着，内心就乱；对外境毫不执着，内心就不散乱。人的本性原是自净自定的，只因遇见外境就思虑执着，所以内心散乱。如果见一切外境而心能不乱，这才是真定。

“善知识，外离一切相是禅，内心不乱是定。外禅内定就叫禅定。《菩萨戒经》说：‘我的本性原本清净。’善知识，时刻自见本性清净，自己修持、自己修行，自然能成佛道。”

金刚请食

《宝积经》言：一日，密迹金刚力士求佛至鬼王所受食以教化鬼神众。佛受请。

佛至鬼王舍，受饭食后，即为其说法：“你等鬼神众，当至诚笃信善法。知因果不昧，行仁慈不杀，不取非分之物，不作邪淫，不犯妄言、绮语、两舌、恶口，不存贪欲、妒忌、嗔恚、愚痴之念。

不犯十恶，力行十善，兼劝人行，终身奉持；见诸善友和佛弟子，常行恭敬，愿追随侍从，“常乐亲近善知识；见人危难，常行救济；见人无知邪见，常行规劝；常行布施，持戒清净，广学博闻。依布施、持戒、忍辱、精进、一心、智慧修行，则能合道；若悭贪则为饿鬼，犯戒则堕地狱，嗔恚则丑陋，懈怠则废道，乱意生罪业。善恶果报，皆由身口意，当谨护持。”

密迹金刚力士及五百鬼众，闻此法毕，皆得无生法忍。

忏悔品第六

题解

慧能大师先让听众们按胡跪的方式坐下，传授了自性五分法身香：戒香、定香、慧香、解脱香、解脱知见香。五香，按照佛教徒的仪轨，就是要在发愿前所烧的五炷香。慧能却将这五种客观上烧的香，变化成为法身上的五种智慧。

戒香传毕，再传无相忏悔。目的是消灭过去、现在、未来三世的罪业，让身体、口头、意念等三种事业清净无染。前念、今念以及后来的念头，都不被那愚迷所污染，都能够想得开，看得透，那么就不会压抑以前的罪恶和邪迷念头了。

忏悔以后，三世和三业的罪业都已经被消灭除尽，然后是修行者发的四弘誓愿。

真正的度化得确立起本性的主宰地位，通过真正的智慧让自性流露，邪见迷惑自然退去。

除了四大誓愿以外，修行者一般还要讲究三皈依。通常说的就是皈依佛、法、僧三宝。佛、法、僧都是现实中的人事，我们所谓的皈依也只能是有相的皈依，而慧能所讲的却是无相皈依，他把三皈依划入了自性之中。皈依自性中的觉悟、真理、清净，便是皈依了自性三宝，便得自然成就。

[原文]

时，大师见广、韶[1]洎(jì)四方士庶骈(pián)集山中听法，于是升座告众曰："来，诸善知识。此事[2]须从自性中起。于一切时，念念自净其心，自修自行，见自己法身，见自心佛，自度自戒，始得不假到此。既从远来，一会于此，皆共有缘，今可各各胡跪[3]。先为传自性五分法身香[4]，次授无相忏悔[5]。"

众胡跪。

师曰："一戒香，即自心中，无非，无恶，无嫉妒，无贪嗔，无劫害，名戒香。二定香，即睹诸善恶境相，自心不乱，

目连救母

《盂兰盆经》言：大目犍连尊者自证得阿罗汉果、获得六种神通后，便思忖要救度父母，报养育之恩。以道眼观世间，见自己亡母生在饿鬼道中，目连即盛饭送与母亲吃。但饭未入嘴中，就化为火炭，不能食了。目连尊者见此，至佛前哭诉其母遭遇。

佛说："你母亲于过去生中罪业深重，非你能拯救。唯仰仗十方众僧的大威德神力，方能解脱。

"当于每年七月十五日，尽心尽力为过去世的父母及现世的父母设供，备办种种美好饭食。将食品盛在盆中，供养十方大德众僧、清净福田僧及自咨僧等。如此供僧功德，能使已故父母离苦得乐；若父母仍在世者，也可让他们增福延寿。借此功德，使父母脱离地狱、饿鬼、畜生三途之苦，转生人天中，享无尽福乐。"

名定香。三慧香，自心无碍，常以智慧观照自性，不造诸恶；虽修众善，心不执着，敬上念下，矜恤（jīn xù）孤贫，名慧香。四解脱香，即自心无所攀缘⑥，不思善，不思恶，自在无碍，名解脱香。五解脱知见香，自心既无所攀缘善恶，不可沈空守寂，即须广学多闻，识自本心，达诸佛理，和光接物，无我无人，直至菩提，真性不易，名解脱知见香。

“善知识，此香各自内熏⑦，莫向外觅。”

[注释]

①广、韶：广州和韶州。

②此事：指明心见性的顿悟法门。

③胡跪：胡人的跪坐方式，以示敬意。胡跪分左跪、互跪和长跪三种。佛教采取左跪。

④自性五分法身香：以戒、定、慧、解脱、解脱智慧（知见）五种功德法组成的佛身叫“五分法身”，慧能认为这五种功德法而成的佛身就存在于自性中，所以叫“自性五分法身”。五分法身香，即戒香、定香、慧香、解脱香、解脱知见香。

⑤无相忏悔：佛教规定，僧侣每半月集合诵戒，给犯戒者以说过悔改的机会。以后伴随忏悔文、忏仪一类著作的产生，忏悔成为专以脱罪祈福为目的的一种宗教仪式。禅宗不注重忏悔的形式和仪式，不执着任何外相，只强调个人的明心见性，所以叫“无相忏悔”。

⑥攀缘：指人从主观上追求外相，随外物的转移而自我有所变化，像猿猴攀树枝一样。

⑦内熏：此处指默化熏染自心。

[译文]

一天，慧能大师见到广州、韶州和四方的士人和庶民汇聚曹溪山，要听佛法，于是升上法座对大家说：“来，各位善知识，修行佛道必须要从自己本性的开悟上做起。在任何时候，时刻都要自己清净自心，自己修行自己实践，见到自己的法身，见到自己自身的佛性，自己度脱自己，自己持守戒律，这样做才算是不白来曹溪听法。既然是从远方来到这里，表明大家都有缘，现在大家按胡人的跪坐方式坐下，我先给你们传授自性五分法身香，然后再传授无相忏悔。”

施食缘起

《救面然饿鬼经》言：一日，阿难对佛说："世尊！我于昨夜梦见一形状丑陋可怖的饿鬼，他对我说：'你三日后，必当命尽，死后生饿鬼道中，形状同我一般。'我便问他有何解救之法。饿鬼说：'如能施于恒河沙数饿鬼及婆罗门并诸仙等饮食，你就可增寿。'我当如何行事？"

佛说："阿难勿怕。有一咒语，名《一切德光》，具无量威力，我现将此法传于你：

"先取饮食安置净盘中，而后诵咒：'那摩萨缚怛他揭多，缚路枳帝，唵三跋啰，三跋啰，吽。'诵七遍，称念四如来名号于其后，再弹指七下，取净盘中饮食泻于净地上。如此可让所有饿鬼皆有食物得饱满，然后悉舍鬼身，尽得生天。凡我四众弟子，能常诵此咒、奉施饮食者，即得无量功德，寿命延长。诸鬼神当常来拥护，具足吉祥。"

大家按胡跪的方式坐下。

慧能大师说："一是戒香，就是自性中没有过失、没有罪业、没有嫉妒心、没有贪嗔心、没有悭吝心，这就叫作戒香。二是定香，就是看到所有善与恶的相，自心不乱，这就叫作定香。三是慧香，就是自心无阻无碍，常用智慧来观照自性真如，所有恶业都不做；虽然做了很多善事，但内心也不执着，尊敬上辈，体恤下人，怜悯孤苦，救济贫穷，这就叫作慧香。四是解脱香，就是自心对外境无所执着，不思想善，也不思想恶，自由自在，没有挂碍，这就叫作解脱香。五是解脱知见香，就是自心虽对外境善恶无所执着，但也不沉于虚空固守枯寂，需要广泛地听法，要认识自己本性，通达诸佛道法，待人接物和光同尘，要做到无我相、无人相，从初发心到圆满菩提，坚守佛性而不加变更，这就叫作解脱知见香。

"善知识，这些香都在各人自心的默化熏染，不要到外面去寻求。"

[原文]

"今与汝等授无相忏悔，灭三世[1]罪，令得三业[2]清净。

"善知识，各随我语，一时道：'弟子等，从前念、今念及后念，念念不被愚迷染；从前所有恶业、愚迷等罪，悉皆忏悔，愿一时销灭，永不复起。弟子等，从前念、今念及后念，念念不被骄诳染；从前所有恶业、骄诳等罪，悉皆忏悔，愿一时销灭，永不复起。弟子等，从前念、今念及后念，念念不被嫉妒染。从前所有恶业、嫉妒等罪，悉皆忏悔，愿一时销灭，永不复起。'

"善知识，以上是为无相忏悔。

"云何名忏，云何名悔？忏者，忏其前愆（qiān）。从前所有恶业、愚迷、骄诳、嫉妒等罪，悉皆尽忏，永不复起，是名为忏。悔者，悔其后过，从今以后，所有恶业、愚迷、骄诳、嫉妒等罪，今已觉悟，悉皆永断，更不复作，是名为悔。故称忏悔。凡夫愚迷，只知忏其前愆，不知悔其后过。以

说咒消灾

《消灾经》言：有一段时间，释迦牟尼佛于净居中，对诸天神众、二十八宿、十二宫神等一切圣众说：

“我即要为你等宣说过去娑罗王如来传下来的炽盛光大威德神咒、除灾难法。如有国王及诸大臣所居之处，遇到灾星照临、作诸障难时，当念此神咒，至心读诵，一切灾难皆可消灭。咒文为：南无三满多，母驮喃，阿钵啰底，贺多舍，娑曩喃，怛姪他，唵，佉佉，佉呬佉呬吽吽，入嚩啰，入嚩啰，钵啰入嚩啰，钵啰入嚩啰，底瑟姹，底瑟姹，瑟致哩，瑟致哩，娑发吒，沙发吒，扇底迦，室哩曳，娑嚩贺。

“此神咒可以成就八万种吉祥事，除灭八万种不吉祥事。诸众生能依法受持者，一切灾难皆消解。凡我四众弟子，如遇灾难时，诵持此咒，能令有情众生，获福无量。”

不悔故，前愆不灭，后过又生；前愆既不灭，后过复又生。何名忏悔？

“善知识，既忏悔已，与善知识发四弘誓愿[3]。各须用心正听：

自心众生无边誓愿度，自心烦恼无边誓愿断，

自性法门无尽誓愿学，自性无上佛道誓愿成。

“善知识，大家岂不道‘众生无边誓愿度’？恁么道[4]，且不是慧能度。

“善知识，心中众生，所谓邪迷心、诳妄心、不善心、嫉妒心、恶毒心，如是等心，尽是众生，各须自性自度，是名真度。

“何名自性自度？即自心中邪见、烦恼、愚痴众生，将正见[5]度。既有正见，使般若智打破愚痴迷妄众生，各各自度。邪来正度，迷来悟度，愚来智度，恶来善度。如是度者，名为真度。”

[注释]

①三世：过去世、现在世、未来世。

②三业：身业、口业、意业，分别指人们的行为、语言和思想。

③四弘誓愿：又作四弘誓、四弘愿，原指大乘佛教的菩萨为了拯救众生而立下的四个誓言和愿望。禅宗从自心自性上立论，赋予四弘誓愿新的内容。

④恁么道：这样说。

⑤正见：系八正道之一，十善之一。为“邪见”之对称，即远离或有或无的邪见，而采取正中的见解。

[译文]

“现在我再给你们传授无相忏悔，以便除灭过去、现在、未来三世的罪业，使大家身、口、意三业都清净。

“善知识，请大家都随我念诵：‘众弟子，前念、今念和后念，念念不被

杨枝净水

《请观音经》言：毗耶离国有一长者名月盖，当时国中人民流行一种恶病，长者便求佛救济。佛告诉他，当请西方极乐世界的无量寿佛，此佛左右有二位大菩萨，一名观世音，一名大势至，常以大悲救济苦难众生。佛使长者于佛光中得见诸菩萨。因如来神力，无量寿佛及二菩萨俱到此国。

毗耶离人取杨枝净水授与观世音菩萨。大悲观世音菩萨为救护所有众生，便普教一切众生一心称念"南无佛，南无法，南无僧，南无观世音菩萨摩诃萨，大悲大名称，救护苦厄者。"如此各念三遍。

观世音菩萨对佛道："我当说十方诸佛救护众生神咒，凡诵持此咒者，常为诸佛诸大菩萨所护持，一切疾病灾难皆得无患。"当观世音菩萨说此真言时，毗耶离国所有的病人，同时皆得康复。

愚痴所沾染；以前所有恶业、愚痴迷悟等罪过，现在都忏悔，誓愿立刻消灭，永不再生起。众弟子，前念、今念和后念，都不被骄傲、狂妄所沾染；以前所有恶业、骄傲、狂妄等罪过，现在都忏悔，誓愿立刻消灭，永不再生起。众弟子，前念、今念和后念，都不被嫉妒所沾染；以前所有恶业、嫉妒等罪过，现在都忏悔，誓愿立刻消灭，永不再生起。'

"善知识，以上所说就叫作无相忏悔。

"什么叫作忏？什么叫作悔？所谓忏，就是忏悔自己以前的罪业。把以前所有的恶业、愚痴、骄狂、嫉妒等，都向佛忏悔，以后永不再犯，这就叫作忏。所谓悔是以后不做罪业，从今以后，所有的恶业、愚痴、骄狂、嫉妒等罪过，现在都已觉悟，决心永远远离，再不去做，这就叫作悔。因此总称为忏悔。一般凡夫愚痴，只知道忏说自己以前所犯过错，而不知道悔改远离以后的过错。由于不知道悔改，以前的罪业还没有灭除，后来的过失又生起；前罪既然还没除，后过又生起。这怎么能称为忏悔呢？

"善知识，现在忏悔已传授完了，再和各位善知识发四弘誓愿。请大家仔细谛听：

自心众生无边誓愿度，自心烦恼无边誓愿断，
自性法门无尽誓愿学，自性无上佛道誓愿成。

"善知识，大家不是都说'众生无边誓愿度'吗？这样说，实际上并不是我慧能来度。

"善知识，所谓心中的众生，是指的所谓邪迷心、诳妄心、不善心、嫉妒心、恶毒心，诸如此类种种心，都是自己心中的众生，必须要用自己本来具有的真如佛性去度脱，这才叫作真度。

"什么叫用自己本来具有的佛性去度脱呢？就是说对自己心中的邪见、烦恼、愚痴众生，用正见来度。有了正见，让般若智慧打破愚痴迷妄众生，各自用自性自度。邪见来时用正见度，执迷来时用觉悟度，愚痴来时用智慧度，恶念来时用善念度。这样度脱，就叫作真度。"

[原文]

"又烦恼无边誓愿断，将自性般若智除却虚妄思想心是也。又法门无尽誓愿学，须自见性，常行正法，是名真学。又无上佛道誓愿成，既常能下心，行于真正，离迷离觉，常生般若，除真除妄，即见佛性。即言下佛道成。常念修

采花献佛

《采花违王经》言：有一次，世尊游化至罗阅祇城，恰逢国王派人向城中人民收集鲜花。城中子民自城外采花回来，遥见世尊相好庄严，便前来向佛稽首作礼，合掌说道：

“人身难得而人命难保，佛世难遇而佛法难闻。我等今日有幸得遇如来大圣，如久病遇良医。我等出身贫贱，受官府压制驱役，大不自在。而今国王又令城中人民每日须采集鲜花进贡，若有延误便受处罚诛杀。如此生活，实无乐趣。故我等思量，今日逢此机缘，宁弃性命，愿以鲜花献于世尊，供养佛、法、僧三宝，并求佛为我等传授经戒。纵因此被杀，亦可不堕苦痛，往生于安乐之处。”

佛见其发心恳切，便为他们宣讲诸大乘之法。诸采花人闻佛说法，皆发信心，了悟无生，趣佛菩提。佛便为他们授记，号为“妙华”。

行是愿力法。

“善知识，今发四弘愿了，更与善知识授无相三皈依戒[1]。善知识，皈依觉，两足尊；皈依正，离欲尊；皈依净，众中尊。

“从今日去，称觉为师，更不皈依邪魔外道，以自性三宝常自证明。劝善知识，皈依自性三宝：佛者，觉也；法者，正也；僧者，净也。自心皈依觉，邪迷不生，少欲知足，能离财色，名两足尊。自心皈依正，念念无邪见，以无邪见故，即无人我、贡高[2]、贪爱执着，名离欲尊。自心皈依净，一切尘劳爱欲境界，自性皆不染著，名众中尊。

“若修此行，是自皈依。凡夫不会，从日至夜，受三归戒。若言皈依佛，佛在何处？若不见佛，凭何所皈？言却成妄。

“善知识，各自观察，莫错用心。经文分明言自皈依佛，不言皈依他佛。自佛不皈，无所依处。

“今既自悟，各须皈依自心三宝。内调心性，外敬他人，是自皈依也。

“善知识，既皈依自三宝竟，各各志心。吾与说一体三身自性佛。今汝等见三身，了然自悟自性。总随我道：

“于自色身皈依清净法身佛，于自色身皈依圆满报身佛，于自色身皈依千百亿化身佛。

“善知识，色身是舍宅，不可言皈。向者三身佛，在自性中，世人总有。为自心迷，不见内性。外觅三身如来，不见自身中有三身佛。汝等听说，令汝等于自身中见自性有三身佛。此三身佛，从自性生，不从外得。”

[注释]

①无相三皈依戒：“三皈依”，简称“三皈”，也作“三皈戒”。佛门教徒入教时，须于师父前受“皈依佛、皈依法、皈依僧”三皈依。无相三皈依，

造幡供佛

《百缘经》言：佛在迦毗罗卫国时，城中有一大富长者，娶一名门贵族之女为妻。新妇信敬三宝，亲手制作一对长幡，献于世尊作供养。

不久，新妇怀孕，后生一男孩，与众超绝。出生当日，空中有大幡盖，遍满全城。以此因缘，取号为"波多迦"。

波多迦长大后见佛，佛为他说法，得须陀洹果。他便向父母请求，要随佛出家。父母只好同意。

波多迦出家后，专心修习，不久证得三明六通，具八解脱。

佛对诸比丘说："从前有一国王，造七宝塔供养舍利。有一人作一长幡悬于塔上，而后发愿而去。缘此功德，使他九十一劫却不堕地狱、饿鬼、畜生道，常生于天上或人间。不管他在什么地方，皆有幡盖荫覆其上。直至今世，逢遇到我，遂发心出家得道。那位献佛长幡的人，就是今天的波多迦！"

则是自心的皈依，并不皈依和信奉外在的崇拜对象。

②贡高：骄傲自大。

[译文]

“我们再说烦恼无边誓愿断，就是运用自性真如的智慧来除掉虚妄的思想心。法门无量誓愿学，就是要认识自己的真性，长期按照正确的佛法去行动，这才叫真学。无上佛道誓愿成就是要经常深入到内心，在内心按真正的佛法修行，去除迷执，远离恶觉，常生般若智慧，去除真和妄，就能见到自身佛性。也就是言下成佛。要常念修行，这就是发挥愿力的方法。

“善知识，现在大家发了四弘誓愿，再与大家传授无相三皈依戒。善知识，皈依了觉悟，就会有福与慧都满足的尊严；皈依了正见，就会有远离恶欲的尊严；皈依清净，就会有在众生中受人敬重的尊严。

“从今以后，希望你们能称觉悟为师，不要皈依邪魔外道，要用自我心中的三宝（佛、法、僧）经常观照自己。我奉劝各位善知识要皈依自性三宝：佛就是觉悟；法就是正见；僧就是清净。自心皈依了觉悟，邪恶与迷妄就不会产生，就会少欲知足，远离财色，这就叫作两足尊。自心皈依了正见，思维都没有邪见，因为没有了邪见，就没有了对人我、骄傲自大、贪欲爱憎的执着，这就叫作远离欲尊。自心皈依了清净，所有的尘劳欲境，自性都不染著，这就叫作众中尊。

“如果依此修行，就是自性皈依。凡夫俗子不会了解这个无相皈依的至理，而只是从早到晚从心外受三皈依戒。如果说要从心外皈依佛，那么佛在哪里？如果见不到佛，又怎么皈依？这样，所谓皈依之说就成了虚妄。

“善知识，请大家注意观察自性，不要错用了心意。佛经上分明是说自皈依佛，没有说皈依他佛，不皈依自性的佛，就没有皈依的地方。

“现在大家既然已经觉悟，各人就都应皈依自性中的三宝。对内调整心性，对外尊敬他人，这就是自皈依佛。

“善知识，现在大家既已领悟皈依自性三宝的道理了，各人牢记在心。我与你们说说一体三身自性佛。现在你们都能够见到自性三身，领悟自己心中的佛性。大家随我念诵：

“于自色身皈依清净法身佛，于自色身皈依圆满报身佛，于自色身皈依千百亿化身佛。

“善知识，色身就像住宅，不能说皈依色身。从来法身、报身、化身这三身佛，都在自性中，世人都有。只是由于自性为无明所迷，不能见到自性。所以总是向外去寻求三身佛，看不到自身就有三身佛。现在你们仔细谛听，

施衣得记

《贤愚因缘经》言：一日，世尊入城乞食。有一婆罗门，见佛身上法衣有一破损处，就回家取一细棉布供养佛，用以补衣。佛接受并为他授记说“你百劫后，当得作佛”。

周围很多长者、居士听闻此事，很是不解，世尊知他们心有所疑，就对他们解释说：

“从前有一位大臣，向佛求作三个月的供养，佛即答应。而国王槃头，也要请佛供养三月。佛对国王说：‘我已先答应了大臣的请求，不便更改。’国王就请大臣先让于自己。大臣不肯，国王只好和大臣商议道：‘你我轮流设食供养如何？’大臣便依允，并于设食之外，还备办了许多法服，供养佛和众比丘。”

佛对阿难及众居士说：“那位施佛及僧的大臣，就是现在的这位婆罗门。因他世世培植福田，今值于我，奉施此衣，故我给他授记。”

我要让你们在自心中见到自性所具有的三身佛。这三身佛，都是从自性中产生，而并非从外面寻求得到的。”

[原文]

“何名清净法身佛？世人性本清净，万法从自性生。思量一切恶事，即生恶行；思量一切善事，即生善行。如是诸法在自性中，如天常清，日月常明，为浮云盖覆，上明下暗。忽遇风吹云散，上下俱明，万象皆现。世人性常浮游，如彼天云。

“善知识，智如日，慧如月，智慧常明。于外著境，被自念浮云盖覆自性，不得明朗。若遇善知识，闻真正法，自除迷妄，内外明彻，于自性中万法皆现。见性之人，亦复如是，此名清净法身佛。

“善知识，自心皈依自性，是皈依真佛。自皈依者，除却自性中不善心、嫉妒心、谄曲心、吾我心、诳妄心、轻人心、慢他心、邪见心、贡高心及一切时中不善之行，常自见己过，不说他人好恶，是自皈依。常须下心，普行恭敬，即是见性通达，更无滞碍，是自皈依。

“何名圆满报身？譬如一灯能除千年暗，一智能灭万年愚。莫思向前，已过不可得；常思于后，念念圆时，自见本性。善恶虽殊，本性无二。无二之性，名为实性。于实性中，不染善恶，此名圆满报身佛。

“自性起一念恶，灭万劫善因；自性起一念善，得恒沙[1]恶尽。直至无上菩提，念念自见，不失本念，名为报身。

“何名千百亿化身？若不思万法，性本如空；一念思量，名为变化。思量恶事，化为地狱，思量善事，化为天堂，

小儿施土

《贤愚因缘经》言：一天，世尊和阿难入城乞食，见一群小孩在道路上玩耍，用土石、木块建造房屋、仓库等等，又以土当米。有一小儿，见佛来，生布施心，到仓库中取“米”供奉。佛接受。

而后，佛对阿难说：“缘此功德，刚才那位小儿，在我灭度百年后，当为国王，另一个小孩，当为大臣，共同治理国土，护持佛教，分布舍利于此世界各地，为我建立八万四千塔。”

阿难问佛为何有如此多塔之报，佛告诉阿难：“在过去世有一大国王波塞奇，他和其臣民常得供佛及僧。国王常想：‘我大国人民常得见佛，而其他偏僻小国，人民却无缘修福，我应请画师将佛的形象画出，分送与诸小国，咸修供养。’国王召来画师，共画八万四千幅佛像，分送各国。缘此功德，吾涅槃后，当得八万四千诸塔果报。”

毒害化为龙蛇，慈悲化为菩萨，智慧化为上界[2]，愚痴化为下方[3]。自性变化甚多，迷人不能省觉，念念起恶，常行恶道。回一念善，智慧即生，此名自性化身佛。

“善知识，法身本真，念念自性自见，即是报身佛。从报身思量，即是化身佛。自悟、自修自性功德，是真皈依。皮肉是色身，色身是宅舍，不言皈依也。但悟自性三身，即识自性佛。吾有一《无相颂》，若能诵持，言下令汝积劫迷罪，一时销灭。颂曰：

迷人修福不修道，只言修福便是道；
布施供养福无边，心中三恶[4]元来造。
拟将修福欲灭罪，后世得福罪还在；
但向心中除罪缘，名自性中真忏悔。
忽悟大乘真忏悔，除邪行正即无罪；
学道常于自性观，即与诸佛同一类。
吾祖惟传此顿法，普愿见性同一体；
若欲当来觅法身，离诸法相心中洗。
努力自见莫悠悠，后念忽绝一世休；
若悟大乘得见性，虔诚合掌至心求。”

师言：“善知识，总须诵取，依此修行！言下见性，虽去吾千里，如常在吾边。于此言下不悟，即对面千里，何勤远来？珍重好去。”

一众闻法，靡不开悟，欢喜奉行。

[注释]

①恒沙：恒河中的沙子。恒河是印度文化中心区域的大河流，佛典中佛说法时，常以恒河之沙比喻数目之多。后人就常借此表示多得无法计算的数量。

②上界：指诸天。即欲界天、色界天、无色界天。

衣救龙难

《海龙王经》言：海中有四龙王。一天，四龙王齐来向佛顶礼，对佛说道“有四种金翅鸟，常来海面侵扰、吞食龙族，使我辈龙族不得安宁。故特来求佛佑护”。

佛生怜悯，便脱下身上的袈裟，授于龙王，命其将袈裟拿回去分与所有诸龙。凡能得此袈裟一丝一缕者，金翅鸟王便不能侵犯。

龙王心想，一领袈裟份量如此少，而海中诸龙甚多，如何够分。佛知龙王心念，就说：“你们不要小看这一领袈裟，即便三千大千世界中所有人民共分此袈裟，尚还有余！”龙王便将袈裟带回，分作无量数百千段，分与诸龙，果其衣不见减少。龙王信服，对诸龙说：“当敬此衣，如敬世尊！”

诸龙得衣，共至佛前礼谢，言皆愿皈命佛法及诸圣众，奉持禁戒，恭顺如来，拥护正法。

③下方：指地狱、饿鬼、畜生三恶道。

④三恶：指心中的贪、嗔、痴三毒，也可以指地狱、饿鬼、畜生三恶道。

[译文]

“什么叫作清净法身佛呢？世人的自性本来清净，万法都从自性中产生。心中想着一切恶事，就会生出恶行；心中想着一切善事，就会生出善行。这样，诸法都存在自性中，自性常清净，犹如天宇澄清、日月常明，只因为被浮云遮蔽而上明下暗，如果被清风吹散，则天空澄明，万象呈现。世人的心性常常浮游不定，就像那天空中的浮云。

“善知识，智如太阳，慧如月亮，智慧永远明朗。对外执着外境生起妄念，就像是浮云遮日，因而自性不能明净。如果遇善知识开导，听闻真正的佛法，自去迷妄，自心内外澄明，一切万法都会显现。见性成佛的人也是这样，这就是清净法身佛。

“善知识，由自心皈依自己原有的自性，就是皈依真佛。所谓自皈依，就是除去自性中的不善心、嫉妒心、谄曲心、吾我心、诳妄心、轻人心、慢他心、邪见心、高傲心及其他任何时候的不善之行，常常反省自己的罪过，不说他人的是非好坏，是自皈依。常怀谦下之心，对人恭敬，自性通达自如，毫无挂碍，是自皈依。

“什么叫作圆满报身佛呢？譬如有一盏灯能消除千年的黑暗，一种智慧能除去万年的痴愚。不要想以前的事，以前的事不能追回；要常思虑以后的事，如果以后念念圆明，自然见到自己的本性。善和恶虽然不一样，但本性没有不同。这没有不同的本性，就叫实性。在实性中，善恶都不沾染，这就叫作圆满报身佛。

“自性如果生起一念的恶，就可毁灭万劫所修的善果因缘；自性中如果生起一念的善，就可去除多如恒河之沙般的恶业。从开始修行直到成就无上菩提，时常观照本性，不失见性成佛的本念，就叫作圆满报身佛。

“什么叫作千百亿化身佛？如果不考虑万事万物，人的心性就像虚空；如有一念思虑，这就叫作变化。思虑恶事时，自心变化成地狱的境界；思虑善事时，自心变化成天堂的境界；生起毒害的念头时，自心变化成龙蛇的境界；生起慈悲的念头，自心变化成菩萨的境界；自性流露智慧时，自心变化成为上界诸天的境界；自性执着愚痴时，自心变化成为下界三恶道的境界。自性的变化非常多，愚迷的人不能自省自觉，所以时常生起恶念，常行恶道。如果能觉悟生起善念，就会产生智慧，这叫作自性化身佛。

“善知识，法身本来就具真如本性，时常都能认识自己的佛性，就是

证明说咒

《大悲经》言：一日，释迦牟尼佛至补陀洛迦山观世音菩萨道场，有无数菩萨、声闻、诸天神众皆来聚会。

观世音菩萨从座而起，向佛合掌说道："我为诸众生得安乐、除一切病、得寿命故，唯愿世尊慈悲，允许我当众宣说大悲心陀罗尼神咒。"佛说"你大慈悲，为安乐众生，宜应速说。"

观世音菩萨又对佛说："如有四众弟子要诵持此咒者，当于诸众生起慈悲心，先至心称念我名号，发深誓愿，然后诵咒。此大悲神咒可以除灭一切重罪。若有持咒以教，而所求不应验者，此咒便不能称为大悲心陀罗尼。"

接着观世音菩萨开始宣说神妙章句陀罗尼。其时天雨宝花，缤纷而下，十方诸佛，无不欢喜，所有与会大众，皆获果证，无量众生，发菩提心。

报身佛。从报身佛思量变化，就是化身佛。自己觉悟、自己修行自性功德，就是真皈依。人的皮肉是色身，色身好比是自己的住宅，不可说是皈依。只有领悟自性中本来具有的三身，才是认识了自性佛。我有一个《无相颂》，如果能念诵受持，当下就可以让你们多劫累积的迷妄瞬间消灭。这颂是：

迷人修福不修道，只言修福便是道；布施供养福无边，心中三恶元来造。
拟将修福欲灭罪，后世得福罪还在；但向心中除罪缘，名自性中真忏悔。
忽悟大乘真忏悔，除邪行正即无罪；学道常于自性观，即与诸佛同一类。
吾祖惟传此顿法，普愿见性同一体；若欲当来觅法身，离诸法相心中洗。
努力自见莫悠悠，后念忽绝一世休；若悟大乘得见性，虔诚合掌至心求。”

慧能大师说：“善知识，大家都要诵持上面的颂，依此去修行。如果能言下见性，那么即使和我远隔千里，也像常在我身边一样。如果言下不能开悟，即使在我对面也像是远隔千里，为什么勤苦远来求法？请各自好好珍重回去吧。”

大家听了慧能大师的佛法，无不开悟，高兴地信受奉行。

燃灯不灭

《贤愚因缘经》言：舍卫国有一贫女名难陀，以乞食生活。她也想供佛，但乞了一整天，仅得一钱，便拿去买油。卖油人见她可怜，多送她一些油，才足够作一灯。

贫女将灯置于佛前众灯之中，跪下自誓：“我今贫穷，仅用此小灯供养佛。以此功德，愿我来世，得智慧灯，灭除众生垢暗。”

第二日清晨，值日的目连尊者到殿中收拾灯盏，发现这盏灯仍然燃着，且灯油和灯炷都不曾损减。目连想待晚上再点燃，就举手要将灯扇灭。但任他怎么扇，灯火依然明亮。

佛陀见此，就对目连说：“这盏灯是一位发广大心的人供养的，即便你倾四大海水、起狂暴风，也休想将其熄灭。”

恰难陀听到佛的话，欣喜向佛礼拜。佛为她授记说：“你于未来世百劫之中，当得作佛，号‘灯光如来’。”

机缘品第七

题解

这一章主要讲慧能大师随缘普度众生的事迹。

慧能大师回答无尽藏尼时说:“诸佛妙理,非关文字。”真正的佛理,是什么也不执着的。

针对法海问“即心即佛”的道理,慧能大师开示道:“前念不生即心,后念不灭即佛。”就是说前头的念头不生起、不灭亡,后面的念头不生起、不灭亡,这就是心,也就是佛了。因为心的功能就是思念,没有思念也就没有了心,没有了心也就没有了佛。这是念、心、佛的关系。

慧能大师说法达心中愚迷,被《法华经》给转糊涂了。心中觉悟,《法华经》便能为修行者服务。

智常从小出家,立志要求得佛性,先到那洪州白峰参见大通和尚,但却未得见性而觉悟。大通认为人的本性就是虚空一样,其中一样东西都看不见,叫作正见;其中无一物可知,叫作真知;其中无颜无色,清净圆明,叫作见性成佛和如来知见。这样的说法,智常自然难以觉悟。针对智常的疑惑,慧能大师认为,真正的觉悟,就是顺其自然的本性,不起执着就行了。总之,慧能大师认为真正的佛菩萨,就是你自己的自然本性。

[原文]

师自黄梅得法,回至韶(sháo)州曹侯村,人无知者。时有儒士刘志略,礼遇甚厚。志略有姑为尼,名无尽藏,常诵《大涅(niè)槃经》,师暂听,即知妙义,遂为解说。尼乃执卷问字。

师曰:“字即不识,义即请问。”

尼曰:“字尚不认,焉能会义。”

师曰:“诸佛妙理,非关文字。”

尼惊异之,遍告里中耆(qí)德[1]云:“此是有道之士,宜请供养。”

有魏武侯玄孙曹叔良及居民,竞来瞻礼。时,宝林古寺,自隋末兵火已废,遂于故基重建梵宇[2],延师居之,俄成宝坊[3]。

龙宫说法

《大云轮请雨经》言：有一次，佛来到优婆难陀龙王宫内，为无量诸龙王众讲法。

其中有一位龙王，向佛请教道："世尊！如何才能让诸龙王等，灭一切苦得受安乐？如何能令此世界，时降甘雨，万物皆生滋养，诸人民皆能过上平安快乐的生活？"

佛对大龙王说："我现在告诉你一种法门，你等如果能依法行持，便可让一切龙除灭诸苦，具足安乐。那就是实行大慈。不管天上人间，如有行大慈者，则火不能烧，水不能溺，毒不能害，刀不能伤，内外怨贼不能侵掠。能行大慈的人，有大威德，诸天世人不能扰乱于他；形貌端严，众所爱敬，诸苦灭除，心得欢喜。故对于一切众生，身口意业都应实行大慈，你当牢牢记取。"

佛又为龙王说其他种种法要。诸龙皆欢喜奉行。

师住九月余日，又为恶党寻逐，师乃遁于前山，被其纵火焚草木，师隐身挨入石中得免。石今有师趺（fū）坐膝痕及衣布之纹，因名“避难石”。师忆五祖“怀”“会”止、藏之嘱，遂行隐于二邑焉。

[注释]

①耆德：年高德勋的人。

②梵宇：佛寺的别称。

③宝坊：对寺院的美称。

[译文]

慧能大师从黄梅得到顿教法门后，回到韶州曹侯村，没有人知道。当时有位读书人叫刘志略，对慧能大师以重礼相待。刘志略有个姑母是尼姑，法名无尽藏，经常念诵《大涅槃经》，慧能大师略听就领悟经中妙义，于是为她讲解。无尽藏手持经书问卷中不认识的文字。

慧能说：“字我不认识，经文的意思可以问我。”

尼姑说：“字都不认识，怎么能领会经文的意思呢？”

大师说：“诸佛的精妙道理，和文字没有什么关系。”

尼姑听后十分惊讶，于是就对村里所有年高德勋的人说：“这是一位道行高深的人，宜请来好好供养。”

魏武侯的玄孙曹叔良以及附近的居民，都争相前来施礼参拜。当时，宝林古寺经历隋末兵火，已成废墟。大家就在古寺的原址重建了庙宇，请慧能大师居住，很快这里就成了弘扬佛法的圣地。

慧能大师在宝林寺中住了九个多月，又被恶人寻找追逐，大师就逃往前山。恶人纵火焚烧草木，大师将身体挤进一大石缝中才幸免于难。那块石头至今还留有六祖膝盖痕迹和衣服的布纹，后人就把这块石头称为“避难石”。慧能大师想起五祖弘忍“逢怀则止，遇会则藏”的话，就在怀集、四会境内隐居下来。

念佛法门

《阿弥陀经》言：一日，佛在祇树给孤独园讲堂中，对长老舍利弗说：

“在我们世界的西方，有一佛国，叫极乐世界。那个世界中有尊佛，号阿弥陀佛，现正在那儿宣说佛法。那里的人民身心没有任何痛苦，感受到的都是美满快乐，故称这个世界为极乐。”

而后佛为舍利弗细说极乐世界的情形：无论是正报的人还是依报的生活环境，都具有不可思议的功德庄严，清净殊妙，超过十方凡圣同居土，且一切进道资缘皆具。凡念佛众生得生此国，皆证不退转。如有众生听到阿弥陀佛的种种殊胜功德，进而信而发愿，专心执持其名号，或一天，乃至七天，总以达到一心不乱为目的，那么当这位念佛人命终之时，阿弥陀佛以及圣众，便会出现在他的面前，接引他往生西方极乐世界。

[原文]

僧法海，韶州曲江人也。初参祖师，问曰：“即心即佛，愿垂指谕(yù)。”

师曰：“前念不生[1]即心，后念不灭[2]即佛；成一切相即心[3]，离一切相即佛[4]。吾若具说，穷劫不尽。听吾偈(jì)曰：

即心名慧，即佛乃定。定慧等持，意中清净。悟此法门，由汝习性[5]。用本无生，双修是正。”

法海言下大悟，以偈赞曰：

“即心元是佛，不悟而自屈。我知定慧因，双修离诸物。”

僧法达，洪州人。七岁出家，常诵《法华经》。来礼祖师，头不至地。

祖诃曰：“礼不投地，何如不礼！汝心中必有一物，蕴习何事耶？”

曰：“念《法华经》已及三千部。”

祖曰：“汝若念至万部，得其经意，不以为胜，则与吾偕行。汝今负此事业，都不知过。听吾偈曰：

礼本折慢幢(cháng)[6]，头奚不至地？有我罪即生，亡功福无比。”

师又曰：“汝名什么？”

曰：“法达。”

师曰：“汝名法达，何曾达法？”复说偈曰：

“汝今名法达，勤诵未休歇。空诵但循声，明心号菩萨。

汝今有缘故，吾今为汝说。但信佛无言，莲花从口发。”

达闻偈，悔谢曰：“而今而后，当谦恭一切。弟子诵《法华经》，未解经义，心常有疑。和尚智慧广大，愿略说经中义理。”

佛赞地藏

《地藏十轮经》言：一日，世尊对天帝释说，“你们当知有一地藏菩萨，具足非常，民皆赞其殊胜功德。他于久远劫以来，常示现声闻之形象，不仅在五浊恶世尚无佛法之际，以种种方便教化成就有情，也于十方诸佛国土利益安乐一切有情，助众生消除一切病恼，满足一切善愿。若有人于一顿饭的时间，至心称念地藏菩萨的名号，皈依供养，所求之愿很快就获满足，胜于百劫皈依供养诸佛菩萨。”

这部经中还说到，末法时期，娑婆世界充满罪恶，人的根基素质极低劣，不分善恶邪正，贪求五欲，十恶充满。幸赖此经可灭众生烦恼，令三宝久住。

佛说，未来世中，只要有人能因信佛而出家，即便他不能成就法器，甚至毁破戒行，也只应给予处治，而不应逼令其还俗。

师曰：“法达，法即甚达，汝心不达；经本无疑，汝心自疑。汝念此经，以何为宗？”

达曰：“学人根性暗钝，从来但依文诵念，岂知宗趣？”

[注释]

①前念不生：前一个念头已过去，不再出现，以全此心之清净圆明，即离一切相。

②后念不灭：即将出现的念头不断灭，不必有意限制自己的认识活动。

③成一切相即心：外在的一切事物和现象都是心的派生物。

④离一切相即佛：自心不为外在的一切事物和现象所干扰，就达到了觉悟。

⑤习性：通过学习佛教经典和遵从教义修行而形成的心性。

⑥礼本折慢幢：慢幢，傲慢之心就像高耸的幢。礼本来是消除傲慢心理的。

[译文]

僧人法海是韶州曲江人。初次参见慧能大师，问：“什么叫即心即佛，希望大师为我指导。”

大师说：“不留恋以前的念头就是心，后一个念头接连不断就是佛；能变成万法一切相的是心，能离万法一切相的是佛。我如果全都加以解说，那么再多的时间也说不完。请听我说的偈：

即心名慧，即佛乃定。定慧等持，意中清净。悟此法门，由汝习性。用本无生，双修是正。”

法海听了慧能大师的开示即时豁然开悟，也写了一首偈赞叹说：

“即心元是佛，不悟而自屈。我知定慧因，双修离诸物。”

僧人法达是江西洪州人。七岁出家，经常诵读《法华经》。前来拜见大师，参拜时头不着地，很不礼貌。

慧能大师呵斥说：“参拜却头不着地，还不如不参拜！你心里必然执着一样东西，平时你修习什么呢？”

法达说：“我念诵《法华经》已达到三千部。”

慧能大师说：“你如果念经书念有上万部，领悟其中要义，而不认为胜过了他人，那才能和我一起谈论佛法。现在你就因为念诵了《法华经》三千部而骄傲自恃，一点不知道自己的缺点。你听我的偈：

礼本折慢幢，头奚不至地？有我罪即生，亡功福无比。”

胜光问法

《胜光经》言：一日，憍萨罗国国王胜光王，向佛请教说“愿大师教我如何做一位好国王”。佛告诉他说：“为国王者，当爱民如子，鼓励人民勤修善业，不可为恶。情怀恩恕，薄征税赋，免除劳役。不宜设官分职太多。如有不忠良者，当以古圣王治世之法，将其流放而不宜杀戮。

“常当一心恭敬三宝，莫生邪见。涅槃以后，法付国王大臣辅相，当为拥护，勿使衰损；燃正法炬，转正法轮，尽未来际，当令不绝。

“若能这般依教而行，则风调雨顺，诸天庆悦，丰乐平安，无诸灾难，举国太平。王身快乐，永保胜位，福祚延长，心无忧虑，增益寿命。且其德行名称将传遍十方。外国诸王闻之，咸来贡献，共发赞叹，皆愿归伏。命终之后，得生天上，受胜妙乐。”

慧能大师又问："你的名字叫什么？"

法达回答说："我叫法达。"

大师说："你名叫法达，但何曾通达了法？"又说了一偈：

"汝今名法达，勤诵未休歇。空诵但循声，明心号菩萨。

汝今有缘故，吾今为汝说。但信佛无言，莲花从口发。"

法达听完慧能大师的偈，谢罪说："从今以后，我一定要谦恭地对待一切事情。弟子念诵《法华经》，没有了解经中的要义，心中常有疑惑。师父智慧渊博，希望能大致讲解一下经中的要义。"

慧能大师说："法达，佛法本来是通达的，但你心中不通达；经文要义本来没有疑惑，是你心中自起疑惑。你念这部经，知道这部经是以什么为宗旨吗？"

法达说："弟子根性愚钝，一直依经文念诵，哪里知道什么宗旨呢？"

[原文]

师曰："吾不识文字，汝试取经诵一遍，吾当为汝解说。"

法达即高声念经，至《譬喻品》[①]，师曰："止，此经元来以因缘出世[②]为宗。纵说多种譬喻，亦无越于此。何者因缘？经云：'诸佛世尊，唯以一大事因缘故，出现于世。'

"一大事者，佛之知见[③]也。世人外迷著相，内迷著空。若能于相离相，于空离空，即是内、外不迷。若悟此法，一念心开，是为开佛知见。

"佛，犹觉也。分为四门：开觉知见，示觉知见，悟觉知见，入觉知见。若闻开示，便能悟入，即觉知见，本来真性而得出现。

"汝慎勿错解经意，见他道开、示、悟、入，自是佛之知见，我辈无分。若作此解，乃是谤经、毁佛也。彼既是佛，已具知见，何用更开？汝今当信：佛知见者，只汝自心，更无别佛。盖为一切众生，自蔽光明，贪爱尘境，外缘内扰，

维摩示疾

《维摩诘经》言：毗耶离城中，有一长者名维摩诘，有大辩才，通达方便，而以方便示现身有疾病。

众亲友听说维摩诘有病，一同前去探问。维摩诘便借机广作譬喻说其说法：

“此身无常，为众苦所恼，为众病所集，乃为速朽之物，不可信赖。是身如水泡，不可久存；是身如芭蕉，中间无坚实；是身如幻，自颠倒起；是身如梦，为虚妄见；是身如影，自业缘现；是身如响，属诸因缘；是身如浮云，须臾幻灭；是身乃地、水、火、风四大假合而有，故无主、无人、无我、无寿；是身当体即空，离我、离所；是身无知，如草木瓦砾；是身无作，为风力所转；是身不净，秽恶充满；是身虚伪，必归磨灭；是身为灾，能生百一病恼；是身无定，随时可能死亡。故此身无值顾恋，实可厌倦。”

甘受驱驰，更劳他世尊，从三昧起，种种苦口[④]，劝令寝息，莫向外求，与佛无二，故云开佛知见。

“吾亦劝一切人，于自心中，常开佛之知见。世人心邪，愚迷造罪。口善心恶，贪嗔嫉妒，谄佞我慢[⑤]，侵人害物，自开众生知见[⑥]。若能正心，常生智慧，观照自心，止恶行善，是自开佛之知见。

“汝须念念开佛知见，勿开众生知见。开佛知见，即是出世；开众生知见，即是世间。汝若但劳劳执念，以为功课者，何异牦牛爱尾[⑦]？”

[注释]

①《譬喻品》：《妙法莲华经》中的经文。

②出世：出现在世间。

③佛之知见：佛的智慧。

④种种苦口：指利用各种方法来教化。

⑤我慢：执着于我而轻慢他人，即高傲自大。

⑥众生知见：泛指世俗的知识与智慧。

⑦牦牛爱尾：牦牛，产于喜马拉雅山一带，末尾毛长。牦牛对自己的尾巴极为爱护。此处比喻人们像牛爱惜自己的长尾巴一样，执迷不悟，盲目追求不应该贪恋的东西。

[译文]

慧能大师说：“我不认识文字，你把经书取来，试给我读一遍，我为你讲解。”

法达随即大声诵读经文，念到《譬喻品》，慧能大师说：“停，这部经原来是佛以因缘出现于世为宗旨。接下去即使说很多譬喻，也不会超出这个范围。什么叫因缘？经中说：‘诸佛菩萨，唯以一大事因缘故，出现于世。’

“所谓一大事，就是指佛的真知正见。世俗人在外执着于相；在内执着于空。若能够能在一切相上远离一切相，在一切空上离一切空，就是内、外都不执着。如领悟了这种佛法，立时顿悟，这就是开佛知见。

“所谓佛就是觉悟。又分为四种法门：开觉知见，示觉知见，悟觉知见，

文殊问疾

《维摩诘经》言：维摩诘病卧于床。文殊承佛圣旨，至维摩诘所住处问病。文殊问“世尊命我来致问居士，是病因何而起”。

维摩诘说：“此病也算是因有痴爱而生。因众生有病，故我病；如若众生不得病，则我病亦好。菩萨因众生入于生死，有生死则必有病。若众生能离于病，菩萨也就无须病了。须知菩萨的病，由大悲心起。”

文殊又问：“对有病的菩萨，当怎样慰喻？”

维摩诘说：“应说此身无常，又不可劝其厌离于身；说身有苦，而不劝其涅槃；说身无我，仍劝其教导众生；说身空寂，而不说毕竟寂灭；说应忏悔先罪，而不能让其不忘过去。因自己的疾病，当怜悯众生疾病，当识宿世无数劫所受之苦，当饶益一切众生；忆所修福，念于净命，疗治众病。”

入觉知见。如果能在听闻开示时，便能开悟契入，这就是觉知见，心中本具的真如佛性也就显现出来了。

“你要警慎不要错解经义，见经上说开、示、悟、入，就以为那是佛的知见，没有我世俗凡夫的份。假如这样理解，就是谤经、毁佛了。他既然是佛，就已经具有佛的知见了，为什么还要再开悟知见呢？你应当相信，所谓佛知见，就在你的自心，心外再没有别的佛知见了。只是由于一切众生，蒙蔽了自己光明的心性，贪恋执着六尘外境，外有外境寻求，内有妄念纷扰，甘心受尘劳的鞭策驱使，这才劳烦我佛，从禅定开始，以种种办法，规劝众生不要贪爱执着，不要向心外去妄求，才能修得与佛一样，所以说要开佛知见。

“我也常规劝所有人，在自己心中要常开启佛知见。世人心地不正，愚昧执迷造成种种罪过。口说善言心怀恶意，贪嗔嫉妒，谄佞傲慢，欺人害物，这就是自己开了众生世欲知见。如果能端正心念，常常生起智慧，观照自己的心性，停止作恶而行善，这就是自己开佛知见。

“必须时刻都开佛知见，而不要开众生世俗知见。开启佛知见，就是超离凡尘世间；开启众生世俗知见，就是堕入人世间。你如果只是不知疲倦诵念经文，难道和牦牛爱惜自己的尾巴有什么不同吗？”

［原文］

达曰：“若然者，但得解义，不劳诵经耶？”

师曰：“经有何过？岂障汝念？只为迷悟在人，损益由己。口诵心行，即是转经[1]；口诵心不行，即是被经转。听吾偈曰：

心迷《法华》转[2]，心悟转《法华》。诵经久不明，与义作仇家。

无念念即正，有念念成邪。有无俱不计，长御白牛车[3]。”

达闻偈，不觉悲泣，言下大悟，而告师曰：“法达从昔已来，实未曾转《法华》，乃被《法华》转。”再启曰：“经云：‘诸大声闻乃至菩萨，皆尽思共度量，不能测佛智。’今令凡夫但悟自心，便名佛之知见。自非上根，未免疑谤。又经说

金鼓忏悔

《金光明经》言：一日夜里，信相菩萨梦见金鼓和忏悔偈。天明至世尊所，向如来说夜间梦见金鼓，其奏出的妙音，可灭除三世诸苦、地狱、饿鬼、畜生等苦，以及贫穷困厄所有诸苦；又能除灭一切诸苦，为众生无归无依无救护者作皈依处。

"诸佛世尊有大慈悲，当证知我等赤诚，受我忏悔。若我百劫以来，所作众恶，皆因缘生大忧苦，十方大悲世尊，可除众生一切怖畏，愿受我诚心忏悔，令我恐惧皆得消除。我之所有烦恼，唯愿现在诸佛世尊，以大悲水洗除。过去诸恶，今皆忏悔；现所作罪，诚心发露；所未作者，更不敢作；已作之罪，不敢掩藏。身、口、意所有造十种恶业，当受恶报。若此国土及余世界，我所修行，身、口、意所有善法，皆以回向；愿于未来，证无上道。"

三车[④]，羊、鹿、牛车，与白牛之车，如何区别？愿和尚再垂开示。”

“师曰：“经意分明，汝自迷背。诸三乘人[⑤]不能测佛智者，患在度量也。饶伊[⑥]尽思共推，转加悬远。佛本为凡夫说，不为佛说。此理若不肯信者，从他退席，殊不知坐却白牛车，更于门外觅三车。况经文明向汝道：‘惟一佛乘，无有余乘。若二若三，乃至无数方便，种种因缘、譬(pì)喻言词，是法皆为一佛乘故。’

“汝何不省，三车是假，为昔时故。一乘是实，为今时故。只教汝去假归实，归实之后，实亦无名。应知所有珍财，尽属于汝，由汝受用，更不作父想[⑦]，亦不作子想[⑧]，亦无用想[⑨]，是名持《法华经》。从劫至劫，手不释卷；从昼至夜，无不念时也。”

达蒙启发，踊跃欢喜，以偈赞曰：

“经诵三千部，曹溪一句亡。
未明出世旨，宁歇累生狂？
羊鹿牛权设，初中后善扬[⑩]。
谁知火宅[⑪]内，元是法中王[⑫]。”

师曰：“汝今后，方可名念经僧也。”

达从此领玄旨，亦不辍(chuò)诵经。

[注释]

①转经：唱诵佛经。

②心迷《法华》转：只是嘴上念诵《法华经》，心中仍痴迷，等于被《法华》所“迷悟”，等于没有领悟佛经。

③长御白牛车：白牛车比喻一佛乘，即获得了佛的智慧。《坛经》中“白牛车”“一佛乘”实指禅宗教义。

④三车：《法华经》以三车比喻“三乘”，即引导众生达到解脱的三种教法。

楞伽说经

《楞伽经》言：曾有一段时间，佛住于南海滨楞伽山上，山顶饰以各种宝花，甚为庄严。其时有诸菩萨从他方诸佛世界来，各施以无量三昧之力，作种种神通游戏。以大慧菩萨为上首。所有诸佛，手灌其顶，自心现境界，对种种众生、种种心色、无量度门，随类普现。大慧菩萨皆可善解其义，于五法三自性、八识二无我，也能究竟通达。

时大慧菩萨以偈赞佛，说偈赞毕，大慧菩萨向佛咨问一百八义及五法三自性、八识二无我之义。世尊一一为其分别详细解说。

最后佛殷勤诫勖：“我之弟子诸修行者，当修慈心，不食所有众生肉及葱、韭、蒜等荤菜和所有酒。食肉则无慈心，永恒背离于解脱！”

羊车比喻“声闻”，鹿车比喻“缘觉”，牛车比喻“菩萨”，三乘同归于“一佛乘”（大白牛车）。

⑤三乘人：指声闻、缘觉、菩萨。

⑥饶伊：听任他去。

⑦更不作父想：“父”指《法华经》中讲的“大宝长者”，用以比喻诸佛如来。此句的意思是，所有的财宝（佛性）都是你自己本有的，不要认为是大富长者（佛）的。

⑧亦不作子想：也不要认为财富（佛性）是他人的。

⑨亦无用想：也不要有维护和使用财富的想法，即不要有意识地向自身追求佛性。

⑩初中后善扬：初善，声闻教法；中善，缘觉教法；后善，菩萨教法；这些善法，最后统一于“一佛乘”。

⑪火宅：比喻众生生死轮回的三界。

⑫法中王：指经过长期修行而超脱生死轮回的修行人。

[译文]

法达说：“如果是这样的话，那么只需了解佛经要义就可以了，是不是就无须诵念佛经了呢？”

慧能大师说：“佛经本身有什么过错？怎会妨碍你诵念呢？执迷和觉悟在人，减损与增益全在自己。口诵经文而心按经义实行，就能够领悟经文要义；口诵经文而心不按经义实行，就是被经文所迷误。你听我说偈：

心迷《法华》转，心悟转《法华》。诵经久不明，与义作仇家。

无念念即正，有念念成邪。有无俱不计，长御白牛车。”

法达听完偈，不禁感激涕零，言下大悟，对慧能大师说：“我法达以前实在是没有领悟《法华》，却被《法华》所迷误了。”接着又问慧能大师说：“经上说：‘一切大声闻乃至菩萨，都曾尽力思考一起去度量佛的智慧，但都无法测知佛的智慧。’现在凡夫俗子只觉悟自己的心性，就说是佛的知见。我自然不是上等根性的人，难免要生起疑惑诽谤。加上经上说三种车乘，即羊车、鹿车和牛车，另外还有一种白牛车，它们都有什么不同呢？请大师为我解惑。”

慧能大师说：“经文的要义本来是很清楚的，是你自己执迷不解。那三乘人，不能度量佛的智慧，原因就在度量上。听任他们费心竭力共同推测，结果反而离佛的智慧更远。佛经本是佛为不觉悟的凡夫俗子而设的，并不

圆觉总持

《圆觉经》言：一日，如来住于常寂光净土，而此平等清净的觉境，原是圣凡同一的本有家乡。其时如来现受用身，和众菩萨一同安住于佛的平等法会中。当时文殊师利菩萨首先代表众菩萨对佛请问，如来在因地时，最初是怎样生发清净心，又是怎样随顺法性而修行的？希望佛为大众一一开示。

于是世尊便说出如来大圆觉的妙理，并对怎样远离如幻之无明，怎样持戒离欲，怎样澄寂诸念而次第修习禅定的种种重要修行方法，逐层加以说明，并提供了克期取证的时限方便，最后净诸烦恼、悟人清净的圆觉性海。

故这一部经统摄一切佛法，周备戒、定、慧三学，称为总持，是学佛者的修行指南。有人受持此经，则护法金刚朝夕守护。其家永无灾厄，疾病消除，财宝富足。

是针对佛自己而讲。如果不相信这个道理，任他退去会席，竟然不知道自己就坐在白牛车上，却还要在门外去另找羊、鹿、牛三车。更何况经文说得明白：‘只有一佛乘，并没有其他乘。所说二乘或三乘，乃至无数方便法门和种种因缘、譬喻等言词，所有这些法全都是为那一佛乘而施设的。’

“你为什么不明白羊、鹿、牛三车都是假设的譬喻，是佛为过去迷误的众生而施设的方便法门？大白牛车才是佛真实说的一乘实相法，是为现今众生而设的。这都是要教你去假而归实，归实以后，连实的名也不立。应当知道所有的珍贵财物全都属于你自己，由你自己去受用，既不要想这是父亲的财产，也不要想这是儿子的财产，更不要有财用宝藏之想，这才叫作真正受持《法华经》。从前劫到后劫，手不释卷；从白天到黑夜，无时不是在诵持《法华经》了。”

法达得到启发，高兴得跳了起来，写了一首偈加以赞颂：

“经诵三千部，曹溪一句亡。
未明出世旨，宁歇累生狂？
羊鹿牛权设，初中后善扬。
谁知火宅内，元是法中王。”

慧能大师说：“从此以后，你才可以叫作念经僧。”

法达从此领悟了《法华经》的要旨，也没有停止念经。

[原文]

僧智通，寿州[①]安丰人。初看《楞伽经》约千余遍，而不会三身四智[②]，礼师求解其义。

师曰：“三身者，清净法身，汝之性也；圆满报身，汝之智也；千百亿化身，汝之行也。若离本性，别说三身，即名有身无智[③]。若悟三身无有自性[④]，即明四智菩提。听吾偈(jì)曰：

自性具三身，发明成四智。不离见闻缘，超然登佛地。
吾今为汝说，谛(dì)信永无迷。莫学驰求者，终日说菩提。”

通再启曰：“四智之义，可得闻乎？”

楞严大定

《楞严经》言：一日，阿难外出乞食，被摩登伽女用大幻术咒所惑，差点毁了戒体。幸世尊及时宣说“大楞严神咒”，将恶咒破除，才保住了阿难的清净戒体。

阿难归来后自愧定力不足，请佛开示最究竟圆满的修行方法。佛于是说了这部经，名《大佛顶首楞严王经》，具足万行，此经最初七处征心，八还辩见，如来飞光击触，宝手开合，皆显真性不动。

其中，二十五位菩萨各报修证圆通之心得。由文殊菩萨定择，以观音菩萨的从闻入道功夫，最契合这个世界众生的根基。

随后，佛又说出五浊世界中十二类众生流转受生的原因，又说世间十因、十类、七趣、三界生业因缘，接着又说到修三摩地所应注意之事。

此经中还着重告诲断杀盗淫妄，以及道场持咒，修证功德等。

师曰：“既会三身，便明四智，何更问耶？若离三身，别谈四智，此名有智无身。即此有智，还成无智。复说偈曰：

大圆镜智性清净，平等性智心无病。

妙观察智见非功，成所作智同圆镜。

五八六七果因转，但用名言无实性。

若于转处不留情，繁兴永处那伽定⑤。

如上转识为智也。教中云：‘转前五识为成所作智，转第六识为妙观察智，转第七识为平等性智，转第八识为大圆镜智。’虽六七因中转，五八果上转，但转其名，而不转其体也。”

通顿悟性智，遂呈偈曰：

“三身元我体，四智本心明。身智融无碍，应物任随形。

起修皆妄动，守住匪真精。妙旨因师晓，终亡染污名。”

[注释]

①寿州：今安徽寿县。

②四智：佛教认为的四种智慧。眼、耳、鼻、舌、身五识转为“成所作智”；第六识（意识）转为“妙观察智”；第七识（末那识）转“平等性智”；第八识（阿赖耶识）转为“大圆镜智”。具备这四种智慧，即达到佛果。

③有身无智：离开人的自我本性，一切都是虚幻不真实的。

④三身无有自性：三身都是从自我本性中产生的，并不是说三身中各有一个自性。

⑤繁兴永处那伽定：虽处纷乱世界，但心如龙潜深渊，永远宁静，能现大变而不失定力。

[译文]

僧人智通是安徽寿州安丰县人。看《楞伽经》大约上千遍，却没领悟三身四智的含义，于是礼拜慧能大师，求解其旨意。

慧能大师说：“所谓三身是清净的法身，就是你的自性；圆满报身，就

般若真空

《法宝标目》言：佛在鹫峰山、给孤独园、他化天宫、竹林园四处，共说了十六会《大般若经》。

唐三藏法师玄奘，从西域取回全本，于玉华寺译成六百卷。最初，玄奘法师想依从众人的意思，将繁复的部分去掉，忽在夜间梦见极恐怖事，遂不敢删。故还是依照梵本翻译，即得见殊胜境界。

玄奘法师对众人说："此经乃人天大宝，可为镇国之典。经中曾提及此方当有乐大乘者。国王大臣及四部徒众，如能发心书写、受持、读诵、流布此经，俱得生天。三世诸佛皆依般若而成佛，般若可称为诸佛之母。般若为六度之一，其他五度都不曾加以'大'名，唯此般若圆宗，独称尊大；另外五度只作依助。梵语'般若'，汉语译为'智慧'，或称为'深妙智慧'更恰切。"

是你的智慧；千百亿化身，就是你的行为。如果离开了自性，另外说什么三身，这就是有身无智。如果领悟到三身却没有自性，就是四智菩提。请听我诵偈：

自性具三身，发明成四智。不离见闻缘，超然登佛地。

吾今为汝说，谛信永无迷。莫学驰求者，终日说菩提。”

智通又问：“四智的含义，可以为我讲解吗？”

慧能大师说：“既然领悟了三身，即明白了四智的含义，为什么还要问呢？如果离开三身，而另外去谈四智，就叫作有智无身。即使有了智慧，也等于没有智慧。请听我说一偈：

大圆镜智性清净，平等性智心无病。妙观察智见非功，成所作智同圆镜。

五八六七果因转，但用名言无实性。若于转处不留情，繁兴永处那伽定。

以上各识可以转化为智慧。佛教中认为：‘前五识眼、耳、鼻、舌、身识转为‘成所作智’，第六识意识转为‘妙观察智’，第七识末那识转为‘平等性智’，第八识阿赖耶识转为大圆镜智。’虽然第六识和第七识在未成就佛果时就化转，前五识和第八识在成就佛果时化转，但这八识只是名称改变了，实质并没有改变。”

智通听完偈立刻领悟了自性中的佛性智慧，于是也写了一偈呈给慧能大师。他的偈是：

“三身元我体，四智本心明。身智融无碍，应物任随形。

起修皆妄动，守住匪真精。妙旨因师晓，终亡染污名。”

［原文］

僧智常，信州贵溪[①]人。髫年[②]出家，志求见性。一日参(cān)礼。

师问曰：“汝从何来，欲求何事？”

曰：“学人近往洪州白峰山礼大通和尚[③]，蒙示见性成佛之义，未决狐疑。远来投礼，伏望和尚慈悲指示。”

师曰：“彼有何言句，汝试举看。”

曰：“智常到彼，凡经三月，未蒙示诲。为法切故，一夕独入丈室，请问：‘如何是某甲本心本性。’大通乃曰：‘汝

法华妙典

《妙法莲华经》言：佛在灵鹫山，和众比丘、比丘尼、菩萨、大梵天王等百千眷属在一起。当时世尊入于无量义处三昧。时天降宝花，大地六种震动。

佛自三昧起，对舍利弗说："诸佛世尊，皆因一大事因缘出现于世，即要使众生开、示、悟、入佛之知见，故说此一乘妙法，为诸声闻授记。"经中先于化城之权，终于髻珠之秘。

佛说此《法华经》时，诸宝佛塔从地涌出，十方诸佛云集证明，六万恒河沙等菩萨及其眷属皆护持流布。

持经随喜，可得六根清净诸无量功德。如有人能以此入于旋陀罗尼诸三昧者，当见灵山法会俨然未散，佛常住不灭，证悟者自知。以前天台智者大师得证旋陀罗尼三昧，便见此境界，之后九旬谈其妙，故此受持《法华经》者盛极一时。

见虚空否？'对曰：'见。'彼曰：'汝见虚空有相貌否？'对曰：'虚空无形，有何相貌？'彼曰：'汝之本性，犹如虚空，了无一物可见，是名正见；无一物可知，是名真知。无有青黄长短，但见本源清净，觉体圆明，即名见性成佛，亦名如来知见。'学人虽闻此说，犹未决了，乞和尚开示。"

师曰："彼师所说，犹存见知，故令汝未了。吾今示汝一偈[jì]：

不见一法存无见[4]，大似浮云遮日面。
不知一法守空知[5]，还如太虚生闪电。
此之知见瞥[piē]然兴，错认何曾解方便[6]。
汝当一念自知非，自己灵光常显现。"

常闻偈已，心意豁然，乃述偈曰：

"无端起知见，著相求菩提。情存一念悟，宁越昔时迷[7]。
自性觉源体，随照枉迁流。不入祖师室，茫然趣[qū]两头[8]。"

智常一日问师曰："佛说三乘法，又言最上乘，弟子未解，愿为教授。"

师曰："汝观自本心，莫著外法相。法无四乘，人心自有等差。见闻转诵是小乘，悟法解义是中乘，依法修行是大乘。万法尽通，万法具备，一切不染，离诸法相，一无所得，名最上乘。乘是行义，不在口争，汝须自修，莫问吾也。一切时中，自性自如。"

常礼谢执侍，终师之世。

[注释]

①信州贵溪：信州，今江西上饶。贵溪，今江西贵溪西。
②髫年：幼年，童年。髫，幼童从额上所垂下的头发。
③大通和尚：神秀逝世后谥号"大通"，在其生前不应有此称号。据《旧

法传迦叶

《指月录》言：有一次，世尊在灵山会上拈花示众。众弟子们皆不解何意，唯大迦叶尊者有所领悟，会心而笑。世尊对众弟子说"我有正法眼藏，涅槃妙心，实相无相，不立文字，教外别传的微妙法门，要嘱于摩诃迦叶"。

世尊领迦叶至多子塔前，令迦叶坐下，围以僧伽黎衣，对迦叶说："我现在将正法眼藏密付于你，须善加护持。"并命阿难为迦叶的传法继承人，使其法门代代相承，不可断绝。然后世尊就把传心法偈说于迦叶：

"法本法无法，无法法亦法。今付无法时，法法何曾法。"

世尊说偈毕，又对迦叶说："我现将此金缕僧伽黎衣也一并传于你，至将来弥勒佛出世时，转授于他，勿令残朽。"

迦叶听后头面顶礼，恭谨对佛说："我定当敬顺遵从佛之教诲。"

唐书·神秀传》及其他诸书所载，神秀并没有住白峰山之事，疑是误记。

④不见一法存无见："不见一法"指上文大通和尚讲的"了无一物可见"。如果认为"了无一物可见"，仍是把"天见"存于心中，有碍明心见性，就好似"浮云遮日面"。

⑤不知一法守空知：不知一法，指上文大通和尚讲的"无一物可知"。慧能认为"无一物可知"，仍是执着于"空知"。

⑥错认何曾解方便："无一物可见""无一物可知"，这是为了消除执着于外在一切现象的错误提出来的，如果不了解这一点，追求"空知""无见"，仍是错误的。

⑦情存一念悟，宁越昔时迷：存在着自以为证悟的一个念头，又怎样能消除过去的迷惑？

⑧趣两头：趣，通"趋"。两头，指"无见"和"空知"。

[译文]

僧人智常是信州贵溪人，自幼出家，志在求明心见性。一天来礼拜慧能大师。

慧能大师问他："你从哪里来？想要求什么事？"

智常回答说："弟子最近到洪州白峰山去礼拜大通和尚，承蒙他开示见性成佛的含义，但仍未去除我心中的疑惑。所以远道而来礼拜为师，恳请大师慈悲为我解惑。"

慧能大师说："大通和尚说了什么话？你先说一些给我听听。"

智常说："弟子到白峰山那里，大约住了三个月，也没有得到开示、教诲。因为求法心切，一天晚上我独自一人进了方丈室，向大通和尚请教：'什么是人本心本性？'他说：'你见过虚空没有？'我回答说：'见过。'他又问：'你看到的虚空有相貌吗？'我回答说：'虚空是无形的，哪有什么相貌？'他说：'你的本性，就如同虚空，了无一物可见就叫作正见；没有一物可知就叫作真知。没有青黄长短，只要能见本源清净，觉体圆明，就叫作见性成佛，也叫作如来知见。'弟子虽然听了这些，还是不能消除心中疑惑，所以恳请大师开示。"

慧能大师说："那位师父所说，还存有知见，所以你没有彻底明白。我现在告诉你一偈：

不见一法存无见，大似浮云遮日面。
不知一法守空知，还如太虚生闪电。
此之知见瞥然兴，错认何曾解方便。
汝当一念自知非，自己灵光常显现。"

饭王得病

《净饭王泥洹经》言：净饭王年老，忽患重病，自知不久将死，就对诸王弟说："我命虽逝，不以为苦，只恨不见我子悉达多、次子难陀、侄儿阿难陀和孙子罗睺罗。如若能在我临死前得见我子孙侄辈，便死而无憾。"

白饭王便对净饭王说："我听说世尊正在王舍城灵鹫山中，离此二千余里。王兄身体如此羸弱，即便马上派人去通知，那么遥远的路程，恐怕也来不及。故唯愿大王宽心，勿要牵挂悬念诸子。"净饭王说："我子孙侄儿，虽相距遥远，但心意相通。我子成佛，以大慈悲，普度众生。若有人为贼所困，自知脱困无望，唯一的办法就是希望依仗有势力的人而得救护解脱。再如病重之人，唯愿能遇良医以愈其疾。我今盼望得见世尊的心情，也是同样的急切。"

智常听完偈，心意豁然开朗，也作了一首偈：

“无端起知见，著相求菩提。情存一念悟，宁越昔时迷。

自性觉源体，随照枉迁流。不入祖师室，茫然趣两头。”

一天，智常问慧能大师：“佛说声闻、缘觉、菩萨三乘佛法，又说最高成佛方法是一佛乘，弟子对此不太明白，希望大师为我讲解。”

慧能大师说：“你应观照自己的本性，不要执着心外的法相。佛法并没有四乘的分别，人们的心性却有差别。靠见闻转诵佛法经典而解脱成佛的是小乘，能悟解佛法要义的是中乘，既能悟解佛法要义又能依法修行的人是大乘。万法尽通，而且具足完备，一切不染不执着，远离一切法相，一无所得，这叫作最上乘。乘是运载以行的意思，不在于口头上争辩，你必须自己去修行，不要再问我了。在任何时候，都要自性自如。”

智常施礼致谢，他侍候慧能大师，一直到大师去世。

[原文]

僧志道，广州南海[1]人也。请益曰：“学人自出家，览《涅(nié)槃经》十载有余，未明大意，愿和尚垂诲。”

师曰：“汝何处未明？”

曰：“诸行无常，是生灭法。生灭灭已，寂灭为乐[2]。于此疑惑。”

师曰：“汝作么生疑？”

曰：“一切众生皆有二身，谓色身、法身也。色身无常，有生有灭；法身有常，无知无觉。经云‘生灭灭已，寂灭为乐’者，不审何身寂灭，何身受乐？若色身者，色身灭时，四大分散[3]，全然是苦，苦不可言乐。若法身寂灭，即同草木瓦石，谁当受乐？又法性是生灭之体，五蕴(yùn)是生灭之用。一体五用，生灭是常。生则从体起用，灭则摄(shè)用归体。若听更生，即有情之类，不断不灭；若不听更生，则永归寂灭，同于无情之物。如是，则一切诸法被涅槃之所禁伏，尚不

佛还觐父

《净饭王泥洹经》言：世尊在灵鹫山，遥闻父病之事，当即带领难陀、阿难、罗睺罗等，顷刻至迦毗罗卫国城中。

佛和阿难乘空进入王宫，净饭王看到佛来，便坐起对佛说："唯愿如来手抚我身，使我得安。"接着又对佛说："你当初为成佛度众生的大愿，现已成就。我得此重病，希望你也能度我脱离苦厄。"佛说："父王放心。"将手按于父王额头上。父王将佛的手放于自己胸上，说："今天能再见你，我愿已足，当高兴卧别。如来世尊于世多所利益，有缘见佛或听闻佛法之人，皆有福德。今日世尊是我的儿子，自然我所受的恩惠也多。至此刻，佛仍来见我，我是何等庆幸。"父王说完，合掌心以礼世尊足。佛的手掌仍放于父王心口上，父王就这样安详地离开了人间。

得生，何乐之有？”

师曰：“汝是释子，何习外道断常[4]邪见，而议最上乘法？据汝所说，即色身外别有法身，离生灭求于寂灭；又推涅槃常乐，言有身受用。斯乃执吝生死，耽著世乐。汝今当知，佛为一切迷人认五蕴和合为自体相，分别一切法为外尘相，好生恶死，念念迁流，不知梦幻虚假，枉受轮回；以常乐涅槃翻为苦相，终日驰求。佛悯此故，乃示涅槃真乐。刹那无有生相，刹那无有灭相；更无生灭可灭，是则寂灭现前。当现前时，亦无现前之量，乃谓常乐。此乐无有受者，亦无不受者，岂有一体五用之名？何况更言涅槃禁伏诸法，令永不生，斯乃谤佛毁法。听吾偈曰：

无上大涅槃[5]，圆明常寂照。凡愚谓之死，外道执为断。
诸求二乘人，目以为无作。尽属情所计，六十二见[6]本。
妄立虚假名，何为真实义。惟有过量人，通达无取舍。
以知五蕴法，及以蕴中我。外现众色象，一一音声相。
平等如梦幻，不起凡圣见。不作涅槃解，二边三际[7]断。
常应诸根用，而不起用想。分别一切法，不起分别想。
劫火烧海底，风鼓山相击。真常寂灭乐，涅槃相如是。
吾今强言说，令汝舍邪见。汝勿随言解，许汝知少分。”

志道闻偈大悟，踊跃作礼而退。

[注释]

①广州南海：今广东佛山。

②诸行无常，是生灭法，生灭灭已，寂灭为乐：世间万物迁流变化无常，是生灭之法，为苦。此生、灭停止，无生无灭为寂灭，是乐。

③四大分散：佛教认为地、水、火、风是构成世界万物的基本要素，称为“四大”。人的生命结束时，形体就化解为地、水、火、风。

④断常：断，断灭，灭绝。常，永远存在。

殡送父王

《净饭王泥洹经》言：净饭王气绝身亡时，诸释子以香水洁浴王身，盖上细软白布，殓于棺中。

佛虑及当来世时，人民凶暴，不报父母深恩，为不孝罪人。为让当来世众生懂得做人当遵从礼法，佛欲以身示范，亲自抬父王棺。时四天王也来赴丧，对佛长跪请求："愿佛允许我们代佛抬父王棺。"佛应允。四天王便化作普通人模样，以手擎棺，抬于肩上。佛亲自手执香炉，在棺前引导，至火葬所。

佛和众人共积香薪，将棺木置于香薪之上，便举行焚化。举国人民皆悲痛哀悼。于是佛对大众见机说法。言毕，举火焚化父王身。焚化毕，诸王各持香水五百瓶来灭火，火灭之后，众人齐收捡骨骸，盛入金函，而后起造塔庙，将父王遗骨藏于塔中，以各种缯幡宝盖宝铃供养。

⑤无上大涅槃：禅宗把涅槃看作自我本性的显现。

⑥六十二见：佛教所说的六十二种错误观点，此处泛指一切错误观点。

⑦二边三际：二边指有、无二边。三际指过去、未来、现在三世或指外、内、中间三处。

［译文］

僧人志道是广州南海人，继续请教慧能大师说："弟子出家以来，读《涅槃经》已经十多年，仍没领悟这部经书的大意，希望师父能为我指点迷津。"

慧能大师说："你什么地方不明白？"

志道说："经中有一偈说：'诸行无常，是生灭法。生灭灭已，寂灭为乐。'我对此疑惑不解。"

慧能大师问："你为什么会有疑惑？"

志道说："一切众生都有二身，即所谓的色身和法身。色身变化无常，有生也有死；而法身是永远长存，无知无觉的。经上说'生灭灭已，寂灭为乐'，我不知道什么身寂灭，什么身是受乐？如果说是色身，在色身坏灭时，地、水、风、火四大形成的肉身全都分散，这都是痛苦，既然是痛苦就不能称快乐。假如说是法身入于寂灭，则好像草、木、瓦、石一样无知，那谁又应当受乐呢？另外，佛性是生灭的本体，色、想、受、行、识这五蕴是生灭的妙用。一体五用，生灭就是永远的。生就是体妙用，灭就是摄用归体。如果听任再生，那就是有情的众生不断生灭；如果不听其再生，那就是永远地归于寂灭，如同草、木、瓦、石这类无情物一样了。假如是这样，那一切的佛法都被涅槃所禁伏，生都不可能，还有什么乐处可说呢？"

慧能大师说："你是佛门的弟子，为什么要学断灭与永恒之类的邪见，议论最上乘的佛法呢？依你所说，就是色身外还有法身，离了色身的生灭另求法身的寂灭；又推论涅槃常乐，说是有身来受用其快乐。这乃是执着生死，沉溺于世俗快乐。现在你应当知道，佛因为一切迷误的人都认为五蕴形成自己的相状，分别妄记一切法当作外尘的相状，恋生恶死，妄念迁流，不知道世间一切都不过是梦幻，徒然地遭受生死轮回之苦；反而以永恒快乐的涅槃为苦相，终日寻求世间的快乐。佛怜悯这些迷执的人，才指示涅槃真乐。刹那间没有了生相，刹那间没有了灭相，就没有什么生灭可灭，这样无生灭的涅槃境界便出现在眼前。而当它出现时，又没有什么以前思量的显现，这就是永恒的快乐。这种快乐没有承受的人，也没有什么不承受的人，又怎会有一体五用的名日？更何况你还说涅槃禁伏一切不让它们再生，这是在诽谤诋毁佛法了。请你听我的偈：

释种酬债

《长阿含经》言：憍萨弥罗国国王波斯匿王的王后原本是邻邦迦毗罗卫国的一名婢女，人们称她为末利夫人。

末利夫人的第二个儿子琉离，八岁时到迦毗罗卫国探亲。琉离太子竟爬至一新建讲堂的狮子座上，释族中人发现后，就将他抓下来摔于地上，并辱骂他是婢女生的下贱东西。琉离太子遭此耻辱，怀恨在心 。

琉离太子长大后，弑父杀兄，自立为王，率兵灭释迦族。佛劝阻无用。半天时间，所有释迦族人皆为琉离王所杀。佛对众比丘说："释迦族已偿冤债，依仗宿世善业，仍可生天。而琉离王大逆不道，七日后当自取灭亡。"琉离王闻此惊惧，苦熬到第七天早晨，且喜无事，便率众人于阿脂罗河边娱乐。不料突然风雨大作，王和兵众，皆遭雷震水淹，死后堕入无间地狱。

无上大涅槃，圆明常寂照。凡愚谓之死，外道执为断。
诸求二乘人，目以为无作。尽属情所计，六十二见本。
妄立虚假名，何为真实义。惟有过量人，通达无取舍。
以知五蕴法，及以蕴中我。外现众色象，一一音声相。
平等如梦幻，不起凡圣见。不作涅槃解，二边三际断。
常应诸根用，而不起用想。分别一切法，不起分别想。
劫火烧海底，风鼓山相应。真常寂灭乐，涅槃相如是。
吾今强言说，令汝舍邪见。汝勿随言解，许汝知少分。”

志道听完偈后，豁然开悟，欢喜雀跃，施礼而退。

[原文]

行思禅师①，生吉州安城②刘氏。闻曹溪法席盛化，迳(jìng)来参礼。

遂问曰：“当何所务，即不落阶级。”

师曰：“汝曾作什么来？”

曰：“圣谛(dì)亦不为。”

师曰：“落何阶级？”

曰：“圣谛尚不为，何阶级之有？”

师深器之，令思首众。一日，师谓曰：“汝当分化一方，无令断绝。”

思既得法，遂回吉州青原山，弘法绍化。

怀让禅师③，金州④杜氏子也。初谒嵩山安国师⑤，安发之曹溪参叩。让至礼拜。

师曰：“甚处来？”

曰：“嵩山。”

师曰：“什么物？恁么来？”

曰：“说似一物即不中⑥。”

为母说法

《摩诃摩耶经》言：有一年，佛于忉利天欢喜园中安居三月。至结夏圆满日，如来在波利质多罗树下结跏趺坐，放百千光明，佛光蔽过所有日月星辰之光。佛对文殊师利说："你去告知我母亲，说我在此处。"

佛母得知佛在忉利天上欢喜园中，便来相见。如来见母，对其开示说："不管身居何处，都难免苦乐相对，唯修涅槃道，方能永离苦乐。"佛母听佛开示后专精正道，心中烦结消除，对佛说："一切众生流转于五道，皆因烦恼过患导致。愿我来世，得成正觉，当为众生断此苦本。"佛说："母亲所说甚是。众生之所不得解脱者，皆由贪欲、嗔恚、愚痴，导致常没于生死之中。欲求生天尚难，况希望解脱生死？故要想希求解脱，成就妙果，须自断其贪、嗔、痴三毒苦本做起。"

师曰：“还可修证否？”

曰：“修证即不无，污染即不得。”

师曰：“只此不污染，诸佛之所护念，汝即如是，吾亦如是。西天般若多罗谶(chèn)⑦：‘汝足下出一马驹，踏杀天下人⑧。’应在汝心，不须速说。”

让豁(qì)然契会，遂执侍左右一十五载，日臻(zhēn)玄奥。后往南岳，大阐(chǎn)禅宗，敕谥大慧禅师。

[注释]

①行思禅师：吉州庐陵（今江西吉安）人，俗姓刘，为慧能门下嗣法弟子之一。后到吉州青原山静居寺弘传禅法，开青原一系禅风，分化出曹洞、云门和法眼三派。唐僖宗谥行思“弘济大师”号。

②吉州安城：今江西吉安。

③怀让禅师：金州安康（今属陕西）人，俗姓杜。十岁即喜好佛经，后到荆州玉泉寺出家，曾到嵩山学禅，又到韶州礼拜慧能。慧能逝世后，他到南岳般若寺宣讲禅法，世称“南岳怀让”。到他的弟子马祖道一时，南岳一系兴盛。到唐末，南岳系分化出沩仰和临济两派。唐敬宗谥怀让“大慧禅师”号。

④金州：今陕西安康。

⑤安国师：惠安，俗姓卫，荆州枝江人，弘忍弟子。武后临朝时，他与神秀一起被迎入都城，待之以师礼，称为“安国师”。

⑥说似一物即不中：内心悟得的佛性难以比拟，超越一切形相，不可言说比拟。

⑦西天般若多罗谶：西天般若多罗，禅宗所说的西天二十七祖，东印度人，达摩之师。他曾指派达摩前往中土弘法，并留下许多谶语，预言佛法在东土传布的情况。谶，预言。

⑧汝足下出一马驹，踏杀天下人：怀让门下出现马祖道一之后，更为兴盛。马祖道一随怀让从学十年，后在钟陵开元寺（江西南昌附近）一带传禅，学徒众多，称洪州宗，与青原行思同为中晚唐很有影响力的禅僧。

[译文]

行思禅师生于江西吉安，俗姓刘。听说曹溪慧能大师弘法的盛况，便径直前来礼拜。

嘱累地藏

《地藏菩萨本愿经》言：佛在忉利天宫为母说法。十方诸佛、菩萨、天龙、鬼神皆来集会。

其时世尊对地藏菩萨说："我于五浊恶世，以种种方便教化刚强顽冥众生，令他们改邪归正，但仍有许多劣根的众生未能调伏。我不久后当涅槃，你须记住我今天在忉利天宫，以娑婆世界至弥勒佛出世之前，将尚未度脱的众生，付嘱给你。无论是天是人，如能于佛法中种微少善根，即使只如毛发尘沙，你也当以你道力持护此人，莫令善根退失。如于随业受报、临堕恶趣时，能念一声佛菩萨名号，或者一句一偈大乘经典，你也当以你神力，为他破碎地狱，救度此人，令其得生天受胜妙乐。"世尊嘱咐后，又说偈再三叮咛他说："在未来天人众，吾今殷勤咐嘱汝，以大神力方便度，勿令堕在诸恶趣"。

行思问慧能大师说："应当怎样修行，才不至落入有阶次之分的渐修法门？"

慧能大师说："你以前做过什么事？"

行思说："我连佛的圣谛都不修。"

慧能大师说："到达什么阶次呢？"

行思说："我连佛的圣谛都不修，还落什么阶次呢？"

慧能大师对行思深加器重，就让他做了僧众首座。一天，慧能大师对他说："你应当分担一个地方的教化，不要让正法断绝失传。"

行思得到顿教佛法，便回到了吉州青原山，弘传佛法教化众生。

怀让禅师出生在金州，俗姓杜。先曾去嵩山拜谒安国师惠安大师，惠安大师让他到曹溪参拜慧能大师。怀让到了曹溪，向慧能大师敬礼。

慧能大师问他："你从哪里来？"

怀让说："从嵩山来。"

慧能大师说："寻求什么东西，怎么来？"

怀让说："内心悟得的佛性很多，无法言说。"

慧能大师说："可以修证吗？"

怀让说："修证就不是没有，受到沾染就得不到。"

慧能大师说："只有不受沾染这一点，是所有佛共同护念的，你既是这样，我也是这样。西天竺的般若多罗法师曾预言：'在你门下将出一匹小马驹，他的智慧将纵横驰骋，征服天下。'这个预言应该留存你心里，不要着急说出来。"

怀让豁然开悟，便留在慧能大师身边奉持十五年，修行一天比一天玄妙。后到南岳衡山，大力弘扬禅宗，后皇帝下诏赐他谥号为"大慧禅师"。

[原文]

永嘉玄觉禅师[1]，温州戴氏子。少习经论，精天台止观法门[2]，因看《维摩经》，发明心地。

偶，师弟子玄策相访，与其剧谈，出言暗合诸祖。

策云："仁者得法师谁？"

曰："我听方等经论，各有师承。后于《维摩经》，悟佛心宗，未有证明者。"

最初造像

《造像经》言：佛在天宫安居三月为母说法，有优陀延王渴仰思佛，发愿为佛造像。于是毗首羯摩天，化为工匠，于佛诞日起工，很快就造成了佛像。后佛从忉利天归于人间。

优陀延王得知佛从天上而回，即顶戴佛像，与诸国王，各以珍异妙供奉于佛前。刚造成的佛像也自动合掌对佛作礼。佛对像说："你于未来世中，大作佛事。我灭度后，我诸弟子，悉皆嘱咐于你。"佛又称赞优陀延王说："你在我的教法中，最初发明造像规则，使未来世一切众生，得大信利，你已获得无量福德广大善根，无人可及。"佛又对众人说："如有人能以土木胶漆或金银铜铁，缯彩香石，雕铸绣画佛的形像，即便极小似一指大，便可获福灭罪，永离三途苦报，常生人天，恒受妙乐。"

策云："威音王③已前即得，威音王已后，无师自悟，尽是天然外道。"

曰："愿仁者为我证据。"

策云："我言轻。曹溪有六祖大师，四方云集，并是受法者。若去，则与偕行。"

觉遂同策来参。绕师三匝，振锡④而立。

师曰："夫沙门者，具三千威仪，八万细行⑤。大德自何方而来，生大我慢？"

觉曰："生死事大，无常迅速。"

师曰："何不体取无生，了无速乎？"

曰："体既无生，了本无速。"

师曰："如是，如是。"

玄觉方具威仪礼拜，须臾(yú)，告辞。

师曰："返太速乎？"

曰："本自非动，岂有速耶？"

师曰："谁知非动？"

曰："仁者自生分别。"

师曰："汝甚得无生之意。"

曰："无生岂有意耶？"

师曰："无意谁当分别？"

曰："分别亦非意。"

师曰："善哉，少留一宿。"

时谓一宿觉。后著《证道歌》，盛行于世。

[注释]

①玄觉：温州永嘉（今浙江永嘉）人，自幼出家，先学天台止观法，后

姨母涅槃

《佛母般泥洹经》言：佛姨母大爱道比丘尼（即摩诃波阇波提），与其五百比丘尼弟子，齐至佛所住处，各自向佛顶礼合掌而立。大爱道比丘尼对佛说“我宁愿先入于涅槃”。佛默然许可。

姨母便以手摩佛足说：“我今天最后见如来，应真道，最正觉道，天人师道，自今后不复再见。”五百比丘尼，也向佛请求先入涅槃，佛皆许可，并为她们说身患生死忧悲之苦及种种不如意之事，赞叹无欲清净之安。众比丘尼皆欢喜，稽首而去，还至精舍，各自敷设五百座就座。

大爱道现神足通，从座上隐没，又忽自东南来；升于虚空中，离地七多罗树高，作种种变化，显现神通不可称数。五百比丘尼也作种种变化，最终一并入于涅槃。佛劝告诸贤者，作五百葬具，幢幡奉送，如法荼毗。

师从慧能，提倡融合天台宗与禅宗的思想。传说慧能曾留他居住一夜，世称“一宿觉”。

②天台止观法门：指中国佛教宗派之一天台宗智颉所开创的止观双修法门。天台宗主张一切事相都是法性真如的表现，并用“一念三千”和“三谛圆融”予以发挥。天台主张定（止）慧（观）双修，所以用“止观法门”概指天台宗的理论。

③威音王：过去庄严劫最初的佛。禅宗以此佛表示遥远的古代，以“威音王已前”比喻人类本有的纯正的精神境界，用以指点学人自己的本来面目，意思等同于“父母未生以前”“天地未开以前”“空劫以前”等。

④振锡：举持锡杖。锡，僧侣用以护身的锡杖。

⑤三千威仪，八万细行：三千、八万，形容数量极多，指僧人所要遵行的各种戒律之外的许多细微的仪则、仪轨。

[译文]

永嘉玄觉禅师是温州人，俗姓戴。自幼研习佛经理论，对天台宗的止观法门很有造诣，因读《维摩诘经》，得以知佛见性。

偶有一天，慧能的弟子玄策前来拜访他，与他畅谈佛理，玄觉所说都隐隐和诸祖所说佛理相通。

玄策就问：“你拜谁为师而得佛法？”

玄觉说：“我听大乘经论，都各有师承关系。后来读《维摩诘经》，悟得佛心宗，但还没有得到印证。”

玄策说：“在威音王佛以前说无师自悟者还可以，在其以后无师自悟的人就是天然外道。”

玄觉说：“希望你能为我作印证。”

玄策说：“我人微言轻。曹溪有位慧能大师，各地信众都如云聚集在他那里，且都是得到正法的人。你如果去，我们可一同前往。”

玄觉于是跟随玄策来到曹溪，参见慧能大师。在慧能大师身边绕转了三圈，然后举起锡杖站立。

慧能大师说：“佛门弟子应具有三千威仪和八万细行，你从哪里来，对我如此轻慢不敬？”

玄觉说：“生死的问题很大，变化太快，来不及多拜师尊。”

慧能大师说：“为什么不悟无生无死的真理，以了悟变化太快的生死呢？”

请佛入灭

《摩诃摩耶经》言：一日，魔王波旬至佛所，装作恭敬样，对佛说道："以前我曾劝世尊入于涅槃，世尊对我说，'我所要度的比丘、比丘尼、优婆塞、优婆夷四众弟子还未具足。'现所应度化的也都已得度，愿世尊就此入于涅槃。"世尊对魔王说："波旬，我要入涅槃之事，无需你管。但我可告诉你，三个月之后，我自然入于涅槃。"魔王欢喜而去。

而后如来便舍无量之寿，以神通力留住三月寿命。时大地六种震动，日月晦暗，风雨违常。天龙八部纷纷向佛请问。佛便将三月之后将入涅槃的事告知众人。阿难不解。佛说："阿难，我这样做是让人们引起警觉，知道世间一切皆无常，不能久住，即便佛的生身也不例外，从而生起勇猛精进之心，不敢放逸懈怠。"

玄觉说：“领悟自性则自性本无生死，了然明白了，也就无所谓变化太快。”

慧能大师说：“是这样，是这样。”

玄觉这才整肃仪容礼拜慧能，但随即便向慧能告辞。

慧能大师说：“你这样就回去是不是太快了？”

玄觉说：“自性原本没有什么动与不动，哪有什么迅速与缓慢？”

慧能大师说：“什么人知道不是动？”

玄觉说：“是你自心生起的分别。”

慧能大师说：“你已经深悟无生的意念。”

玄觉说：“无生难道还有意念吗？”

慧能大师说：“没有意念又是谁来分别呢？”

玄觉说：“这种分别也是没有意念。”

慧能大师说：“说得很好，再小住一晚罢。”

当时人们称玄觉为“一宿觉”。后来玄觉禅师撰写了《永嘉证道歌》，盛行世间。

[原文]

禅者智隍(huáng)，初参五祖，自谓已得正受[1]。庵[2]居长坐，积二十年。师弟子玄策游方至河朔(shuò)[3]，闻隍之名，造庵问云：“汝在此作什么？”

隍曰：“入定。”

策云：“汝云入定，为有心入耶？无心入耶？若无心入者，一切无情草木瓦石，应合得定；若有心入者，一切有情含识之流，亦应得定。”

隍曰：“我正入定时，不见有有无之心。”

策曰：“不见有有无之心，即是常定，何有出入？若有出入，即非大定[4]。”

佛指移石

《涅槃经》言：拘尸那城中，有力士三十万人，闻世尊将要入涅槃，会经过此路，便集合众人清理道路。有一大石挡在路中，他们无法移动。

世尊化作沙门，故意问："你们这些小孩在做什么？"众力士对沙门说："你怎能说我们是小孩？"沙门说："你们三十万人，却不能移此挡路石，怎不是小孩子？"力士说："那想必你能将此石移开，我们倒要见识一下。"沙门以二指挑起大石，举石抛在空中。众力士皆惊怖欲逃。沙门说："何必如此害怕？"随即以手接石放回地上。众力士皆好奇。沙门以口吹之，大石立即碎为微尘。众力士见了说道："原来如此坚固的一块大石也属无常。"即生惭愧刻责之心。佛知他们心念，即舍化身，还复本形，为其说法。众力士听后皆发菩提心。

隍无对。良久，问曰：“师嗣(sì)谁耶？”

策云：“我师曹溪六祖。”

隍云：“六祖以何为禅定？”

策云：“我师所说，妙湛圆寂，体用如如。五阴本空，六尘非有。不出不入，不定不乱。禅性无住，离住禅寂，禅性无生，离生禅想，心如虚空，亦无虚空之量。”

隍闻是说，迳(jìng)来谒师。

师问云：“仁者何来？”

隍具述前缘。

师云：“诚如所言，汝但心如虚空，不著空见，应用无碍，动静无心，凡圣情忘，能所⑤俱泯(mǐn)，性相如如⑥，无不定时也。”

隍于是大悟，二十年所得心，都无影响。其夜河北士庶(shù)闻空中有声云：“隍禅师今日得道。”

隍后礼辞，复归河北，开化四众⑦。

[注释]

①正受：定心而离邪乱为“正”，无念无想而纳法在心为“受”。

②庵：此处指僧人修行的住处。

③游方至河朔：游历到黄河以北的地域。僧人周游四方，修行问道，称为游方。

④大定：能断一切妄念的定叫作大定。

⑤能所：佛教称心识为能缘，心识的对象为所缘。如六根对六尘，六根是能缘，六尘为所缘。“能”相当于认识的主体，“所”相当于认识的对象。

⑥性相如如：人之本性与物之相状圆融无二，平等无二，称之如如。

⑦四众：指比丘、比丘尼、优婆塞、优婆夷，即僧、尼、男女居士等佛教信徒。

[译文]

智隍禅师当初礼拜五祖，自己认为已得到真正的禅定，因而在修行处长期打坐，持续二十年。慧能大师的弟子玄策，游历到黄河以北的地域，

嘱分舍利

《莲花面经》言：一日，佛至跋提河，对阿难说“我想要入河洗浴”。洗浴毕，佛对阿难说“三个月之后，我将涅槃”。

阿难对佛说：“唯愿世尊为我宣说佛涅槃之后，诸众生等供养如来舍利之事。”佛告诉阿难说：“如来入涅槃时，入金刚三昧，碎此肉身犹如草芥。一切舍利，分一份与诸天，一份与龙王世界，一份与夜叉世间。其时诸天龙王毗沙门天王，皆以香花供养舍利，恭敬礼拜，犹如见佛。其余舍利，留于人间，以后有一位国王名阿输迦，为供养佛身舍利，当起造八万四千塔。又有六万诸王，也各造塔供养舍利，有人以诸香花、杂香、灯明、音乐作供养，种无上菩提善根。出家弟子见此舍利，精勤修道，皆可成就道业而般涅槃。若人供养生身舍利，则得无量功德。”

听到智隍的名字，就到智隍修行处拜访他，问："你在这里做什么呢？"

智隍说："我在打坐入定。"

玄策说："你所说的入定，是有心进入的，还是无心进入的呢？如果是无心入定，那么所有没有生命的草、木、瓦、石，都可以说是入定了；如果是有心入定的，那么一切有情有识的人都应该能入定了。"

智隍说："我在入定时，没有发现有心、无心。"

玄策说："没有发现有心、无心，说明你一直在入定，那么还有什么出入可说呢？如果有出入可说，就是还没有完全入定。"

智隍无言以对。过了好一会儿，智隍问玄策："你的师父是谁？"

玄策说："我以曹溪山禅宗六祖慧能大师为师。"

智隍问："慧能大师以什么为禅定呢？"

玄策说："我的师父所说的禅定是这样的，法身圆融深湛清净常寂，性相体用一如。五蕴本来为空，六尘原非实有。既不出，也不入。既不动，也不乱。禅的本性本来是无住，所以要远离住禅寂，禅的本性无生，所以要远离生禅想，心就好比虚空，也没有虚空的度量。"

智隍听完玄策的话后，就径直去拜见慧能大师。

慧能大师问他："你从哪里来？"

智隍就详细叙述了他遇到玄策的情况。

慧能大师说："确实像玄策所说那样，只要心如虚空，不执着于空见，应事接物通达无碍，或动或静都不着意存心，凡情圣境全都忘却，主观和客观对象都泯绝，这样性与相如一，就无时无刻不处在禅定之中了。"

智隍于是豁然开悟，二十年修行所得心，在心中消失得干干净净。当天夜里，河北地区的士庶都听到空中有声音说："智隍禅师今日已成佛道。"

后来智隍辞别慧能大师，回到河北去教化大众。

[原文]

一僧问师云："黄梅意旨[1]，甚么人得？"

师云："会佛法人得。"

僧云："和尚还得否？"

嘱咐国王

《仁王护国经》言：佛在王舍城灵鹫山中，为波斯匿王等十六大国王说般若波罗蜜多、十四正行等法后，又嘱咐众国王说："当国土出现灾难时，应常请百法师，敷设百高座，每日二次讲诵此经。无量鬼神听到此经，便前来护你国土，人天果报皆获满足，灾难悉皆消除。"

佛又对波斯匿王说："我灭度后，当来五浊恶世时，将有国王、王子及大臣，自恃高贵，欲毁灭佛教，致使佛法衰落，人民多造恶业，国家发生诸多灾难。故你等诸国王，不仅要为自身利益着想，更当为全国人民着想，当常受持此经。我之所以将建立守护三宝之事嘱咐国王，是因为他们没有国王的威势，不能负担起建立正法、护持三宝的重任。故大王自今后，当广度比丘、比丘尼，建造佛塔寺经像。

师云：“我不会佛法[2]。”

师一日欲濯(zhuó)所授之衣，而无美泉，因至寺后五里许，见山林郁茂，瑞气盘旋。师振锡卓地[3]，泉应手而出，积以为池，乃膝跪浣(huàn)衣石上。忽有一僧来礼拜，云：“方辩是西蜀人，昨于南天竺国，见达摩大师，嘱方辩：‘速往唐土，吾传大迦叶[4]正法眼藏[5]及僧伽梨[6]，见传六代，于韶州曹溪，汝去瞻礼。’方辩远来，愿见我师传来衣钵。”

师乃出示，次问：“上人攻何事业？”

曰：“善塑。”

师正色曰：“汝试塑看。”

辩罔措。过数日，塑就真相，可高七寸，曲尽其妙。

师笑曰：“汝只解塑性，不解佛性。”

师舒手摩方辩顶，曰：“永为人天福田。”师乃以衣酬之。辩取衣分为三，一披塑像，一自留，一用棕裹瘗(yì)地中[7]，誓曰：“后得此衣，乃吾出世，住持于此，重建殿宇。”（宋嘉祐八年，有僧惟先，修殿掘地，得衣如新。像在高泉寺，祈祷辄(zhé)应。）

有僧举卧轮禅师偈云：

“卧轮有伎俩，能断百思想。对境心不起，菩提日日长。”

师闻之，曰：“此偈未明心地，若依而行之，是加系缚。”

因示一偈曰：

“慧能没伎俩，不断百思想。对境心数起，菩提作么长。”

[注释]

①黄梅意旨：指五祖弘忍大师的佛法。

②我不会佛法：无法之法，以心印心，并不是言语所能解说。

③振锡卓地：举起锡杖，用力朝地上一插。

付嘱诸天

《莲花面经》言：世尊将分舍利的事给阿难安排好后，心想，为让佛法久住世间，我当再往诸天住处，付嘱佛法。

帝释天王见佛至，即敷设高座请佛上坐，并率百千天人，齐向佛顶礼。佛对帝释天王说：“我特来告于你们，我不久即当涅槃。今以此佛法相付嘱，望你们善加护持。”

帝释天王听后，悲恸道：“世尊为何这么快即入于涅槃呢？世尊教我们护持佛法，这原本就是我们分内之事。譬如以前如来于兜率陀天降神母胎及佛诞生时，我和诸天都共来守护，如来在菩提树下成等正觉时、于鹿野苑中转妙法轮时，我和天众亦常守护，但我却无力让如来不入涅槃，也无力守护如来入于涅槃。”

世尊便为帝释诸天说种种法，劝喻安慰，示教利喜，令护佛法久住世间。

④大迦叶：亦称“摩诃迦叶”，佛陀十大弟子之一。据禅宗典籍《联灯会要》记载：释迦牟尼在灵山法会上，大梵天王献上金色波罗花，释迦即“拈花示众”，众人不解，唯有迦叶“破颜微笑”。释迦说“吾有正法眼藏，涅槃妙心，实相无相，微妙法门，不立文字，教外别传，嘱咐摩诃迦叶”。禅宗以此尊迦叶为西天始祖。

⑤正法眼藏：亦名“清净法眼”，用以称释迦所传的“涅槃妙心”，或禅宗“以心传心”之自心佛性，此心为佛智的全体，含藏万德，可以泛指佛教的真正教法。

⑥僧伽梨：三种僧衣之一。用九条乃至十五条布缝制而成，为进入王宫、村落时穿用，也称大衣、九条、九品大衣。另外两种为五条衣、七条衣。

⑦棕裹瘗地中：用棕毛包起来埋藏在地中。瘗，埋。

[译文]

有一位僧人问慧能大师说：“黄梅五祖的佛法衣钵，谁得了？”

慧能大师说：“懂佛法的人得了。”

僧人又问：“师父你得没得？”

慧能大师说：“我不会佛法。”

一天，慧能大师想洗五祖所传的法衣，但附近没有清澈的泉水，因此他来到了寺后大约五里远的地方，看到这里草木青翠茂盛，而且还有祥瑞之气盘旋。慧能大师举起锡杖往地上一插，泉水立即应手而出，不久就积成一池清水，慧能大师就跪下洗法衣。忽然有一位僧人来参拜慧能大师，说：“我叫方辩，是西蜀人，昨天我在南天竺国，见到了菩提达摩大师，嘱咐我说：‘你快到唐国去，我所传的大迦叶正法眼藏和九品衣，现在传给了六代祖师，他在韶州曹溪山，你去瞻仰致礼吧。’我今天从远方赶来，希望能看到达摩祖师所传的衣钵。”

慧能大师于是将法衣给他看，然后问：“上人主要从事什么事业？”

方辩说：“我擅长雕塑佛像。”

大师肃然道：“你试着塑给我看。”

方辩不知所措。过了几天，方辩塑了一尊佛像，约高七寸，曲尽其妙。

慧能大师笑着说：“你只了解雕塑的特性，并不了解佛性。”

慧能大师伸手抚摸方辩的头顶，说：“永远做人天福田。”接着又拿法衣酬谢方辩。方辩拿了法衣，分成三份，一份披在佛像上，一份自己留着，一份用棕裹好埋入地下，发誓说：“以后得到这法衣，就是我再生于世的时候，

付嘱龙王

《莲花面经》言：如来为帝释诸天付嘱守护佛法后，即从天上隐没，出现于娑伽罗龙王宫中。龙王见如来忽至，忙请佛上坐，又命百千龙众，俱向佛顶礼。

佛对龙王说："我今日来是要告诉你们，我不久将入涅槃。今我特来将佛法付嘱于你，你当善加守护。"龙王闻言，哽咽道："世尊！我等诸龙，盲无慧眼，故堕于畜生道中。佛若灭后，此龙世界便一无依怙。我等竟命之后，不知将来当生何处？诸佛如来乃众生导师，何故这么快即入于涅槃？世间从此谁再来指引正道呢？"

世尊为龙王种种说法，示教利喜，付嘱娑伽罗龙王、德叉迦龙王、难陀龙王、跋难陀龙王、和修吉龙王、阿那婆达多龙王、摩那斯龙王、优钵罗龙王、文邻龙王、黑色龙王及若干百千眷属，令护佛法久住世间。

我将在这为住持，重建殿堂。”

（宋代嘉祐八年，有个僧人惟先，修佛殿掘地，挖得方辩所埋的僧衣就像新的一样。方辩所塑的佛像在高泉寺，向它祈祷都很灵验。）

一天，一位僧人念卧轮禅师的一首偈：

“卧轮有伎俩，能断百思想。对境心不起，菩提日日长。”

慧能大师听后说：“这首偈还是未了悟佛法真义，按这首偈去修行，等于增加束缚。”

于是另作了一首偈：

“慧能没伎俩，不断百思想。对境心数起，菩提作么长。”

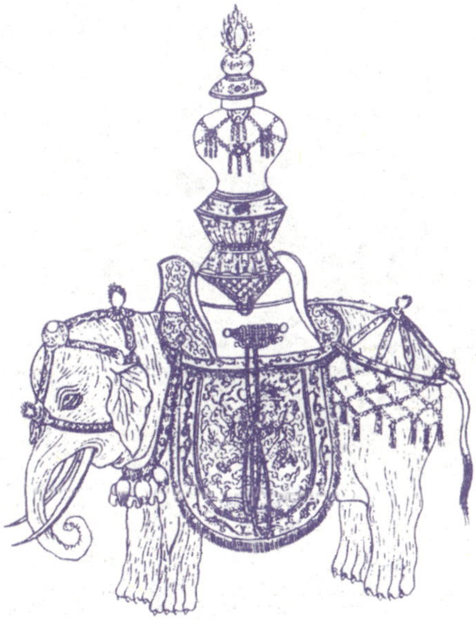

请佛住世

《大般涅槃经》言：佛在拘尸那城，力士生地，阿利罗跋提河边，娑罗双树间，与八十亿比丘前后围绕。二月十五这一日，佛临涅槃时，以大音声普告众生“今日如来应正遍知，哀悯众生，覆护众生，等视众生如同一子。大觉世尊将欲灭度，诸弟子若有所疑，皆可来问”。

世尊言毕，放出种种光明。六趣众生遇此光者，罪垢烦恼，全部消除。世间人民，皆共悲叹，痛哭流涕，捶胸痛呼。其时有四众弟子于一起相议：“佛法若不住世，众生福报消尽，不善诸业增长，我等此后无所恃怙，活在世间有何意思？我们要速速赶至拘尸那城力士生地，劝请如来勿入涅槃。”

于是众弟子们齐至佛所，顶礼垂泪高呼：“唯愿世尊勿入涅槃。”世尊默然，众弟子见佛不曾答应，皆放声大哭。

顿渐品第八

题解

真正的佛法是唯一的，但人因南北地域不同而形成不同的派别。真正的佛法也没有什么顿悟与渐悟的分别，只是因为人根器不同，所以在人世间才会分出来顿门和渐门。慧能认为，见到自然本性，是成佛的关键。真正的大法是自然而然的，所以智慧的办法就是顺其自然，识见自性。

[原文]

时，祖师居曹溪宝林，神秀大师在荆南[①]玉泉寺。于时两宗盛化，人皆称“南能北秀”，故有南、北二宗顿、渐之分，而学者莫知宗趣。师谓众曰：“法本一宗，人有南北；法即一种，见有迟疾[②]。何名顿渐？法无顿惭，人有利钝[③]，故名顿渐。”

然秀之徒众，往往讥南宗祖师：“不识一字，有何所长？”

秀曰：“他得无师之智[④]，深悟上乘，吾不如也。且吾师五祖，亲传衣法，岂徒然哉。吾恨不能远去亲近，虚受国恩[⑤]，汝等诸人毋滞于此，可往曹溪参决[⑥]。”

一日，命门人志诚[⑦]曰：“汝聪明多智，可为吾到曹溪听法。若有所闻，尽心记取，还为吾说。”

志诚禀命至曹溪，随众参请[⑧]，不言来处。

时，祖师告众曰：“今有盗法之人，潜在此会。”

志诚即出礼拜，具陈其事。

师曰：“汝从玉泉来，应是细作[⑨]。”

天龙悲泣

《莲花面经》言：世尊离开菩提树时，帝释天王与三十三天众、须摩天、兜率陀天、化乐天以及诸天众，一同放声悲泣，说偈道：

如来容色甚微妙，超胜众生无比者；如是庄严殊特身，不久之间当灭度。

时毗摩质多阿修罗王与阿修罗众，娑伽罗龙王与诸龙众，毗留勒叉天王与鸠槃荼众，毗留博叉天王、提头赖吒天王与诸龙众，摩尼跋陀罗大夜叉将与夜叉众，天神，地祇，金刚密迹，蓝毗尼林神，迦维罗城神，菩提树神与诸天龙八部等众，皆各出大音声，悲啼痛哭。佛说："你们无需这样伤心痛哭。世间一切皆是因缘和合而有，既有生则必有灭。没有任何事物是能久住的，也没有任何人可强让生灭的东西不灭坏。"佛为他们说种种法，令心开意解。诸天龙王顶礼世尊，各回本处。

对曰："不是。"

师曰："何得不是？"

对曰："未说即是，说了不是。"

师曰："汝师若为示众[10]？"

对曰："常指诲大众，住心观静[11]，长坐不卧。"

师曰："住心观静，是病非禅；长坐拘身，于理何益？听吾偈曰：

生来坐不卧，死去卧不坐；一具臭骨头，何为立功课[12]？"

[注释]

①荆南：今湖北当阳。

②见有迟疾：领悟有快慢。

③人有利钝：人的天赋有的敏慧，有的迟钝。

④无师之智：就是无师而独悟的智慧。

⑤国恩：指唐代帝王对神秀的特殊礼遇。久视元年，武则天诏神秀入京，于内道场供养，被推崇为"两京法主，三帝门师"。

⑥参决：参学、解决疑惑。

⑦志诚：吉州太和人，少时在当阳玉泉寺师从神秀，后为慧能弟子。

⑧参请：参学请益。

⑨细作：间谍，奸细。

⑩示众：训导教诲众人。

⑪住心观静：凝神息虑，屏息内观，求得清净的境界。

⑫一具臭骨头，何为立功课：修炼有形的骨肉之体，怎得获得佛法，成就佛果？

[译文]

当时，慧能大师住在曹溪宝林寺，神秀大师住在荆南玉泉寺。当时两大宗派都很兴盛，人们称"南能北秀"，于是有南北二宗顿悟与渐修的差别，但一般修行的人并不了解两派各自的意趣。慧能大师对僧众说："佛法只有一个内容，只是传法的人有南北的分别，佛法只有一种，只是领悟见性有快有慢。为什么叫顿悟和渐修呢？佛法并没有顿、渐的分别，只因人的根

魔王说咒

《大般泥洹经》言：天魔波旬和无量天子天女众，备办饮食至佛所，对佛说："唯愿世尊慈悲，接受供养。另有一事告知，世间若有善男善女，能称其大乘经名者，我等皆当为此人作无畏咒以守护之。此无畏咒为：啪翅吒吒啰，吔翅鲁楼丽，摩诃鲁楼丽，阿罗摩，罗多罗，悉波呵。

"此篇咒语，可令乱心之人得深妙定，恐怖之人离诸恐怖，为法师之人辩才无碍。若有人可发心护持正法，也必为此咒所护。如果有人能受持此咒，或在道路旷野，遇凶暴毒兽，或水火等难，若持若说，则众难皆除。我等今天已离诸难谄曲，唯愿世尊接受供养，并印可此篇神咒。"

世尊说："我不会接受你的供养，但此神咒既能安隐一切众生，我便代众生接受你的神咒法施，也算是你做的一件好事。"

器有利有钝，所以才有顿渐的说法。”

然而，神秀的门徒经常嘲讽南宗祖师慧能：“一个字都不认识，有什么可取之处呢？”

神秀大师听到后说：“慧能得到了无师自悟的智慧，已经深悟佛法的上乘境地，我不如他。况且师父亲自传给他衣钵佛法，这难道是没有依据的吗？只恨我不能远去同他亲近，枉受了国家对我的盛大恩典，你们不要总是待在我身边，不妨前往曹溪参拜慧能，解决疑惑。”

一天，神秀命令弟子志诚说：“你聪明而多才智，可以为我去曹溪听讲佛法，如果听到什么，仔细记住，回来告诉我。”

志诚奉命来到曹溪，跟随众僧参拜，没有说明自己的来历。

当时，慧能大师对众人说：“现在有位偷听佛法的人隐藏在法会上。”

志诚听后立即出来施礼参拜，把来求法的原委全部说了出来。

慧能大师说：“你从玉泉山来，应该是奸细。”

志诚说：“不是。”

慧能大师问：“为什么说不是？”

志诚说：“没有说明来意前可以说是，说明以后就不是了。”

慧能大师问：“你师父是怎样开示众人的？”

志诚答：“他常教诲大家，要凝神息虑，屏息内观，求得清净的境界，要长时间静坐而不躺卧。”

慧能大师说：“住心观静，这有毛病，不是真禅；常坐不动，伤及身体，于理有什么好处？听我的偈：

生来坐不卧，死去卧不坐；一具臭骨头，何为立功课？”

［原文］

志诚再拜曰：“弟子在秀大师处，学道九年，不得契（qì）悟[1]。今闻和尚一说，便契本心。弟子生死事大，和尚大慈，更为教示。”

师曰：“吾闻汝师教示学人戒、定、慧法，未审汝师说戒、定、慧行相[2]如何？与吾说看。”

诚曰：“秀大师说：‘诸恶莫作名为戒，诸善奉行名为慧，

纯陀后供

《大般泥洹经》言：拘夷那竭国有一位长者名纯陀，听说佛即将涅槃，至佛所，合掌致礼说道“唯愿世尊，接受我等最后供养”。

世尊说：“我接受你的供养。但你不必请如来长住此世。须知世间皆无常，众生皆不例外。人生皆有死，无常安能久？妻子及象马，钱财悉复然。唯有生老苦，病死之大患。”纯陀听了不禁痛哭，哽咽道：“不管怎么样，还是请佛为怜悯众生，久住于世。”世尊说：“你如此啼哭，徒自乱其心。你当好好想想，世间有为之法，无一坚实。”纯陀说：“如来不哀悯住世，这世间便无指望，我们怎能不啼哭呢？”佛说：“我正是因哀悯你等及所有众生才入涅槃。让人们深信佛所说道理真实不虚，有为之法，终归磨灭，即便是佛的生身也不例外。”

自净其意名为定。'彼说如此，未审和尚以何法诲人？"

师曰："吾若言有法与人，即为诳汝，但且随方解缚，假名三昧(mèi)[3]。如汝师所说戒、定、慧，实不可思议也。吾所见戒、定、慧又别。"

志诚曰："戒、定、慧只合一种，如何更别？"

师曰："汝师戒、定、慧接大乘人[4]，吾戒、定、慧接最上乘人。悟解不同，见有迟疾。汝听吾说，与彼同否？吾所说法，不离自性。离体说法，名为相说[5]，自性常迷。须知一切万法皆从自性起用，是真戒、定、慧法。听吾偈曰：

心地无非自性戒，心地无痴自性慧，心地无乱自性定，不增不减自金刚[6]，身去身来本三昧[7]。"

诚闻偈，悔谢，乃呈一偈曰：

"五蕴幻身，幻何究竟[8]？回趣(qū)真如，法还不净[9]。"

师然之。复语诚曰："汝师戒、定、慧，劝小根智人；吾戒、定、慧，劝大根智人。若悟自性，亦不立菩提涅(niè)槃，亦不立解脱知见。无一法可得，方能建立万法。若解此意，亦名佛身，亦名菩提涅槃，亦名解脱知见。见性之人，立亦得，不立亦得。去来自由，无滞无碍，应用随作，应语随答，普见化身，不离自性，即得自在神通[10]，游戏三昧[11]，是名见性。"

志诚再拜启师曰："如何是不立义？"

师曰："自性无非、无痴、无乱，念念般若观照。常离法相，自由自在，纵横尽得，有何可立？自性自悟，顿悟顿修，亦无渐次，所以不立一切法。诸法寂灭，有何次第？"

志诚礼拜，愿为执侍，朝夕不懈。

度须跋陀

《涅槃经》言：须跋陀罗自听佛说大般涅槃甚深妙法之后，得法眼净、舍邪见，对佛所说正法深为敬仰，便向佛请求出家。

佛说："善来！"即成沙门，从此心意开解，很快证得阿罗汉果。于佛前长跪合掌，悔责道："恨我久远劫以来，惑于贪、嗔、痴三毒，没于无明邪见，沦溺三界外道法中。今蒙如来恩，得入正法。世尊智慧慈悯，窃自思忖，纵累劫碎身，亦不能报此须臾之恩。"须跋陀罗说至此，泣不成声。稍歇，又对佛求道："唯愿世尊，勿入般涅槃。"世尊不应。须跋陀罗失声大哭，倒地昏迷，良久才醒。哽噎对佛道："世尊既不答应，我也不忍见如来入般涅槃。我当先自速灭，唯愿如来后我涅槃。"须跋陀罗说完后，悲啼哽咽，随即入灭。

[注释]

①契悟：与本心相合而开悟。

②戒、定、慧行相：对戒、定、慧义理的理解与修习的要求。

③随方解缚，假名三昧：根据情况，方便说法，解除束缚，而假用修行禅定的假名。方，方便。三昧，禅定。

④接大乘人：引导一般的侍佛大众。

⑤相说：脱离自性本体的皮相之说。

⑥不增不减自金刚：自我本性原有一切，不增不减，不生不灭，有如金刚不坏。

⑦身去身来本三昧：虽然有形之体有来有去，有所动作，却仍在禅定中。

⑧五蕴幻身，幻何究竟：由色、受、想、行、识五种物质和精神要素聚合而成的身体是虚幻的，怎能与究竟法身相比？究竟，指实相真如、究竟法身。

⑨回趣真如，法还不净：从今回归真如自性，即不离开真如自性讲戒、定、慧，乃明白禅法之真谛不在于住心观净。趣，同“趋”。

⑩自在神通：指随意变化、自在无碍的神力。小乘认为神通是修证所得的自在境，大乘认为是菩萨普度众生的方便法。

⑪游戏三昧：自在无碍地游戏欣悦于禅定之中。

[译文]

志诚再次顶礼说：“弟子在神秀大师那里学佛道九年了，没能开悟，今天听大师一说，便与自己本心相合。弟子认为解脱生死的事情最大，师父慈悲，望再给我教诲。”

慧能大师说：“我听说你师父教戒、定、慧佛法，不知他是怎么理解的，说给我听听。”

志诚说：“神秀大师说：‘诸恶不作叫作戒，诸善实行叫作慧，自净其意叫作定。’他是这样讲的，不知师父用什么法教诲大家？”

慧能大师说：“如果我说有佛法教给人，那就是在骗你，只是为了解说方便，于是假托个假名叫三昧。正如你师父所说的戒、定、慧，实在是不可思议。我所理解的戒、定、慧又不一样。”

志诚说：“戒、定、慧只应该有一种，怎么还有别的呢？”

慧能大师说：“你师父所说的戒、定、慧是用来接引大乘人的，我的戒、定、慧是用来接引最上乘人的。领悟和理解的程度有别，识心见性有快慢的差别。

佛现金刚

《秽迹金刚经》言：如来将入涅槃，诸天人众皆来供养，唯螺髻梵王不来觐省。诸大众对螺髻梵王傲慢无礼甚为不满，即派诸咒仙前去传取。

诸咒仙至螺髻梵王所，只见种种不净充斥城堑，反因触犯咒术而死。又遣无量金刚持咒前去，仍不能将螺髻传来。大众一时无计可施，如来为降伏梵王我慢，化出不坏金刚，腾身至梵王所，指彼秽物变作大地。金刚对梵王说："你真是愚痴至极。我如来即入涅槃，诸天神众皆去觐省，为何你独不去？"螺髻梵王惭愧，只好随金刚至如来所。时，金刚对众人说："如有世间众生，为诸恶魔所恼乱者，但诵我咒，可令诸有情永离贫穷，所求如愿，得大吉祥，常于安乐。"而后即说大圆满陀罗尼神咒。

你先听我说，看和你师父的说法是否相同？我所说的法，都不能离开自性。如果离开自性去说法，就叫著相说法，这样自性就常被迷误。应当知道一切法都是从自性生起，这是真正的戒、定、慧法。请听我偈：

心地无非自性戒，心地无痴自性慧，心地无乱自性定，不增不减自金刚，身去身来本三昧。”

志诚听后，悔悟致谢，也呈上了一偈：

“五蕴幻身，幻何究竟？回趣真如，法还不净。”

慧能大师对志诚的偈很是赞赏。接着又对他说：“你师父所说的戒、定、慧，是针对小根器人说的；我说的戒、定、慧，是针对大根器的人说的。如果能悟见自性，也就不用再立菩提、涅槃之类了，也就不必立关于解脱的认识和知见的理论。要到没有一法可得的境界，才能在自性上建立万法。理解了这个意思，才可以建立‘佛身’‘菩提’‘涅槃’‘解脱知见’。认识了自性的人，要建立这些佛法名称也可以，不立也可以。自由自在没有滞碍，当用之时随缘作用，当说之时随缘应答，普现一切化身而不离自性，就能得到自在神通、游戏三昧的境界，这就叫作见性。”

志诚又向慧能大师请教说：“不立佛法的意义是什么？”

大师说：“自性本来就无非、无痴、无乱，思想中都有般若智慧观照。远离一切法相，自由自在，纵横都有所得，有什么佛法可立呢？自性开悟，顿悟需要顿修，也没有渐次，所以不需要立任何佛法。所有佛法都寂灭了，还有什么顺序呢？”

志诚施礼拜谢，愿意为慧能大师执事，早晚都不懈怠。

［原文］

僧志彻，江西人。本姓张，名行昌，少任侠。自南北分化，二宗主虽亡(wú)彼我①，而徒侣竞起爱憎。时，北宗门人，自立秀师为第六祖，而忌祖师传衣为天下闻，乃嘱行昌来刺师。师心通，预知其事，即置金十两于座间。

时夜暮，行昌入祖室，将欲加害。师舒颈就之，行昌挥刃者三，悉无所损。

师曰：“正剑不邪，邪剑不正，只负汝金，不负汝命。”

悬记法住

《法住经》言：世尊临涅槃时，对阿难说："我涅槃后，末法时期，当有恶徒党，混入我佛门弟子中。这些恶徒党舍学正教，专习世间种种戏论，贪图衣食住用诸利养，互相谋夺诽谤，蓄意毁辱攻击真正肯持戒用功之人，坏人道念。当此际，天龙神众见此情形，皆远离；社会上有名望地位的人见此，遂对三宝不生净信，遂令正法速灭。此后，出家弟子一代不如一代，在家居士对于三宝也逐渐不恭敬。

"但余势犹未全灭，仍有个别比丘少欲知足，护持禁戒，受持如来三藏教法，广为四众讲说。也有国王、长者、居士、善男信女等，爱惜正法，于三宝所，恭敬供养，护持建立。须知这些人，皆是诸菩萨等，以本愿力，生于此时，护持如来无上正法，与诸有情作大饶益。"

行昌惊扑，久而方苏。求哀悔过，即愿出家。师遂与金，言："汝且去，恐徒众翻害于汝。汝可他日易形而来，吾当摄受[2]。"

行昌禀旨宵遁。后投僧出家，具戒精进[3]。

一日，忆师之言，远来礼觐(jìn)。

师曰："吾久念汝，汝何来晚？"

曰："昨蒙和尚舍罪，今虽出家苦行，终难报德。其惟传法度生乎？弟子常览《涅槃经》，未晓常、无常[4]义。乞和尚慈悲，略为解说。"

师曰："无常者，即佛性也；有常者，即一切善恶诸法分别心也。"

曰："和尚所说，大违经文。"

师曰："吾传佛心印，安敢违于佛经。"

曰："经说佛性是常，和尚却言无常；善恶诸法乃至菩提心，皆是无常，和尚却言是常。此即相违，令学人转加疑惑。"

师曰："《涅槃经》，吾昔听尼无尽藏诵读一遍，便为讲说，无一字一义不合经文。乃至为汝，终无二说。"

曰："学人识量浅昧，愿和尚委曲开示。"

师曰："汝知否？佛性若常，更说什么善恶诸法，乃至穷劫，无有一人发菩提心者？故吾说无常，正是佛说真常之道也。又，一切诸法若无常者，即物物皆有自性，容受生死，而真常性有不遍之处。故吾说常者，是佛说真无常义。佛比为凡夫外道执于邪常，诸二乘人[5]于常计无常，共成八倒[6]，故于涅槃了义教[7]中，破彼偏见，而显说真常、真乐、

最后垂训

《长阿含经》言：世尊对众比丘弟子说："你们须记，我所说过的种种修行法门，所谓四念处，四意断，四神足，四禅，五根，五力，七觉意，八圣道，我即能为你们作证，因我本身便是依据这些法门而修成正觉，故你们应当和同敬顺，同一师受，于我法中，精勤受学。我所说十二分教，你等皆应善于受持，随事修行。如来不久即入涅槃，你等各应珍重。"

众比丘闻说，俱悲恸投地。佛劝慰说："你们无需如此难过。天地间一切人和物，有生必有死，有始必有终，此规律无人能改变。恩爱无常，合必有离，身非己有，命不久存。我已年老，我所要做的事皆完成，已无必要多留于世，故今当舍寿。你等比丘应摄定意，守护其心。若于我法能勤加修持，必当断除苦本，解脱生死。"

真我、真净。汝今依言背义，以断灭无常，及确定死常，而错解佛之圆妙最后微言。纵览千遍，有何所益。”

行昌忽然大悟，说偈曰：

“因守无常心，佛说有常性。不知方便者，犹春池拾砾[⑧]。

我今不施功，佛性而现前。非师相授与，我亦无所得。”

师曰：“汝今彻也，宜名志彻。”

彻礼谢而退。

[注释]

①二宗主虽亡彼我：神秀与慧能二位大师虽然不分彼此、并无争胜之心。亡，通“无”。

②摄受：接纳，收为门徒。

③具戒精进：受具足戒，持戒修行，勤奋不懈。具足戒，出家人所受的戒律，因戒品具足而称。

④常、无常：常，永恒不变，真实不虚。无常，变动不居，虚假不实。

⑤二乘人：指声闻、缘觉。

⑥八倒：八种错误见解。凡夫俗子把生死轮回的无常、无乐、无我和不净，误认为是常、乐、我、净，这是凡夫的“四倒”。声闻、缘觉二乘人把涅槃的常、乐、我、净，误认为是无常、无乐、无我、无净，这是二乘人的“四倒”，加起来就是“八倒”。

⑦了义教：此处以大乘经所说经义明了、讲说究竟实理为了义教，以小乘经所说未了未尽、隐蔽实义的方便说为不了义教。大乘佛法认为“厌背生死，欣乐涅槃”是不了义，宣称“生死涅槃，二无差别”是了义。

⑧砾：碎石块。

[译文]

僧人志彻是江西人，俗姓张，名叫行昌，少年时好行侠。自从禅宗分为南北两宗，两位宗主虽然不分彼此，但徒众却起了爱憎心。当时北宗门人自立神秀大师为禅宗第六祖，而担心五祖传衣授法给慧能大师的事为天下人所知，于是派行昌前来刺杀慧能大师。慧能大师心灵通达，预料有此事，便放了十两黄金在座位上。

一天夜间，行昌潜入慧能大师的卧房，正要刺杀慧能大师，大师伸出

荼毗法则

《涅槃经》言：阿难知佛不久即入涅槃，无可挽留，只好请问佛说“世尊涅槃后，当如何举行荼毗仪式”？

佛说：“仪式可依照转轮圣王，命竟之后，保留七日，乃入金棺。以上妙香油，注灌棺中。又经七日后，复出金棺，以众妙香水，洗浴如来之身。以上妙兜罗绵，遍缠身体，又以细软白棉布缠兜罗绵上，重新装入棺中。又以香油盛满棺中，以诸香木装成七宝车，一切众宝以作庄严。载宝棺至荼毗所，无数宝幢、宝幡、宝衣、香花、音乐，悲哀供养。一切天人大众，各以旃檀香木，荼毗如来。荼毗毕，天人四众，收取舍利盛于七宝瓶中。于各地建造七宝塔，塔中央置舍利，所有天人所共瞻仰。可为人天作福田，可令众生得大功德，脱三界苦，入正解脱。”

颈项任他砍。行昌挥刀连砍多次，大师毫发无损。

慧能大师说："正剑不邪，邪剑不正，我只欠你金钱，不欠你性命。"

行昌很惊恐，吓倒在地，过了好久才苏醒过来。醒来后，向大师哀求，愿悔过自新，随即表示愿意出家。

慧能大师把黄金给他，说："你暂时离开这里，我担心我的弟子知道后加害于你。过些时候你易装再来，那时我收你为徒。"

行昌按照慧能大师的指示，连夜逃走了。后来出家为僧，接受戒规，修行精进。

一天，行昌想起慧能大师的指示，便远道而来施礼参见。

慧能大师说："我想念着你很久了，你为什么来这么晚？"

行昌说："上次承师父慈悲饶恕了弟子的罪过，现在虽然出家，勤修苦行，也难以报答大师的恩德。随你弘传佛法，度脱众生才能报答吧。弟子常看《涅槃经》，却没有领会常、无常的意义，请师父慈悲，为弟子解说。"

慧能大师说："所谓无常，指的是佛性；所谓有常，指的是辨别一切善恶事物的分别心。"

行昌说："师父所说，与经文大相违背。"

大师说："我是传授释迦牟尼佛的心心相印佛法，怎么敢违背佛经？"

行昌说："经文上说佛性是常，师父却说是无常；一切善恶事物甚至觉悟之心，都是无常，师父却说是常。这就与经文相违背，这就更让我疑惑不解。"

大师说："《涅槃经》，我以前曾听尼姑无尽藏念过一遍，然后就给她讲说，没有一字一义不符合经文，刚才给你所讲的，也没有不同的说法。"

行昌说："我的认识浅薄，望师父费心开导。"

慧能大师说："你知道吗？如果佛性是常，那还说什么善恶各种法门，甚至无数劫，没有一个人具有菩提心呢？所以我说的佛性无常，正是佛说的真常的佛理。再说，如果说一切事物是无常的，那是指万事万物中都有自性，承受着生死的变化，而真实常的佛性也有不能周遍的地方。所以我说的常，正是佛说的真无常的意思。佛考虑到世俗人和外道执着于邪常，而声闻与缘觉二乘人，又把真常的佛性视为无常，因此出现了常、乐、我、净、无常、无乐、无我、无净八种颠倒妄见，所以在《涅槃经》的经文教义中，破除这些偏见，这就指明了什么是真常、真乐、真我、真净四德。你现在只依据经文文字，违背了经文意义，以有断灭现象者为无常，而以确定僵

临终遗教

《佛遗教经》言：世尊将入涅槃，一日中夜，四周寂然，众弟子默立于佛周围，恭聆世尊为诸弟子略说法要。

佛说："你等比丘，当敬重佛所制定的戒律，须知戒律即是你们的大师，如我住世一般。持净戒的人，不可贩卖贸易，不可置田园房产，不可畜养人民、奴婢，不可作种植。不得替人乱开药方，不得为人占相算命、看风水、察星象、卜吉凶祸福。不得参与世事，不可巴结权贵。这些事出家人皆不应作，有过失当及时忏悔。出家人要生活俭朴，清净度日，端心正念，以求度脱生死。这些只是略说持戒之大概。须知戒乃正顺解脱之本，能持戒才能引生禅定及灭苦智慧。故你们当严持净戒，方能成就一切善法。我即将灭度，这是我对你们最后的教诲。"

死为常，错误地理解了释迦牟尼最后的微言大意。这样即使你念千遍经，又有什么用处呢？”

行昌豁然大悟，说偈：

“因守无常心，佛说有常性。不知方便者，犹春池拾砾。

我今不施功，佛性而现前。非师相授与，我亦无所得。”

慧能大师说：“你现在已经悟佛道了，应当把名字改为志彻。”

志彻施礼致谢而退出。

[原文]

有一童子名神会[①]，襄阳高氏子。年十三，自玉泉来参礼。

师曰：“知识远来艰辛，还将得本[②]来否？若有本则合识主。试说看。”

会曰：“以无住为本，见即是主。”

师曰：“这沙弥[③]争合取次[④]语。”

会乃问曰：“和尚坐禅，还见不见？”

师以拄杖打三下，云：“吾打汝是痛不痛？”

对曰：“亦痛亦不痛。”

师曰：“吾亦见亦不见。”

神会问：“如何是亦见亦不见？”

师云：“吾之所见，常见自心过愆(qiān)，不见他人是非好恶，是以亦见亦不见。汝言亦痛亦不痛如何？汝若不痛，同其木石；若痛，则同凡夫，即起恚(huì)恨。汝向前见、不见是二边，痛、不痛是生灭。汝自性且不见，敢尔弄人？”

神会礼拜悔谢。

师又曰：“汝若心迷不见，问善知识觅路；汝若心悟，即自见性，依法修行。汝自迷不见自心，却来问吾见与不见。吾见自知，岂代汝迷？汝若自见，亦不代吾迷。何不自知

双林入灭

《涅槃经》言：佛在拘尸那伽城娑罗双树林中，四众弟子、天龙八部前后围绕。二月十五日，佛为诸弟子作开示教诲后，即于七宝床上右胁而卧。娑罗树林共有四双八棵，西方一双在如来面前，东方一双在如来背后，北方一双在如来头部，南方一双在如来足后。至中夜时刻，佛入于第四禅定，大地寂然，当此际，佛入于涅槃。

入涅槃毕，娑罗树东西二双合作一树，南北二双合作一树，垂覆遮盖在如来宝床上。时娑罗树惨然变白，枝叶花果枝干全爆裂堕落。同时，十方世界一切大地皆大震动，大海皆悉混浊汹涌，一切江河、溪涧、川流、泉源，水尽干涸。大地虚空沉寂黑暗，日月无光，狂风大作，吼声四起，卉木药草悉摧折，所有诸天遍布虚空，哭声震动世界。

自见，乃问吾见与不见？”

神会再礼百余拜，求谢过愆；服勤给侍，不离左右。

一日，师告众曰：“吾有一物，无头无尾，无名无字，无背无面，诸人还识否？”

神会出曰：“是诸佛之本源，神会之佛性。”

师曰：“向汝道无名无字，汝便唤作本源佛性。汝向去有把茅盖头⑤，也只成个知解宗徒⑥。”

祖师灭后，会入京洛，大弘曹溪顿教，著《显宗记》，盛行于世。

师见诸宗难问，咸起恶心，多集座下，愍而谓曰：“学道之人，一切善念恶念，应当尽除。无名可名，名于‘自性’，无二之性，是名‘实性’。于实性上建立一切教门，言下便须自见。”

诸人闻说，总皆作礼，请事为师。

[注释]

①神会：襄阳（今湖北襄阳）人，俗姓高。幼时聪明好学，初习儒、道经典，后出家，曾以神秀为师，后投慧能门下。慧能死后，神会到北方，住南阳龙兴寺。开元二十年，神会在滑台大云寺设无遮大会（僧俗均可参加的法会），为慧能一系争夺在禅宗诸派中的正统地位。因神会常住洛阳荷泽寺，世称“荷泽大师”。

②本：本心，自性。

③沙弥，指七岁以上、二十岁以下受过十戒的出家男子，俗称“小和尚”。

④取次：轻率。

⑤有把茅盖头：有个茅草栖身。

⑥知解宗徒：学问僧人，主要以学习和理解经典文字为修行，而不注重自身修行领悟、提升智慧的和尚。

[译文]

有一个小和尚，名叫神会，襄阳人，俗姓高。十三岁时，从玉泉寺来

金刚哀恋

《金刚力士哀恋经》言：世尊入于涅槃，密迹金刚力士见佛灭度，悲恸垂泪道，“如来舍我入于寂灭，自此后，我等皆无皈依。此金刚宝杵，从此当来护谁？自今后，我还能奉侍谁？谁能慈悯垂训于我？何时方能再睹如来尊颜？”

天帝释劝慰金刚力士说：“你既如此恋慕如来，何不忆念如来平日的教导。佛说诸行无常，一切事物皆不可能常存，都在不断变化中，故我们不当受表面现象的蒙蔽而体信不实在之物。一切由众缘和合而产生者，终归散灭。人生在世，数十年光阴快如闪电，故我们当醒悟，无常能败坏一切。况佛示现于世间，本愿唯为度生，今度生之事已毕，乃入灭度，并以佛法付嘱天人。我等当依佛教诫，精修道法，断尽诸有苦本。当自策励，而不当生大忧恼。”

礼拜慧能大师。

大师问："善知识，远来辛苦，还能认识事物的本性吗？如果认识事物的本性，就应该认识事物的主体。你先说说看。"

神会说："事物的本性是无所住，识见就是主体。"

大师说："这个小和尚怎么能这样轻率地说话呢？"

神会问道："师父坐禅，见到佛性了吗？"

大师用拄杖敲了神会三下，问："我打你，你觉得痛还是不痛？"

神会答道："也痛也不痛。"

大师说："我也见到了，也没有见到。"

神会问慧能大师："什么叫也见到了，也没有见到？"

慧能大师说："我说也见到了，是说我经常见到自己的过失，见不到他人的是非与好恶，所以说见到了，也没有见到。你说也痛也不痛怎么讲？你如果不痛，就是与木头、石头一样；如果痛，就和普通人相同，生起怨恨心。你前面问的见到与没有见到是两种偏见，痛与不痛是生灭法。你还没有认识你自己本具的佛性，怎么敢这样捉弄人？"

神会跪拜表示悔过。

慧能大师又说："如果你的心迷误，没有见到自己本性，就应当找善知识请教，指点迷津；如果你的心开悟，识见自性，就自己依照佛法去修行。现在你自己心念迷误，认识不到自己的本性，却来问我见没见到佛性。我见没见到佛性，我自己知道，怎能代替你的迷误？你如果能见自性也一样代替不了我的迷误。为什么不去自己认识，自己发现自己的佛性，却来问我见没见到佛性呢？"

神会再次向慧能大师施礼，拜了一百多次，求大师饶恕罪过；从此服侍大师，不离大师左右。

一天，慧能大师告诉大家："我有一样东西，没有头，没有尾，没有名，没有字，没有背也没有面，大家知道是什么吗？"

神会站出来说："是诸佛的本源，神会的佛性。"

慧能大师说："跟你说没有名没有字，你还要把它叫作本源佛性。你以后即使有茅蓬遮身，也只能成为一个知解宗徒。"

慧能大师圆寂后，神会到京师一带，大力弘扬慧能大师的顿教法门，著有《显宗记》，流传世间。

慧能大师见各个宗派互相责难，各自生起了罪恶心，因而召集弟子在

佛母得梦

《摩诃摩耶经》言：佛母摩诃摩耶在天上，忽出现五种衰相，头上的鲜花枯萎、腋下生汗、头顶光圈隐灭、双眼皮不断跳动、坐不安宁。又于同一天夜里，连做五种噩梦，梦须弥山崩倒，四大海水枯涸；梦有许多罗刹手执利刃，挑众生眼目，有黑风吹诸罗刹，皆驰归雪山；梦欲界、色界诸天，忽失宝冠，自绝璎珞，身无光明；梦如意珠王在高幢上雨珍宝，救济众生，忽四毒龙口中吐火，将高幢吹倒，吸走如意珠王；梦有五狮子自空而下，啮摩耶之乳，直至左胁，身心疼痛。

摩诃摩耶于梦中见此情形，当下惊醒。心想："我今于睡梦中，见如此多不吉祥事。使我身心甚为愁苦，难道是我子释迦将入于灭度？否则怎会有此种种噩梦发生？"天亮，即把梦中所见告诉诸天子。

座下，怜悯地对大家说："修习佛道的人，对于所有善念与恶念，都应当清除干净。没有什么名称可以用来作为名称，所以假托名'自性'，这种独具的佛性，就是'实性'。在这个实性的基础上建立起来的一切教门，都必须能迅速见到自性。"

大家听了慧能大师的讲法，一起施礼，请求侍奉慧能为师。

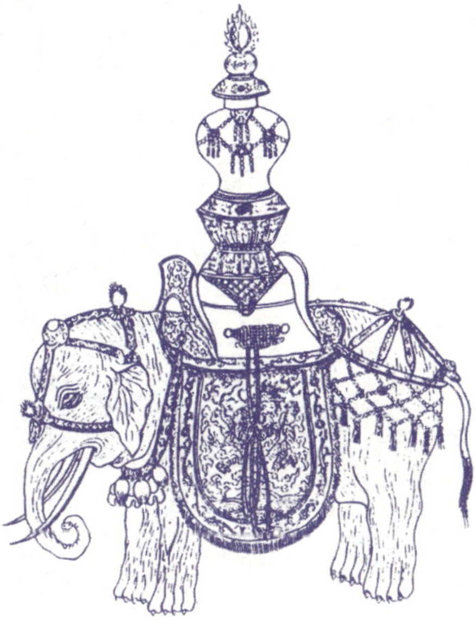

升天报母

《摩诃摩耶经》言：尊者阿那律升于天上，向摩诃摩耶报信，说偈道，大师最胜天中天，善导一切世间者。今已为彼无常海，摩竭大鱼之所吞。今在鸠尸那竭国，娑罗林中双树间。不久当出城东门，种种供养而维，天人八部众盈满，号泣震动彻三千。

摩诃摩耶听此偈，闷绝倒地，许久乃醒，悲恸道：“我于昨夜得五种噩梦，便预感佛必当入于涅槃，今果见阿那律来报说佛已灭度。世间法眼那么快即灭，概是人天福报尽，否则佛如何便入涅槃？无常恶贼，竟忍心害我正觉之子！”即对众人说偈：

“于无量劫来，常共为母子，汝既成正觉，此缘方已断。

而复于今者，便入般涅槃，与汝为母子，共在生死树。

既得成道果，长绝此源本，又复取灭度，无有会见时。”

摩诃摩耶说此偈时，泣不成声，不胜伤痛。

护法品第九

题解

佛教智慧能帮助人们见到佛性。为了让后世更多人觉悟佛法，就应当护念佛法。在慧能看来，智慧就是不起分别心，所以就没有什么烦恼与智慧的区别。烦恼与智慧只是人为的分别，究其本性并没有两样。

[原文]

神龙元年上元日[①]，则天、中宗[②]诏云："朕请安、秀二师[③]，宫中供养，万机[④]之暇，每究一乘[⑤]。二师推让云：'南方有能禅师，密授忍大师衣法，传佛心印，可请彼问。'今遣内侍薛简，驰诏迎请，愿师慈念，速赴上京。"

师上表辞疾，愿终林麓。

[注释]

①神龙元年上元日：705 年，即唐中宗神龙元年。也有说唐中宗沿用了武则天年号的。上元日，即正月十五，为上元节。

②则天、中宗：指皇太后武则天和唐中宗李显。

③安、秀二师：指惠安、神秀。惠安，初唐著名禅师，弘忍弟子，常住嵩山，曾受到武则天和唐中宗的重视。

④万机：指朝政繁忙。

⑤一乘：一佛乘，佛法。

[译文]

神龙元年正月十五，武则天和唐中宗下诏说："请惠安、神秀二位大师到宫中供养。在百忙中，每有空闲，就向两位大师请教佛法。二位大师推让说：'南方有一位慧能大师，秘密得受弘忍大师的衣钵与佛法，传授释迦牟尼佛的心印，可以请他来参问。'现在派内侍薛简，奉诏迎请，希望大师慈悲，迅速赶来京师。"

佛母散花

《摩耶经》言：摩诃摩耶和诸天女及其千百眷属围绕，自空而下，来到如来棺前，垂泪悲痛说，自从过去无量劫以来，与佛共为母子，不曾舍离。现在佛入于灭度，永远再无相见之日，哀怜众生福尽，从此以后，有谁能为开导，唤醒迷惑众生呢？即以天曼陀罗花、摩诃曼陀罗花、曼殊沙花、摩诃曼殊沙花等，遍散于棺上。然后说偈一首。

摩诃摩耶说偈时，看到如来法衣、钵盂、锡杖在一旁，即用右手拿起，左手拍击自己的头，举身倒地，如大山崩，悲呼痛绝，高声说道："从前我子身着法衣，手执钵盂锡杖，广福世间，利益天人，而今诸物，空无有主，悲哉！痛不可言！"其时诸天龙八部以及四众，看到佛母摩诃摩耶这等伤心悲痛忧恼，倍感悲伤，当即泪如雨下。

慧能大师上表，以有病推辞，表示愿终身生活在山林。

［原文］

薛简曰："京城禅德[1]皆云：'欲得会道，必须坐禅习定。若不因禅定而得解脱[2]者，未之有也。'未审师所说法如何？"

师曰："道由心悟，岂在坐也？经云：'若言如来若坐若卧，是行邪道。'何故？无所从来，亦无所去。无生无灭，是如来清净禅[3]；诸法空寂，是如来清净坐。究竟无证[4]，岂况坐耶？"

简曰："弟子回京，主上必问，愿师慈悲，指示心要[5]，传奏两宫，及京城学道者。譬如一灯燃百千灯，冥者皆明，明明无尽。"

师云："道无明暗，明暗是代谢之义。明明无尽，亦是有尽，相待立名，故《净名经》云：'法无有比，无相待故[6]。'"

简曰："明喻智慧，暗喻烦恼。修道之人，倘不以智慧照破烦恼，无始生死，凭何出离？"

师曰："烦恼即是菩提，无二无别。若以智慧照破烦恼者，此是二乘见解，羊鹿等机[7]。上智大根，悉不如是。"

简曰："如何是大乘见解？"

师曰："明与无明[8]，凡夫见二。智者了达，其性无二。无二之性，即是实性。实性者，处凡愚而不灭，在贤圣而不增，住烦恼而不乱，居禅定而不寂。不断不常，不来不去，不在中间及其内外，不生不灭，性相如如，常住不迁，名之曰道。"

简曰："师说不生不灭，何异外道？"

师曰："外道所说不生不灭者，将灭止生，以生显灭，

佛从棺起

《摩耶经》言：世尊运以神力，使棺盖自动移开，即从棺中合掌坐起，奋迅之势犹如狮子王之初出窟。全身每一毛孔，皆放百千光明，每一光明有千化佛，皆合掌向摩诃摩耶顶礼问讯，以美妙梵音对母亲说道“有劳母亲从天上远道来此世界。然母亲应当知道，世间诸行无常之法则，因此愿母亲不要这样忧伤哭啼”。接着便为母亲说偈一首。

摩诃摩耶听佛说偈后，心中稍慰，容颜初悦，犹如莲花初开。其时世尊又与母说偈辞别：

“我生分已尽，梵行久已立。所作皆已办，不受于后有。愿母自安慰，不须苦忧恼。

一切行无常，信是生灭法。生灭即灭已，寂灭为最乐。”

世尊说此偈毕，即复入棺，棺盖自然紧闭。其时三千大千世界悉皆震动，摩诃摩耶绕棺祈愿后，即回归天上。

灭犹不灭，生说不生。我说不生不灭者，本自无生，今亦不灭，所以不同外道。汝若欲知心要，但一切善恶都莫思量，自然得入清净心体，湛然常寂，妙用恒沙。”

简蒙指教，豁然大悟，礼辞归阙（què），表奏师语。

[注释]

①禅德：禅宗大德，有德行的禅师。

②解脱：指摆脱烦恼的束缚，达到脱离生死轮回的境界。

③如来清净禅：简称“如来禅”。《楞伽经》中所说的四种禅之一，是如来所得的禅定。后来禅僧对如来禅有两种理解：一是把禅宗的教义称为如来禅；二是把禅宗的教义称为“祖师禅”，把禅宗以前的禅法贬称为“如来禅”。此处是在第一种意义上使用。

④究竟无证：如来之法身尚不能印证。

⑤心要：最精要的法义。

⑥法无有比，无相待故：佛法是不可比拟的，因为是唯一的实相，不依赖其他条件而存在。

⑦二乘见解，羊鹿等机：将烦恼与智慧区分为二不符佛法宗旨，是修小乘法人的见解。羊鹿，即羊车鹿车，代指声闻乘和缘觉乘。机，根器，禀性。

⑧无明：泛指不懂佛教智慧的愚昧无知。

[译文]

薛简问慧能大师：“京城有德行的禅师都说：‘要想领会佛道，必须坐禅修习。不通过坐禅而得到解脱，是从来没有的。’不知大师您说的佛法是怎样的？”

慧能大师回答：“佛道只能自心悟得，哪里能说在于坐不坐禅呢？经上说：‘如果说佛似坐似卧，这是在修习邪道。’为什么这么说呢？因为万物都不从什么地方来，也不到什么地方去。没有生，也没有灭，这才是佛的清净禅；一切法都虚幻空寂，才是佛的清净坐。最终的究竟解脱都无法印证，又何况坐禅呢？”

薛简说：“弟子回京城后，皇上必定要向我询问你的佛法要旨，望大师慈悲，指示传心要旨，以便我上奏太后与皇上，并告诉京师中修习佛道的人。好比一盏灯点燃千百盏灯，使暗处都明，光明传递没有尽头。”

慧能大师说：“佛道并没有明暗分别，明暗是相互代谢的意思。光明传递没有尽头，也是有尽头存在，二者互相对待，才出现两个不同的名目，

金棺自举

《涅槃经》言：拘尸城人民为佛打造金棺，并饰七宝，一路香花幡盖，至佛所，敬心扶如来金身装入金棺。但他们为贪图福报故，不愿让天人一切大众共举佛棺。于是便派遣四位大力士，想将如来圣棺抬入城中自行供养。但这四位大力士各尽神力，无法移动，又增派多人，皆不能移动。

阿泥楼对他们说："即便让城内所有人民，齐来举如来圣棺，也休想移动，况你们这些人！"时世尊慈悲，欲让世间人民平等得福，即在娑罗林中，金棺自举，升虚空中，自拘尸城四门辗转出入经于七遍。

当如来金棺入城时，所有大众皆持香花供养。时四天王及诸天众，亦各持天上宝香供养。大圣宝棺空行至荼毗所徐徐而下，安于七宝床上，又经七日，一切大众前来供养，悲号之声震动世界。

所以《净名经》说：‘佛法是不能比拟的，因为它没有相对的名目。’”

薛简问：“光明比喻智慧，黑暗比喻烦恼。修习佛道的人，如果不用智慧去照破烦恼，要凭什么才能出离无始生死呢？”

慧能大师回答：“烦恼就是菩提，两者没有什么分别。如果要用智慧去照破烦恼，那是声闻、缘觉二乘的见解，是《法华经》上说的乘羊车和鹿车的人的见解。有上智大根器的人，都不是这样的见解。”

薛简问：“什么是大乘的见解呢？”

慧能大师回答：“光明与无明，凡人只看到二者的区别。智慧的人则明彻通达，光明和无明本性没有区别。这种没有区别的本性，就是真实佛性。真实佛性，在凡夫和愚昧人身上并没减少，在贤者和圣人身上也不会增加，在烦恼时并不散乱，在禅定时并不寂静。它不断灭也不永存，没有来没有去，不在中间也不在内外，没有生没有灭，性相一如，常住不变，这就叫作佛道。”

薛简问：“大师所说的不生不灭，与外道所说有什么不同？”

慧能大师回答：“外道所说的不生不灭，是要用灭来阻止生，用生来显示灭，因此他们说的灭不是灭，生不是生。我所说的不生不灭，是指佛性本就没有生，现在也不会灭，所以和外道不同。你要想知道以心传心的佛法要旨，只要对一切善恶都不去思量，自然就会悟到清明洁净的心体，深沉寂静，妙用多如恒河沙。”

薛简得到慧能大师指教，心下豁然，施礼告辞，回到宫中，将六祖所说上表奏明。

[原文]

其年九月三日，有诏奖谕师曰：“师辞老疾，为朕修道，国之福田。师若净名托疾毗(pí)耶，阐(chǎn)扬大乘，传诸佛心，谈不二法。薛简传师指授如来知见，朕积善余庆，宿种善根，值师出世，顿悟上乘，感荷师恩，顶戴无已。”并奉磨衲(nà)袈裟[1]及水晶钵，敕韶州刺史修饰寺宇，赐师旧居为国恩寺。

[注释]

①磨衲袈裟：袈裟名，据说是高丽国进贡到中国的僧衣。

佛现双足

《处胎经》言：世尊还摄威神，于金棺中寂然无声。诸天烧香散花供养。大迦叶得知世尊入灭，率五百弟子，急从摩伽提国赶至佛所，想见世尊最后一面。但当他们到时，如来已入金棺，众弟子悲啼不已。世尊以天耳闻迦叶至，即自棺中将双足伸出棺外。迦叶看见，以手摩摸，悲啼不已，说颂道：

“一切行无常，生者必有尽……

住寿百恒沙，亦当归灭度。况我天尊师，处此秽污世。”

其时迦叶与五百弟子皆绕金棺七匝，于一面立。阿难扶棺西北角，难陀扶棺东北角，诸天在后，同举金棺，离娑罗双树四十九步处，安置金棺。诸天人民，以牛头旃檀香积金棺上，诸梵天王、释提桓因率诸天众，于虚空中散花供养。时大迦叶诸大弟子身体颤抖无法自持，心意迷闷，悲声大哭。

[译文]

这一年的九月三日，皇上下诏嘉奖慧能大师说："大师以年老生病辞去征召，为朕修习佛道，这是国家的福田。大师就像净名菩萨推托有病，在毗耶离城中，弘扬大乘佛教，传授诸佛心印，讲说佛性独有的佛法。薛简表奏了大师传授的佛智见解，朕积累了善行，方才有今日的余庆，过去种下了善根，今天遇到大师出世，传授这顿悟成佛的最高佛法，感激大师的恩德，施礼致敬不已。"同时奉送磨衲袈裟和水晶钵，命韶州刺史整饬寺庙，赐名六祖旧居为国恩寺。

凡火不燃

《涅槃经》言：一切天人大众，共举如来大圣宝棺置于香楼上，同时痛哭。时拘尸城内，有四力士以璎珞严身，持七宝炬，火光普照，以焚香楼，荼毗如来。然火炬投于香楼时，自然殄灭。

迦叶对他们说："大圣宝棺，任凭三界所有火炬，皆无法烧，何况你们几人的火炬？"其时城内众人皆不信。又有八大力士、十六极大力士、三十六极大力士轮流各持七宝炬来投香楼，皆殄灭。又有一切海神持海中七宝大火炬，投香楼内，悉皆殄灭。

迦叶再次告于众人说："即便一切天人所有火炬，皆无法荼毗如来宝棺，望你们不必这般劳苦，去做你们做不到的事。"城内所有士女、天人大众听迦叶此言，倍增悲哀，各以所持香花供养，一同礼拜，右绕七匝，悲声大哭，声震大千。

付嘱品第十

题解

禅宗的宗旨是口耳相传。除了自己明心见性外，还要诱导自己的学生明心见性，这叫自觉觉他。慧能在即将去世时，给弟子们传授他启发学生的心得。说法要依照自然的本性作为核心根本，再把三科与三十六对作为手段或技巧，说出话来用双语，相互因缘，那么就可以站在不败之地，从而得到觉悟。

老师自性发挥作用，才能对于外相而不执着，对于内空也不执着，从而得到自在。大师最后的开示，是讲众生与佛性的关系。

[原文]

师一日唤门人法海、志诚、法达、神会、智常、智通、志彻、志道、法珍、法如等曰："汝等不同余人，吾灭度后，各为一方师。吾今教汝说法，不失本宗。

"先须举三科法门，动用三十六对，出没即离两边，说一切法，莫离自性。忽有人问汝法，出语尽双，皆取对法，来去相因。究竟二法尽除，更无去处。

"三科法门者，阴、界、入也。阴是五阴，色、受、想、行、识是也。入是十二入，外六尘：色、声、香、味、触、法；内六门：眼、耳、鼻、舌、身、意是也。界是十八界，六尘、六门、六识是也。自性能含万法，名含藏识①。若起思量，即是转识②。生六识，出六门，见六尘，如是一十八界，皆从自性起用。"

[注释]

①含藏识：藏识，八识中的第八识阿赖耶识，此识是含藏诸法的种子。

②转识：末那识，八识中的第七识，为第六识之根。末那识也称执我

圣火自焚

《涅槃经》言：如来以大悲力，自心胸中生出三昧圣火，涌出棺外，焚妙香楼，渐渐荼毗，至七日方尽。其时四天王心想，我当以香水注火令灭，收取舍利留于天上供养。于是即持七宝瓶盛满香水泻下。不想香水注入火中，非但不灭，反火势转高。又有海神娑伽罗龙王及江神、河神见此，也各打主意，欲以香水注火令灭，收取舍利各回本处供养，但皆不能令灭。

阿泥楼对四天王说："你们不可太贪心，须知你们居于天上。若你们独取舍利上天，那么居在地上的人，如何供养舍利？"又对海神说："你们是住于大海江河中，若如来舍利让你们得去，陆地上的人们又怎能供养呢？"其时四天王及大海娑伽罗龙王、江神、河神听后，悉皆忏悔，各自返回本宫。

识或计执识，此识以第八识为其存在活动的依据，常执定第八识的“见分”为“我”，总是不停顿地起思虑作用（恒常思量）。因其是由藏识转生，所以叫转识。佛教认为人之所以发生“我执”的谬误，就在于转识的作用。

[译文]

一天，慧能大师把弟子法海、志诚、法达、神会、智常、智通、志彻、志道、法珍、法如等人召集在一起，对他们说：“你们和其他人不同，我圆寂以后，你们要各自成为一方的禅师。我现在教你们在以后讲说佛法时，怎样才不失去本门的宗旨。

“应该先叙述三科法门，动用三十六相对法，出没于相对，同时立即离开了相对的两边，解说一切事物不要离开自性。如果忽然有人向你请教佛法，回答时语言都应成对，全用相对的方法，前后相互为因。最后把生灭、有无二相对待的方法全都扫除干净，再也没有什么可以执着的地方。

“所谓三科法门，指的是阴、界、入。阴，就是五阴，即色、受、想、行、识。入就是十二入，即身外的‘色、声、香、味、触、法’六尘，和身体的‘眼、耳、鼻、舌、身、意’六门。界是指十八界，包括六尘、六门、六识。自性能含育万法，所以叫作含藏识。如果起了分别思量，就是转识。六识的生起，出六门、接触六尘，这十八界都从真如自性而起用。”

[原文]

“自性若邪，起十八邪；自性若正，起十八正。若恶用即众生用，善用即佛用。用由何等？由自性有。

“对法，外境无情五对[①]：天与地对，日与月对，明与暗对，阴与阳对，水与火对，此是五对也。

“法相语言十二对[②]：语与法对[③]，有与无对[④]，有色与无色对，有相与无相对，有漏与无漏对[⑤]，色与空对[⑥]，动与静对，清与浊对，凡与圣对，僧与俗对，老与少对，大与小对，此是十二对也。

“自性起用十九对：长与短对，邪与正对，痴与慧对，愚与智对，乱与定对，慈与毒对，戒与非对，直与曲对，

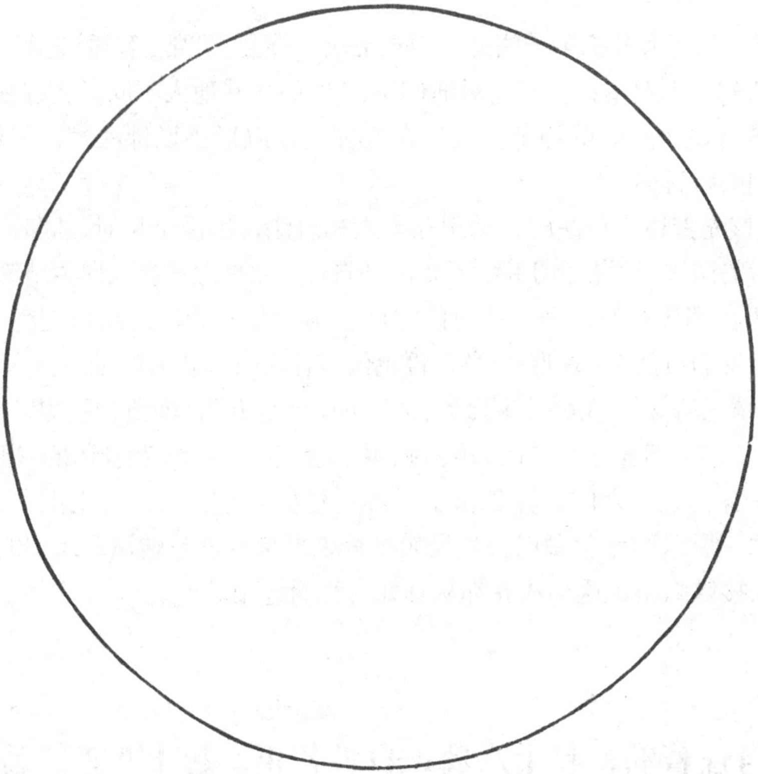

应尽还原

《涅槃经》言：世尊将涅槃前，对诸大众说“我入涅槃时刻已到”。即入于初禅，自初禅出，入于第二禅；自第二禅出，入第三禅；自第三禅出，入第四禅；自四禅出，入虚空处定；自虚空处定出，入无边识处定；自无边识处定出，入无所有处定；自无所有处定出，入非想非非想处定；自非想非非想处出，入灭尽定。自灭尽定出，还入非想非非想处，乃至还入第一禅。

世尊如是顺序出入诸禅后，复对大众说：“我用佛眼遍观三界一切六道、有情无情。三界根本性离，究竟寂灭，同虚空相。一切诸法，无明本际，性本解脱，于十方求，了不可得。由于根本无故，所因而生之枝叶，亦皆空寂。由是当知：无明解脱，乃至老死，皆得解脱。由此因缘，我今安住于常寂灭光，名大涅槃。”

实与虚对，险与平对，烦恼与菩提对，常与无常对，悲与害对，喜与嗔对，舍与悭（qiān）对，进与退对，生与灭对，法身与色身对，化身与报身对，此是十九对也。”

师言：“此三十六对法，若解用，即道贯一切经法，出入即离两边。”

［注释］

①外境无情五对：外在、无情的自然境物，相对的有五种。

②法相语言十二对：事物的相状及所用概念名词，相对的有十二种。

③语与法对：语言和佛法相对。

④有与无对：佛教认为世间万物虚幻不实，其存在者为假有，所以有与无对。

⑤有漏与无漏对：与引起烦恼心相应的一切法称为有漏法。佛教认为，菩提、涅槃能断三界烦恼，故称无漏法。漏，烦恼。

⑥色与空对：佛教认为色由因缘所显业，终归坏灭，所以色与空相对。

［译文］

“如果自性受到了邪念的影响，就会生起十八种邪恶；如果自性良善，就会生起十八种良好的品行。如果被恶念所用，就是众生在起作用；如果被善念所用，就是佛在起作用。是什么决定人被恶念还是被善念所用？是由自己的本性所决定的。

“对法，外界无情的自然物一共有五对：天与地对，日与月对，明与暗对，阴与阳对，水与火对，这是五对。

“事物、相状和语言共有十二组对法：语言与佛法对，有与无对，有色与无色对，有相与无相对，有漏与无漏对，色与空对，动与静对，清与浊对，凡人与圣人对，僧人与俗人对，老与少对，大与小对，这是十二对。

“自性中起作用的共有十九对：长与短对，邪与正对，痴与慧对，愚与智对，乱与定对，慈与毒对，戒与非对，直与曲对，实与虚对，险与平对，烦恼与菩提对，常与无常对，悲与害对，喜与嗔对，舍与悭对，进与退对，生与灭对，法身与色身对，化身与报身对，这是自性起作用的十九对。”

慧能大师说：“这三十六个相对法，你们如果能理解并灵活运用，就会使佛道贯穿于所有经典和佛法中，出入都能脱离相对的两边。”

均分舍利

《处胎经》言：佛入涅槃荼毗后，当时有四大国王、四大兵马主，共争舍利，各率本国兵将，列驻一面，俱说道，佛之舍利，我应独得。

大臣优波吉出面调解说："诸王莫争。如来舍利当分与各国，普皆供养。"其时释提桓因自天而下，说道："且慢！我等诸天，亦应有份。"又有诸龙王相继而来，说道："我等亦当有份。"优波吉说："大家无需心急，舍利当同等均分。"即分作三份，一份与诸天，一份与龙王，一份与八王。诸天得舍利，还归天上起塔；龙王得舍利，还归龙宫起塔；八王得舍利，各归本国起塔，优波吉亦得舍利三斗，自回本处起塔。另以灰及土四十九斛，起四十九塔；于火化之处亦起宝塔四十九仞。佛之威神使宝塔夜放光明，同与白昼，并有神王守护。

[原文]

“自性动用，共人言语，外于相离相，内于空离空[①]。若全著相，即长邪见；若全执空，即长无明。执空之人有谤经，直言不用文字。既云不用文字，人亦不合语言，只此语言，便是文字之相。又云直道不立文字[②]，即此‘不立’两字，亦是文字。见人所说，便即谤他言著文字。汝等须知，自迷犹可，又谤佛经。不要谤经，罪障无数。

“若著相于外，而作法求真，或广立道场[③]，说有无之过患，如是之人，累劫不可见性，但听依法修行。又莫百物不思而于道性窒(zhì)碍。若听说不修，令人反生邪念，但依法修行，无住相法施。汝等若悟，依此说，依此用，依此行，依此作，即不失本宗。

“若有人问汝义，问有将无对，问无将有对，问凡以圣对，问圣以凡对；二道相因，生中道义[④]。

“如一问一对，余问一依此作，即不失理也。设有人问：‘何名为暗？’答云：‘明是因，暗是缘。明没则暗，以明显暗，以暗显明。来去相因，成中道义。’余问悉皆如此。汝等于后传法，依此转相教授，勿失宗旨。”

[注释]

①外于相离相，内于空离空：对外在事物不执着其相状，对内在心念则不执着于空无。

②直道不立文字：理解正确的教法，直接成就佛道，不借助语言文字。直道，正法，正确的教法。

③道场：讲解、修行佛法的场所。

④二道相因，生中道义：在对立二相的因缘转化中，持中道之义。二道，此处指相对的两个方面，如有无、凡圣等。中道，即脱离相待的两边，不执边见的观念、方法。

结集法藏

《处胎经》言：佛灭度后，历七日七夜，该处理的事皆妥善解决。众弟子悲痛的心情也渐复平静。其时，大迦叶对五百阿罗汉说："你们各至十方诸佛世界阿罗汉住处，告知佛今涅槃，现在准备结集法藏，请一切阿罗汉速来集会。"五百罗汉即请八亿四千阿罗汉同来集会。此时，阿难专心正念思忖，灭诸尘垢，豁然大悟。

迦叶对阿难说："佛所说法，你慎勿有所缺漏。"阿难说道："如是我闻，一时佛在某处……"迦叶及一切圣众听阿难说此，皆垂泪嗟叹，昨日见佛，今日已称我闻。阿难依次诵出经文：《胎化藏》为第一，《中阴藏》第二，《摩诃衍方等藏》第三，《戒律藏》第四，《十住菩萨藏》第五，《杂藏》第六，《金刚藏》第七，《佛藏》第八。是为释迦牟尼佛一代时教，所说一切经法悉皆具足。

[译文]

“自性随缘而动，和别人言谈时，对于外界事物，要看到事物的形相，又不执着于这些形相；对于心中的佛性，既要看到它的空无，又不执着于这些空无。如果对外执着外相，就会增长邪见；如果对内执着于空无，就会增长无明愚痴。执着空无的人，往往诽谤佛法，竟然直截了当地说不用文字。既然说不用文字，那么就不该有语言，因为这些语言，便是文字的形相。他们又说正法不立文字，就是‘不立’这两个字，也是文字。他们看见别人讲说佛法，马上就诽谤他使用了文字。应当知道，自己的佛性被迷惑了这还算罢了，竟然又去诽谤佛经。千万不要诽谤佛经，否则罪业将无法估计。

“如果执着于外界事物的形相，并想办法去追求佛道，或者到处建立道场，讲说辩论事物是有或无的过错与灾患，像这样的人，无论过多少劫也不能识自性，只能依照正法去修行；并且不要什么都不想而造成佛道断灭的障碍。如果只是听人说法而不修行，反而会产生邪念，只有按正法修行，不执着于事物的形相去讲说佛法。你们如果能够开悟，就按照这个方法去讲说佛法，按照这个方法去修行，按照这个方法去用佛法，按照这个方法去行动，按照这个方法去做一切事情，就不会失去我们门派的根本宗旨了。

“如果有人问佛法的意义，问有，就用无去对；问无，就用有去对；问凡人，就用圣人去对；问圣人，就用凡人去对；两道互为因果，就产生了保持在中道的意义。

“像这样一问一对，对其他问题也一样处理，就不会失去中道佛理了。假如有人问：‘什么叫暗？’就回答：‘明是根源，暗是条件。明消失就顿生暗，用明去显示暗，用暗显示明。来去互为因缘，便成就了中道义。’其他问题也都像这样回答。你们以后传授佛法，就这样转相教授，不要失去我的宗旨。”

[原文]

师于太极元年壬子，延和七月[1]，命门人往新州国恩寺建塔，仍令促工。次年夏末落成。七月一日，集徒众曰：“吾至八月，欲离世间。汝等有疑，早须相问，为汝破疑，令汝迷尽。吾若去后，无人教汝。”

育王起塔

《阿育王传》言：一日，阿育王至鸡头摩寺拜谒长老耶舍，合掌道“我要造立八万四千宝塔”。耶舍长老称赞道“很好！你若想一时作塔，我可在你造塔的那一时，以手障日。你可下一道通令，告知各国，在看到手障日时一齐起塔”。

阿育王听后，还至本宫，便传令造八万四千宝箧，饰以金银、琉璃，每一宝箧中盛一舍利。每一舍利宝箧，交于一夜叉，使传遍世界各地，凡有一亿人口之地，便造一宝塔。于是鬼神各持舍利，四出起塔。有一得叉尸罗国，其国人有三十六亿，要求以三十六箧舍利造塔。阿育王心想，若给他们三十六箧，则舍利就不够遍至世界各地。就对夜叉说：“你给他们一舍利、起一宝塔就行了。以后凡超过一亿人口的地方，皆只给一舍利，少于一亿人口的地方就不必给了。”

法海等闻，悉皆涕泣。惟有神会，神情不动，亦无涕泣。

师云：“神会小师②，却得善不善等③，毁誉不动，哀乐不生，余者不得。数年山中，竟修何道？汝今悲泣，为忧阿谁④？若忧吾不知去处，吾自知去处。吾若不知去处，终不预报于汝。汝等悲泣，盖为不知吾去处。若知吾去处，即不合悲泣。法性本无生灭去来⑤。汝等尽坐，吾与汝说一偈，名曰《真假动静偈》。汝等诵取此偈，与吾意同。依此修行，不失宗旨。”

众僧作礼，请师作偈，偈曰：

一切无有真，不以见于真。若见于真者，是见尽非真。
若能自有真，离假即心真。自心不离假，无真何处真。
有情即解动，无情即不动。若修不动行，同无情不动。
若觅真不动，动上有不动。不动是不动，无情无佛种。
能善分别相，第一义不动。但作如是见，即是真如用。
报诸学道人，努力须用意。莫于大乘门，却执生死智。
若言下相应，即共论佛义。若实不相应，合掌令欢喜。
此宗本无诤，诤即失道意。执逆诤法门，自性入生死。

[注释]

①太极元年壬子，延和七月：712 年，唐睿宗改元太极元年，五月又改元延和元年，是年七月玄宗即位，八月改为先天元年。

②小师：受具足戒未满十年的出家人。

③得善不善等：打消善和不善的区别。

④阿谁：谁。

⑤法性本无生灭去来：有形的色身虽有生有灭，而法性并无变化，此处旨在强调人的生死无别。

[译文]

慧能大师在唐睿宗太极元年壬子，也即延和元年七月，命令徒众到新州国恩寺修建墓塔，并且派人催促尽快完工。第二年夏末，墓塔建成。七

迦叶付法

《付法藏经》言：摩诃迦叶临涅槃时，以最胜法付嘱阿难说“长老应知，以前世尊将正法眼藏传付于我，我今即入涅槃，现将此世间最胜妙法传付与你，你当善加守护此法”。阿难受教。

于是阿难演畅妙法，度化诸众生。现随顺介绍他的宿世因缘：在往古定光如来度世的时代，有一沙门度一沙弥，教令读诵，日夜诫敕。若稍有间歇，当即呵责。这位沙弥每日还要出外为师乞食，如在外稍有稽留，经念得不足，也要受师父骂辱。沙弥只好在乞食时，边走边诵。有一长者见沙弥如此用功，就问其故。沙弥如实告知。长者说：“不必忧愁，你只需精勤诵习，我可以供给。”此后沙弥得以专心读诵。当时的那位沙弥，就是现在的世尊。那位施食长者，便是今日的阿难。

月一日，大师召集弟子，说："我到八月份要离开人世。你们有什么疑问，尽早问我，我为你们解疑，为你们释疑。我走了以后，就没有人再教你们了。"

法海等人听完这番话后，都伤心痛哭。只有神会神情不变，也不哭泣。

慧能大师说："神会小禅师，能做到善与不善一个样，诋毁与赞誉都不动，悲哀与欢乐都不生，其余的人没做到。你们在山中数年，究竟修的是什么道？你们现在悲伤哭泣，担忧什么呢？如果担忧我不知道自己的去处，我知道自己的去处。如果我不知道去处，也就不会预先告诉你们我要走的消息。你们悲伤哭泣，就是因为你们不知道我圆寂后的去处。如果知道我的去处，就不应当悲伤哭泣了。佛性本来就没有生也没有死，没有去也没有来。你们都坐下来，我给你们说一篇偈颂名字叫《真假动静偈》。你们诵持这个偈，想法就能和我相同。按照这诗偈去修行，就不会失去宗旨。"

于是大家一起致礼，请慧能大师念偈，偈说：

"一切无有真，不以见于真。若见于真者，是见尽非真。
若能自有真，离假即心真。自心不离假，无真何处真。
有情即解动，无情即不动。若修不动行，同无情不动。
若觅真不动，动上有不动。不动是不动，无情无佛种。
能善分别相，第一义不动。但作如是见，即是真如用。
报诸学道人，努力须用意。莫于大乘门，却执生死智。
若言下相应，即共论佛义。若实不相应，合掌令欢喜。
此宗本无诤，诤即失道意。执逆诤法门，自性入生死。"

[原文]

时，徒众闻说偈已，普皆作礼。并体师意，各各摄心[①]，依法修行，更不敢诤(zhèng)。乃知大师不久住世，法海上座，再拜问曰："和尚入灭之后，衣法当付何人？"

师曰："吾于大梵寺说法，以至于今，抄录流行，目曰《法宝坛经》。汝等守护，递相传授，度诸群生。但依此说，是名正法。今为汝等说法，不付其衣，盖为汝等信根淳熟[②]，决定无疑，堪任大事。然据先祖达摩大师付授偈意，衣不合传。偈曰：

鸡足入定

《阿育王传》言：迦叶尊者召集众阿罗汉举行结集法藏后，付法于阿难。之后，又来到阿阇世王所，对守门人说“请转告大王，大迦叶将入涅槃，特来道别”。迦叶将要交代的事一一付嘱后，就来到鸡足山三岳中。心中念道，我身上所着乃佛所传下来的袈裟法衣和佛用过的钵。佛曾付嘱说，乃至弥勒兴世，勿令朽坏，使弥勒弟子皆见我身。

迦叶即将入定，心中又念：“若阿难、阿阇王来，山当为开，令其得入。他们去后，山当自合。”时释提桓因散天香花，礼拜供养后，山即自合，将迦叶尊者隐覆于山窟里面。一切天人哀恋悲泣。其时阿阇世王梦见天梁折坏，醒后惊怖，闻守门人之报当即同阿难赶至鸡足山，山自开启，迦叶已入涅槃，二人供养礼拜后，悲啼而还。

吾本来兹土，传法救迷情[3]。一华开五叶，结果自然成。”

[注释]

①摄心：收拢心绪。

②淳熟：精淳成熟。

③迷情：众生迷惑颠倒的状态。

[译文]

当时，众人听完慧能大师说的偈以后，一起向大师施礼致谢，体会大师的意思，各自收拢心绪，一定按照大师所说佛法修行，不再争辩。大家知道大师即将圆寂，法海再次施礼问道：“师父去世以后，衣钵和佛法准备传给谁？”

慧能大师说：“我从大梵寺讲说佛法到今天，大家抄录传播，就把它叫作《法宝坛经》。你们要好好护守此经，递相传诵，度脱众生，按《坛经》讲说佛法，就是正确的佛法。我现在给你们解说佛法，不再传授衣钵，因为你们信根已经精淳成熟，不再有疑惑，可以胜任传授佛法的大事。根据先祖菩提达摩大师所传授的诗偈意，衣钵不宜再传承了。达摩大师的诗偈是：

吾本来兹土，传法救迷情。一华开五叶，结果自然成。”

[原文]

师复曰：“诸善知识，汝等各各净心，听吾说法。若欲成就种智[1]，须达一相三昧(mèi)[2]、一行三昧。若于一切处而不住相，于彼相中不生憎爱，亦无取舍，不念利益成坏等事，安闲恬静，虚融澹(dàn)泊，此名一相三昧。若于一切处，行住坐卧，纯一直心，不动道场，真成净土，此名一行三昧。若人具二三昧，如地有种，含藏长养，成熟其实。一相一行，亦复如是。

我今说法，犹如时雨，普润大地。汝等佛性，譬诸种子，遇兹沾洽[3]，悉得发生。承吾旨者，决获菩提，依吾行者，定证妙果。听吾偈曰：

心地含诸种，普雨悉皆萌。顿悟华情已，菩提果自成。”

商那受法

《付法藏经》言：阿难临当灭度时，对商那和修说“从前佛将正法眼藏付大迦叶，大迦叶将法付我，我今也将此法藏传付于你，你当善加守护。”商那依教。

商那在过去世，是一位商主。一日，看到一辟支佛患重病，为其求医疗治，使其康复。商主见辟支佛身着商那衣，便奉上上妙衣服。辟支佛说：“施主诚意我当心领。但你应知。我以此衣出家成道，今亦着此衣入涅槃。”言毕入灭。商主为辟支佛起塔供养，因立大誓。缘此愿力，自从商那入母胎，至出家成道、入般涅槃，那件商那衣从不曾离体。故取号为“商那和修”。

阿难对商那说：“世尊游化摩突罗国时曾对我说：‘此国中有一长者子，名优波 多，以后当为世间兴大饶益。’故你以后要度他出家，将法藏传付他。”

师说偈已，曰："其法无二，其心亦然。其道清净，亦无诸相。汝等慎勿观静，及空其心。此心本净，无可取舍，各自努力，随缘好去。"

尔时，徒众作礼而退。

［注释］

①种智：佛的智慧，达到无所不知的境地。

②一相三昧：指不执着一切境相，澄心实相而进入禅定的境界。一相，实相，无二之相。

③沾洽：滋润。

［译文］

慧能大师又说："各位善知识！你们各自排除心中杂念，听我讲说佛法。你们如果想成就佛的一切智慧，就必须领悟一相三昧和一行三昧。如果在任何地方都不执着于形相，对于这些形相不生爱憎，也没有取或舍，不考虑对自己是否有利，是否成功与失败等，安闲恬静，虚心融洽，没有欲望，这就叫一相三昧。如果在任何地方，行住坐卧，都怀有纯粹的正直真心，做真心不动的佛事，使真心成为净土，这就叫一行三昧。如果具备了这两个三昧，就会像在土地上播下了种子一样，经过蕴藏、培养、成长、成熟时便结出果实。一相三昧和一行三昧，也是这样。

"现在我给你们讲说佛法，就像是适时雨，普遍滋润大地。你们的自有佛性，就像是种子，遇到这样足量的雨水，都会发芽生长。凡继承我宗旨的人，就一定能得到菩提智慧，依照我说的佛法修行的人，就一定能证得佛果。请听我的诗偈：

心地含诸种，普雨悉皆萌。顿悟华情已，菩提果自成。"

慧能大师讲说了诗偈以后又说："佛法没有两样，佛心也一样。佛道本来清净，原本没有什么可以执着。你们千万不要执着观看清静，也不要偏执空心。人的真心本来清净，没有取舍。你们各自努力，顺应因缘大势去做。"

当时，在场的弟子们都向大师施礼，退了出去。

［原文］

大师七月八日，忽谓门人曰："吾欲归新州，汝等速理舟楫。"

毱多筹室

《付法藏经》言：优波毱多十二岁时，商那和修到他家中为其说法，并教他以黑白石子来记每一日心念的善恶。优波毱多依教而行，至第七日，皆是白石子。尊者知其善念已盛，乃为之说法，遂得初果，便度他出家。

至受戒年龄，作白羯磨时，已证得阿罗汉果。商那和修便将法藏传付给他。时人称他为无相好佛。他曾降伏恶魔，为阿恕伽王兴大饶益。他所化度的人皆获解脱，证得阿罗汉果。他曾用筹来记数，一人得道则加一筹。如此积累下来，筹便满一石室。石室高六丈，四方六丈。可见他所化度的人之多。他即将涅槃时，集十方阿罗汉等及诸学人，其间持净戒者不可称数，诸优婆塞亦无量百千。只见尊者飞身虚空取灭度。人皆悲号，以室筹等作为原料焚化，并起塔供养。

大众哀留甚坚。

师曰："诸佛出现，犹示涅(niè)槃。有来必去，理亦常然。吾此形骸(hái)，归必有所。"

众曰："师从此去，早晚可回？"

师曰："叶落归根，来时无口[1]。"

又问曰："正法眼藏[2]，传付何人？"

师曰："有道者得，无心者通。"

又问："后莫有难否？"

师曰："吾灭后五六年，当有一人来取吾首。听吾记[3]曰：

头上养亲，口里须餐。遇满之难，杨柳为官[4]。"

又云："吾去七十年，有二菩萨，从东方来[5]，一出家，一在家。同时兴化，建立吾宗。缔(dì)缉伽蓝，昌隆法嗣。"

问曰："未知从上佛祖应现已来，传授几代。愿垂开示。"

师云："古佛应世，已无数量，不可计也。今以七佛为始：过去庄严劫[6]：毗(pí)婆尸佛，尸弃佛，毗舍浮佛；今贤劫：拘留孙佛，拘那含牟(móu)尼佛，迦叶佛，释迦文佛，是为七佛。已上七佛，今以释迦文佛首传。第一摩诃迦叶尊者，第二阿难尊者，第三商那和修尊者，第四优波毱(jū)多尊者，第五提多迦尊者，第六弥遮迦尊者，第七婆须蜜多尊者，第八佛驮难提尊者，第九伏驮蜜多尊者，第十胁(xié)尊者，十一富那夜奢尊者，十二马鸣大士，十三迦毗摩罗尊者，十四龙树大士，十五迦那提婆尊者，十六罗睺罗多尊者，十七僧伽难提尊者，十八伽耶舍多尊者，十九鸠摩罗多尊者，二十阇耶多尊者，二十一婆修盘头尊者，二十二摩拏罗尊者，二十三鹤勒那尊者，二十四师子尊者，二十五婆舍斯多尊者，二十六不如蜜多尊者，二十七般若多罗尊者，二十八

蜜多持幡

《付法藏经》言：尊者佛陀蜜多接法后，心想，我当将佛法发扬光大，令诸众生皆得饶益。当世国王，极深邪见。蜜多即想将其先调伏，使舍邪见。

于是，他便持赤幡，走在国王前面。国王责问何故，蜜多答说："我乃智人，善谈论，想于国王面前检验。"国王便宣令国内所有婆罗门、长者、居士，凡善辩论者皆集于国王宝殿上，和其进行辩论。

蜜多出一题目叫"无方论"，同人论辩，众人皆不及，国王见此，便想亲自和蜜多议论。蜜多对国王说："无需再辩，这当中的义理深浅，大王即能明了。"国王自知不如，遂舍邪心，敬信正法，为佛弟子。此后此国弘宣正法，而尼乾子师徒五百人，也至蜜多所，求为出家，作佛门弟子。

菩提达摩尊者，二十九慧可大师，三十僧璨(càn)大师，三十一道信大师，三十二弘忍大师，慧能是为三十三祖。从上诸祖，各有禀承。汝等向后，递代流传，毋令乖误。”

［注释］

①来时无口：来时没法说。禅宗主张以心传心，强调自证自悟，佛也是以无言传教。

②正法眼藏：也称“清净法眼”，指释迦牟尼所传的“涅槃妙心”，也即禅宗教外别传、以心传心的心印。它是彻见真理的智慧眼（正法眼），透见万物、包含万德的秘藏之法（藏），也即佛内心的悟境、禅宗的教义。

③记：谶语。预言将来。

④头上养亲，口里须餐。遇满之难，杨柳为官：禅宗史书《传法正宗记》等记述了这个谶语应验的故事。七二二年，新罗国僧人金大悲想取慧能的头回新罗供养，就雇用一个名叫张净满的人去偷盗。张净满是个孝子，受雇也只是为了糊口。盗头未成，被官府捉拿归案。过问此案的韶州刺史名叫柳无忝，曲江县令名叫杨侃，对张净满开释不究。这个故事正好附会了四句谶语。

⑤有二菩萨，从东方来：此处也是一个谶语，有不同的说法，一说指马祖道一禅师和庞蕴居士。据胡适《跋曹溪大师别传》考证，此二菩萨之一或就是《曹溪大师别传》的作者，此谶语是《曹溪大师别传》作者所造。

⑥过去庄严劫：佛教称人世所经历有小劫、中劫、大劫。过去之大劫为庄严劫，现在的大劫为贤劫，未来之大劫为星宿劫。劫，极长时限的时间单位。

［译文］

七月八日，慧能大师忽然对弟子们说：“我想要回新州，你们赶紧准备船只。”

大家苦苦哀求挽留。

慧能大师说：“诸佛出现，就好比涅槃。有来必然有去，佛理也是一样。我的肉体形骸，回去必有归属。”

大家说：“大师从此离去，何时才能回来？”

慧能大师说：“叶落必归根，来时没法说。”

大家又问：“禅学正法，您传授给谁？”

慧能大师说：“有道者自得，无心者自通。”

马鸣辞屈

《付法藏经》言：有一位大士名马鸣，智慧超识，贡高我慢，其持论为“计实有我”。另有一尊者名富那奢，智慧博达，所说为“诸法皆空，无我无人”。

一日，马鸣至富那奢所，对其说：“世间言论，我皆能毁坏。此话若虚张不实，愿斩我舌以谢可屈我之人。”富那奢说：“佛法中有二谛，若就世谛，假名为我；第一义谛皆为空寂，如此推求，我何可得？”马鸣听后，初时尚心中不服，后又仔细思忖，世谛之中，“我”为假名，则“我”自为不实，第一义谛中，性复空寂，何处有“我”？二谛当中，“我”皆不可得寻，既无可有，又怎能毁坏？于是便欲自斩舌头。富那奢说：“佛法仁慈，你无须斩舌，至宜剃发为吾弟子。”于是即度马鸣出家，后又将法藏传付与马鸣。

大家又问："以后您没有灾难了吧？"

慧能大师说："我去世后约五六年，会有一人来取我的头。你们听我的预言：

头上养亲，口里须餐。遇满之难，杨柳为官。"

又说："我去世后七十年，有两位菩萨，从东方来，一位是出家菩萨，一位是在家菩萨。同时振兴禅学，建立禅宗。修建寺庙，使佛法昌盛。"

众弟子又问："不知从佛祖应化出现以来，共传授了多少代？望大师告知。"

慧能大师回答道："最早的佛应化出世，已不计其数，无法计量了。现在以七佛作为始：在过去世的大劫庄严劫中，有毗婆尸佛、尸弃佛、毗舍浮佛；在现在世的大劫贤劫中，有拘留孙佛、拘那含牟尼佛、迦叶佛、释迦牟尼佛——这就是七佛。以上七佛，释迦牟尼佛被尊为首传，依次传给，第一摩诃迦叶尊者，第二阿难尊者，第三商那和修尊者，第四优波毱多尊者，第五提多迦尊者，第六弥遮迦尊者，第七婆须蜜多尊者，第八佛驮难提尊者，第九伏驮蜜多尊者，第十胁尊者，第十一富那夜奢尊者，第十二马鸣大士，第十三迦毗摩罗尊者，第十四龙树大士，第十五迦那提婆尊者，第十六罗睺罗多尊者，第十七僧伽难提尊者，第十八伽耶舍多尊者，第十九鸠摩罗多尊者，第二十阇耶多尊者，第二十一婆修盘头尊者，第二十二摩拏罗尊者，第二十三鹤勒那尊者，第二十四师子尊者，第二十五婆舍斯多尊者，第二十六不如蜜多尊者，第二十七般若多罗尊者，第二十八菩提达摩尊者，第二十九慧可大师，第三十僧璨大师，第三十一道信大师，第三十二弘忍大师，慧能是三十三祖。从以上各位祖师以来，都各有禀受继承，你们以后，应当一代一代传授下去，不要有错误。"

[原文]

大师先天二年[①]癸丑岁，八月初三日，于国恩寺斋罢，谓诸徒众曰："汝等各依位坐，吾与汝别。"法海白言："和尚留何教法，令后代迷人得见佛性？"师言："汝等谛听！后代迷人，若识众生[②]，即是佛性；若不识众生，万劫觅佛难逢。吾今教汝，识自心众生，见自心佛性。欲求见佛，但识众生。只为众生迷佛，非是佛迷众生。自性若悟，众

龙树造论

《付法藏经》言：马鸣大士以后，又付法给比罗长老，比罗以后又将法藏付与一位大士名龙树。龙树得法后，广为众生流布法眼。

当时南天竺国国王心怀邪见。龙树大士为将之度化，前往王所。国王问："你为何人？"龙树答："我乃一切智人。"国王即召集诸婆罗门和沙门论议。众人欲和龙树竞辩。龙树将一切无量邪见全部降伏，他们皆求为出家。如是辗转广度众生。此后大士广弘大乘教义，造《优波提舍论》十万偈，庄严佛道大慈方便等论，各五千偈，使大乘佛法于世间发扬光大。又造《无畏论》满十万偈，《中论》即出自于《无畏论》，共五百偈。其所敷演之义理甚是深远。

生是佛；自性若迷，佛是众生。自性平等，众生是佛；自性邪险，佛是众生。汝等心若险曲，即佛在众生中；一念平直，即是众生成佛。我心自有佛，自佛是真佛，自若无佛心，何处求真佛？汝等自心是佛，更莫狐疑。外无一物而能建立，皆是本心生万种法，故经云：'心生种种法生，心灭种种法灭。'吾今留一偈，与汝等别，名《自性真佛偈》，后代之人，识此偈意，自见本心③，自成佛道④。偈曰：

"真如自性是真佛，邪见三毒是魔王。
邪迷之时魔在舍，正见之时佛在堂。
性中邪见三毒生，即是魔王来住舍。
正见自除三毒心，魔变成佛真无假。
法身报身及化身，三身本来是一身。
若向性中能自见，即是成佛菩提因。
本从化身生净性，净性常在化身中。
性使化身行正道，当来圆满真无穷。
淫性本是净性因，除淫即是净性身。
性中各自离五欲，见性刹那即是真。
今生若遇顿教门，忽悟自性见世尊。
若欲修行觅作佛，不知何处拟求真。
若能心中自见真，有真即是成佛因。
不见自性外觅佛，起心总是大痴人。
顿教法门今已留，救度世人须自修。
报汝当来学道者，不作此见大悠悠。"

[注释]

①先天二年：唐玄宗先天二年（713），此年十二月改元开元。

②众生：以下所讲的"众生"是所谓"自心众生"，即指人的错误思想

天亲造论

《成道记》言：天亲菩萨原为无著菩萨俗中亲弟，但于法门中却各有所宗。天亲最初学小乘法，宗一切有部，造五百论，弘扬小乘而排斥大乘。当时无著已为初地菩萨，察其弟大乘机缘将熟，便派一弟子前往请其弟回来。晚上，无著的弟子夜诵大乘经偈，天亲听后大悟，即解大乘正理，深悔己之无知，归咎于舌，便欲自断其舌。

无著即伸臂捉住，加以劝谕教诲。天亲听教诲后乃止断舌，回去拜见其兄，尊其为师，后著有《大乘论》《五蕴论》《三十唯识论》等。无著菩萨首畅大乘于阿输国大讲堂中，入日光定，夜升兜率天宫，请弥勒菩萨说《瑜伽论》《广明五分十七地义》并《金刚经》大义。无著约断十八住处，造论二卷。天亲约断二十七疑，造论三卷。

和不良情绪。

③自见本心:《六祖坛经》所讲的“本心”与“本性”的意思没有区别。

④自成佛道:与“自成本心”的意思相同。认识、理解和体验了自我的本心,也就是自己实现了佛道。

[译文]

唐玄宗先天二年八月初三,慧能大师在国恩寺用完斋饭后,对弟子们说:“请你们按次序入座,我要和各位告别了。”法海对慧能大师说:“师父要留下什么教法,让后代愚迷之人能够自己认识佛性?”慧能大师说:“你们注意听我说。后代那些愚迷的人,他们要是能够正确地认识众生,也就认识了佛性;他们要是不认识众生,即使经过一万劫的时间,也找不到佛的踪迹。我现在告诉你们,要认识自己心中的众生,要认识自己心中的佛性。想要认识佛,只要认识众生就行。只是因为众生不认识佛,并不是佛不认识众生。要是认识、理解和体验了自我的本性,那么众生就是佛;要是不能正确认识自我的本性,那么佛就是众生。要是能从自我的本性中产生平等无差别的认识,那么众生就是佛;要是从自我本性中产生邪念,佛就是众生。你们要是心怀恶念,就等于佛成了众生;你们要是有一个念头,平等无偏执,便是众生成了佛。自我的心中本来就有佛,自己心中的佛才是真正的佛,自己要是心中没有佛念,又到哪里去寻找真佛?你们自己的本心就是佛,再不要有所怀疑。在你们自身之外,没有一样东西值得去追求,因为外在的一切事物和现象都是从自我的本心之中产生的,所以经文上说:‘心生种种法生,心灭种种法灭。’我今天留下一首偈和你们告别,偈名叫《自性真佛偈》,后代人要是能够领会这首偈的意思,便可以自见本心、自成佛果。这首偈是这样说的:

“自我原有的真如本性才是真正的佛,贪婪、愤怒、愚昧三种烦恼是与佛为敌的魔王。

人在愚昧无知的时候,魔王就占据了你的内心;具有正确的思想时候佛就来到你的心中。

人的本性中产生了错误思想就出现了贪婪、愤怒和愚昧三毒,这就是魔王居住在心中的表现。

正确的思想消除了错误见解与不良情感,就如同魔王成了真正的佛。

无论是法身、报身还是化身,这三身本来是同一个身。

要是能从自己的本性中认识三身,就是成佛的觉悟之因。

从化身中本来生出清净本性,清净本性总在化身之中,清净本性使化

师子传法

《付法藏经》言：佛以正法付于大迦叶，迦叶辗转付嘱至于尊者师子。师子于罽宾国大作佛事，以僧伽黎衣传付弟子婆舍斯多，对他说："如来正法眼藏，现转付于你，你当善加保护，普度未来际众生。今且听我说偈：

正说知见时，知见俱是心；

当心即知见，知见即于今。

"如此之法，可照世间愚痴暗昧。故诸贤圣人，皆相守护，更复付嘱，常转法轮，为诸众生造大饶益，绝塞恶道，开人天路。佛法传至最后，逐渐衰亡。时圣贤隐没，无能并立，众生大造恶业，行十不善，命尽多堕三涂八难。其时智者应当察无上胜法。譬如商人，欲过大海，必乘船舫，而后得度。一切众生皆是这般，如要脱离三界生死大海，当依仗法船，方得度脱。真善知识，可为众生作大利益，济诸烦恼，解除疑惧。"

身能行正道，那么将来报身也就功德圆满不可穷尽。

淫乱之念本来也是清净本性因，要是除掉淫乱之念就是净法身。

本性中各自远离五欲，认识本性同时也就是见到真佛。

今生有幸，听到顿教教法之后，忽然认识自性就是见到世尊。

要是想通过各种修行于自身之外寻找佛，那么不知到什么地方去求见真佛。

要是能在心中自见真实，那么有了这个真实即是成佛之因。

不能认识自我的本性而追求外在的佛，有这种心念的人完全是愚昧无知者。

以上就是我今天要留给你们的顿教法门，要去拯救世上的人还须自己先修行。

告诉将来那些学道的人，没有这样的认识，学道就无异于空度岁月！”

[原文]

师说偈已，告曰：“汝等好住，吾灭度后，莫作世情悲泣雨泪，受人吊问，身著孝服，非吾弟子，亦非正法。但识自本心，见自本性，无动无静，无生无灭，无去无来，无是无非，无住无往。恐汝等心迷，不会吾意，今再嘱汝，令汝见性。吾灭度后，依此修行，如吾在日。若违吾教，纵吾在世，亦无有益。”复说偈曰：

“兀兀①不修善，腾腾②不造恶。寂寂③断见闻，荡荡心无著。”

师说偈已，端坐至三更，忽谓门人曰：“吾行矣。”奄(yǎn)然迁化④。

于时异香满室，白虹属地，林木变白，禽兽哀鸣。

[注释]

①兀兀：不动的样子。

②腾腾：自在无为的样子。

③寂寂：安静的样子。

大法东来

《佛祖统记》言：我国东汉明帝永平七年正月十五日，明帝夜梦见一金人，身高一丈有余，全身现紫磨金色，显耀如日，变化非常，飞行于殿庭之上。清晨，明帝将夜间所梦金人之事告知群臣，以占何兆。

太史傅毅即奏以《周书异记》中“周昭王刻石记载西方生大圣人”之事，说道：“陛下昨夜所梦之事，必当和西方圣人有关。”

明帝深以为然，即遣中郎将蔡愔等十八人，出使西域查访。他们至天竺月氏国，遇摩腾、竺法兰二沙门，便邀用白马驮梵本经书和佛像和二沙门同至洛阳。明帝闻此，将摩腾、竺法兰安排在鸿胪寺，并下令在洛阳雍门外，建白马寺，请二位高僧长住于我国，以弘扬佛教。摩腾最早译出了《四十二章经》，这就是佛法东来的开始。

④奄然迁化：溘然而逝。奄然，忽然。迁化，迁移化灭，逝世的别称。

[译文]

慧能大师念完诗偈以后，对大家说：“你们安住，我圆寂后，不要像世俗人那样悲伤哭泣，接受他人的吊唁，身穿孝服，这样就不是我的弟子，也不是真正的佛法。只要认识自己的本心，知道自己本具的佛性，没有动没有静，没有生没有死，没有去没有来，没有是没有非，没有停止没有前进。我怕你们心念迷误，不领悟我的心思，现再次嘱咐你们，让你们认识自己本具的佛性。我圆寂后，你们按照我说的佛法去修行，就会和我在世的时候一样。如果你们违背了我的顿教法门，即使我在世，对你们也没有什么益处。”慧能大师又说了一首诗偈：

“兀兀不修善，腾腾不造恶。寂寂断见闻，荡荡心无著。”

慧能大师说诗偈后，端坐那里一直到半夜三更，忽然对弟子们说：“我去了。”便溘然而逝。

当时奇异的香味充满房间，天有白虹连到大地，树林变成白色，禽兽发出哀鸣。

[原文]

十一月，广、韶、新三郡官僚，洎(jì)①门人僧俗，争迎真身②，莫决所之，乃焚香祷曰：“香烟指处，师所归焉。”

时香烟直贯曹溪。

十一月十三日，迁神龛(kān)③并所传钵(bō)而回。

次年七月二十五日出龛，弟子方辩以香泥上之。

门人忆念取首之记，遂先以铁叶④漆布，固护师颈入塔。忽于塔内白光出现，直上冲天，三日始散。

韶州奏闻，奉勅立碑，纪师道行。师，春秋七十有(yòu)六，年二十四传衣，三十九祝发⑤，说法利生三十七载，嗣法四十三人，悟道超凡者，莫知其数。达摩所传信衣，中宗赐磨衲(nà)宝钵，及方辩塑师真相并道具等，永镇宝林道场。流传《坛经》，以显宗旨，此皆兴隆三宝，普利群生者。

释迦垂迹

法身是清净的，本没有生灭。然为了度化群迷，亦可乘大悲愿力，示现受生。释迦牟尼便是示现于我们这个世界上的应身佛。释迦是梵语，译为汉语称“能仁”。所谓垂迹，以法身为能现之本，而变化诸多分身以济度法界众生，是佛自觉觉他达到极圆满极神妙的境界。且如释迦如来，实于久远劫前早成正觉，而仍以八相示现人间，虽仅短短数十年间，但为化导众生而留下许多事迹。我们可以凭借着许多事迹，进而体悟法身的实相妙理。其实，法身、应身皆属不可思议，所以，不可以平常“生灭”的观念认定当时释迦当真诞生于王宫，其后又当真在双林谢世。要知道这是佛的大慈大悲，怜悯众生长迷不醒，为化导凡俗同归大觉，于不生灭中示现生灭。受生于王宫贵族，具三十二相，号称释迦，而后弃王位而出家，悟道成佛，度化无量众生。

[注释]

①洎：及。

②真身：指慧能的遗体。

③神龛：龛，形状如轿，三面有木板、前面敞开的小室，禅者可坐于其中习静，也叫“禅龛”，俗称“神龛”。佛殿上供奉佛菩萨的叫“佛龛”。

④铁叶：铁片。

⑤祝发：断发。后世通称佛教的削发受戒为僧为“祝发”。

[译文]

十一月，广州、韶州、新州三州官僚及弟子、僧人、俗人，竞相要迎取慧能大师真身供养，无法做出决定，于是烧香祈祷说：“香烟所指向的地方，就是大师的归所。”

当时，香烟直达曹溪山。

十一月十三日，弟子们将慧能大师的神位遗体并所传衣钵，都迁回了曹溪山宝林寺供养。

第二年七月二十五日，大家把大师遗体取出木棺。弟子方辩用香泥包其遗体。

弟子们想起慧能大师生前说将来有人要取他头颅的预言，于是先用铁片漆布，牢固地保护住大师的颈项。遗体放入墓塔时，塔内忽然射出白光，直冲向天，三天后才散去。

韶州刺史将慧能大师的事迹上奏皇上，奉敕为慧能大师立碑，记录大师道行。慧能大师享年七十六岁，二十四岁时接受五祖衣钵、佛法，三十九岁剃发出家。讲说佛法，利益众生，前后三十七年，得到慧能大师亲传佛法的，共四十三人，其他领悟佛道超凡入圣的，不知其数。达摩所传作为信物的袈裟，唐中宗所赐磨衲袈裟与水晶宝钵，以及方辩所塑大师雕像和佛法用具等，一并放入塔中，永镇宝林寺。广为传布《法宝坛经》，显扬顿教禅的宗旨，都是为了兴隆佛、法、僧三宝，普遍开化一切众生。

图书在版编目(CIP)数据

图解大藏经精华 / 鸠摩罗什等译著,崇贤书院释译. —合肥:黄山书社,2015.11

(经典传家系列丛书)

ISBN 978-7-5461-5313-1

Ⅰ.①图… Ⅱ.①鸠… ②崇… Ⅲ.①大藏经-通俗读物 Ⅳ.①B941-49

中国版本图书馆 CIP 数据核字(2015)第 286471 号

出 品 人　任耕耘
总 策 划　任耕耘　李　克
选题策划　汤吟菲　白剑峰
项目统筹　刘　春
责任编辑　程　景
装帧设计　未　氓
责任印制　戚　帅
出版发行　时代出版传媒股份有限公司(http://www.press-mart.com)
　　　　　黄山书社(http://www.hspress.cn)
地址邮编　合肥市政务文化新区翡翠路 1118 号出版传媒广场 7 层　230071
印　　刷　安徽新华印刷股份有限公司
版　　次　2016 年 3 月第 1 版
印　　次　2016 年 3 月第 1 次印刷
开　　本　700mm×1000mm　1/16
字　　数　430 千
印　　张　27.25
书　　号　ISBN 978-7-5461-5313-1
定　　价　32.80 元

服务热线　0551-63533706

销售热线　0551-63533761

官方直营书店(http://hsssbook.taobao.com)